社会科学哲学译丛　殷杰　主编

本书受教育部重点研究基地山西大学科学技术哲学研究中心、
山西省“1331 工程”重点学科建设计划资助

社会科学与复杂性：科学基础

〔美〕伊恩 ·T. 金（Ian T. King）◎著
王亚男◎译

科学出版社
北　京

图字：01–2016–4568号

Social Science and Complexity : The Scientific Foundations / Ian T. King.
Includes bibliographical references and index.
ISBN 1-56072-847-7

227 Main Street, Suite 100
Huntington, New York 11743
Tele. 631-424-6682 Fax 631-424-4666
e-mail: Novascience@earthlink.net
Web Site: http://www.nexusworld.com/nova

图书在版编目(CIP)数据

社会科学与复杂性：科学基础 /（美）伊恩 · T. 金（Ian Trevor King）著；王亚男译. —北京：科学出版社，2018.7
（社会科学哲学译丛）
书名原文：Social Science and Complexity：The Scientific Foundations
ISBN 978-7-03-056858-8

Ⅰ. ①社… Ⅱ. ①伊… ②王… Ⅲ. ①社会科学-研究 Ⅳ. ①C53

中国版本图书馆 CIP 数据核字（2018）第 048442 号

丛书策划：侯俊琳　牛　玲　邹　聪
责任编辑：牛　玲　张翠霞 / 责任校对：邹慧卿
责任印制：李　彤 / 封面设计：有道文化

编辑部电话：010-64035853
E-mail：houjunlin@mail.sciencep.com

科学出版社 出版
北京东黄城根北街 16 号
邮政编码：100717
http://www.sciencep.com
北京厚诚则铭印刷科技有限公司印刷
科学出版社发行　各地新华书店经销
*
2018 年 7 月第　一　版　开本：720 × 1000　B5
2024 年 8 月第四次印刷　印张：20　1/2
字数：320 000
定价：98.00 元
（如有印装质量问题，我社负责调换）

总　序

社会科学是以社会现象及人的群体行为为研究对象的科学，其所从事的是对人类社会进行理性的、系统的研究；而社会科学哲学则是对社会科学的逻辑、方法和说明模式进行研究的学科，并以社会科学实践的理性重建为基本旨趣。实质上，二者之间呈现出科学与哲学的内在关系。作为人类知识的两种不同形态，自科学脱胎于哲学伊始，其与哲学就不分轩轾，但科学往往以其革命性的动力推动着哲学的发展甚至转向，科学发现为哲学困惑提供了新的出路，同时也使哲学面临着新的问题。

一方面，社会科学哲学的发展，从社会科学和自然科学的发展中获得了新的动力，这也是面向科学实践的社会科学哲学发展的基本路径。作为社会科学较为成熟的分支学科，经济学所描述的是，凸显社会状态而非物理状态的人类行为，其方法论被逐步扩展到政治学、社会学、人类学等其他社会科学当中，并且成为社会科学的普遍方法论，比如，理性选择理论依然是当今社会科学哲学所关注的热点之一。自社会学从哲学中分离出来之后，实证方法业已成为社会科学研究的基本方法，由此也开启了社会科学研究的实证主义哲学思潮，当然，实证主义在哲学中的兴盛与当时科学方法论的成功密切相关。时至今日，一系列科学新成果的出现，不断引发社会科学的深刻变化，特别是，人类学与社会学、心理学与认知科学之间的学科交叉发展愈益明显，这更有利于社会科学的“科学性”建设，也有助于社会科学哲学传统问题的实质性求解。比如，用互惠利他理论可以细化囚徒困境的说明，用竞争学习理论来说明跨文化异同，以认知科学中的联结主义来研究社会实践中的“共享”现象，等等。由此，可以看出，社会科学哲学正逐步“参与”到社会科学中来。

另一方面，从本质上讲，作为一种对科学进行的反思性实践活动，社会科学哲学就是要对社会理论的所有内容从根本上进行哲学层面的考察，进而寻找到各种理论性和纲领性的思想。作为哲学学科的分支，社会科学哲学的具体形态必然与一定时期的哲学形态相关联。在当代社会科学哲学中，无论是实证主义到后实证主义的相继出现，还是大陆社会科学哲学与英美社会科学哲学的区分，都与其所在的哲学传统有关。此外，社会科学哲学的历史发展，恰恰是哲学与社会科学互动的历史，也是社会科学不断通过自己的理论和实践表达，阐释和建立自己学科特征的历史。虽然当今社会科学有自觉摆脱哲学形而上瓜葛的倾向，但是社会中价值等规范性现象的合理性，却难以完全依靠经验事实来说明，诸如此类的问题，客观上就要求引入哲学的反思，这就使得社会科学哲学与哲学的发展总是同步进行的。20 世纪相继发生于社会科学哲学中的逻辑转向、语言转向、历史 - 文化转向和知识转向便印证了这一观念。

综上可见，不能孤立地理解社会科学哲学的发展，因为如果仅按流派来描述其发展理路，则有许多具体的焦点问题得不到应有的关注，这些问题恰恰是哲学与社会科学实践最直接相关、理论最中肯的地方。然而，如果只以具体问题的求解来呈现社会科学哲学现实状况，则有可能在整体语境的缺失下，难以周延问题的全部方面。因此，对于社会科学哲学整体研究的概观性图景的把握，就需要将二者统一起来，点线面结合，同时关注问题的历时性与共时性，这也是社会科学哲学的特殊性为研究者提出的根本要求。

国外社会科学哲学研究可谓方兴未艾。当前的社会科学哲学不能仅仅被视为科学哲学的分支，而是呈现出一种对社会研究实践进行反思的元理论研究。这是一种以社会科学的独立学科建制为基本定位的观点，它把社会科学哲学的研究视为在社会科学本身中进行的事务。可以说，社会科学哲学新的理论定位，直接以具体社会科学的研究对象为目标，不只限于为社会科学提供哲学认识论和方法论意义上的普遍指导，而且更专注于反思社会科学学科当中的社会科学实践，以及寻求具体学科本身的普遍原则和理论。也就是说，社会科学哲学面向科学实践的发展路径正在成为主流。特别是，在当前科学社会学和科学、技术与社会（STS）研究的推动下，社会科学家有组织的社会行为、认知劳动的组织模式、研究者的社会责任、研究共同体的制度化等方面，也正成为社会科学哲学自我反思的重要内容，这也使得社会科学哲学的理论和实践价值得到前所未有的认同。

近30年来，国内社会科学哲学研究基本上在各个问题域都有所展开，但是总体上看：一方面，在具体问题研究方面有所深入，在研究范式的形成方面却尚在起步；另一方面，社会科学哲学研究所涵盖的领域并没有形成统一的理解。事实上，这两方面的问题是相互联系的，研究领域的模糊，致很难形成用以对话交流的明晰问题，于是也就难以形成所谓的范式。这个现状是国际性的，社会科学哲学近一个世纪的发展，其本身特质使研究触角无远弗届。以新康德哲学为代表的大陆社会科学哲学，通过其解释学、系谱学和批判理论传统几乎可横贯整个西方哲学史，特别是，自狄尔泰系统探索用“精神科学”来区分自然科学始，到韦伯时形成了比较成熟的解释主义的社会科学哲学理论。而以语言哲学为代表的英美社会科学哲学，则与分析哲学交织在一起，比如，温奇秉承了维特根斯坦的后期思想，将“语言维度”引入社会科学哲学的研究当中。此外，当前的社会科学哲学又不可避免地与认知哲学、心灵哲学等分支联系在一起。实际上，科学社会学、STS 在一定程度上也被认为是广义社会科学哲学的一部分。更为复杂的是，传统哲学分支中还包括社会哲学、政治哲学、法哲学等，这些哲学分支与相应的具体社会科学哲学关系的界定一直存有分歧。在此，需要特别指出的是，从当前学科建制上来看，社会科学哲学的研究“散落”在外国哲学、科学技术哲学、马克思主义哲学等学科领域当中。虽然这些领域都在研究社会科学哲学，但整体上缺乏一种具有统一性的研究范式，如此一来，各个领域的研究共同体就很难形成相应的学术认同感，由此也导致了学术规范的缺失，使得社会科学哲学也难以作为一门学科持续发展。

当然，我们迫切希望社会科学哲学成为一门学科，而不是以一种跨学科的、边缘化的研究状况来呈现，因为它有自己的核心问题，即社会科学的科学地位问题。社会科学哲学学科的建立将有助于其研究范式的形成，而范式的形成更需要学术积累与进步。从近 30 年国内社会科学哲学发展的状况来看，其积累有一定的成就，但是与研究范式的形成还有距离，至少在与该学科相关的学术资料特别国外学术资料方面的丰富程度还不够。因此，我们启动“社会科学哲学译丛”的初衷就是，致力于为社会科学哲学研究范式的建立做一些推动性的工作。事实上，只有对国际学术进展有深入细致的了解，并具备广阔的学术视野，才能建立起自己的合理的学术规范乃至学术话语格局，进而做出理论与实践层面的创新。本译丛总体上出于学科建设的需要，遴选代表西方社会科学哲学最新进展的优秀著作，突出学术观点间的异质性，反映一个时期观点间的对话与交锋，重点关注原创性的作品，同时在国内同行已做好的工作基础上，力求呈现社会科学哲学近半个世纪以来的发展图景，为其学科建设做一份厚实的基础性积累。这将是一项艰巨的任务，所以我们把本译丛设计成开放的体系，徐图渐进，以期虑熟谋审，争取力不劳而功倍。

本译丛的整体框架由四个部分组成。第一部分的内容以史为主，包括社会科学史、社会科学思想史和社会科学哲学史，如《社会科学的兴起 1642—1792》《1945 年以来的社会科学史》《社会科学的历史与哲学》。社会科学是社会科学哲学研究的对象，是哲学依赖的事实基础；社会科学发展的规律和本质的研究离不开对历史的审视与重构；社会科学思想史介于科学与哲学之间，是社会科学范式转换发展的呈现；社会科学哲学史是社会科学哲学教学与科研倚重的方面，一门学科的建立首先是其学科历史的建立，有史才有所谓的继承与发展，有史才有创新的基础。第二部分的内容体现为具体社会科学哲学，如《社会科学与复杂性：科学基础》《社会科学的对象》。当今社会科学的发展从深度上讲专业化程度越来越高，从广度上来看交叉发展是不可逆转的趋势，呈现出学科间协作解决问题的态势，学科间的大一统越来越不可能，学科间的整合则时有发生。因此，对社会科学的哲学批判与反思已不能完全是一种宏大叙事，而需要参与到具体社会科学中来。第三部分的内容聚焦于社会科学哲学专论，主要包括名家名著、专题文集、经典诠释等，旨在呈现某一时期学界关注焦点、学派特色理论、哲学家思想成就等，如《在社会科学中发现哲学》《卡尔·波普尔与社会科学》。第四部分的内容专注于与社会科学哲学相关的教材，如《社会科学哲学：导论》《社会科学哲学：社会思想的哲学基础》。教材建设是学科教学建设的重中之重，成熟教材的译介，为我们编写适合实际情况的教材提供了重要的参照。对此，我们从两个方面来展开：一是社会科学哲学通识课教材；二是其专业课教材。总之，本译丛的规划框架兼顾史论，点线面结合，从科研与教学两方面立意，以期能满足社会科学哲学研究范式建设在著作和教科书方面的需要。

山西大学科学技术哲学研究中心一直以积极的姿态推动中国科学技术哲学的学科建设，以促进中国科学技术哲学的繁荣与发展为己任，在译介西方哲学优秀成果方面形成了优良的学术传统、严谨的学术规范和强烈的学术责任感，曾做过大量而富有成效的工作，并且赢得了国内同行的广泛认可。21 世纪初我们陆续推出山西大学“科学技术哲学译丛”，2016 年我们组织翻译的大型工具书《爱思唯尔科学哲学手册》9 部 16 册已陆续出版发行。我们将一如既往地秉承传统、恪守规范、谨记责任，以期本译丛能够实质性地推动我国社会科学哲学的教学与科研迈上新的台阶。由于本次翻译工作时间紧迫，翻译和协调难度大，难免在某些方面会不尽如人意，我们诚盼学界同人不吝指教，共同推动这一领域学术研究的进步。

在译丛即将付梓之际，作为丛书的组织者，有许多发自肺腑的感谢之言。首先我谨向各著作的原作者致谢，他们的原创性的成果为我们提供了可珍鉴的资源；其次，感谢科学出版社科学人文分社侯俊琳社长，他的远见卓识和学术担当，保证了本译丛的成功策划和顺利出版，他为此付出了难以言表的辛劳；再次，感谢每一部书的责任编辑，他们专业高效的工作保证了译著能够以更好的质量呈现出来；最后，还要感谢诸位译者，他们克服种种困难，尽最大可能保质保量地顺利完成了翻译工作。总之，我希望我们的工作最终能够得到广大读者的认可，以绵薄之力推动国内社会科学哲学事业的蓬勃发展。

“哲学社会科学是人们认识世界、改造世界的重要工具，是推动历史发展和社会进步的重要力量，其发展水平反映了一个民族的思维能力、精神品格、文明素质，体现了一个国家的综合国力和国际竞争力。”①社会科学哲学是哲学，同时是社会科学发展必不可少的思想前提，为社会科学澄清基本概念，以理论模式提供合法化辩护的工具性手段等；社会科学哲学的繁荣必将有力推动社会科学的发展。社会科学哲学译丛的长远意义也正在于此，“安知不如微虫之为珊瑚与蠃蛤之积为巨石也”②。谨序。

殷 杰

2017 年 10 月 10 日于山西大学

---

① 习近平. 2017-10-10.（新华网授权发布）在哲学社会科学工作座谈会上的讲话（全文）. http://news. xinhuanet.com/politics/2016-05/18/c_1118891128.htm.

② 蠃，通“螺”。出自：章太炎. 1981. 译书公会叙//朱维铮，姜义华，等编注. 章太炎选集. 上海：上海人民出版社：36.

引　言

追求“科学”和实践“科学方法”，必定是现代乃至当代最显著的两个特征。自然科学特别是物理科学，在形成关于世界及其居民的可靠且客观的经验知识和理论知识方面，几乎已经拥有全部的范式霸权。而且，超越了自然科学领域本身，可以说，各门学科都试图借助自然科学所宣称的那些可以变得“科学化”的方法，来使自己披上合法化的外衣。例如，人们渴望把家庭事务和家庭生计（曾被古希腊人称作“经济学”）变成“家政学”。这门科学把物理学和化学引入烹饪和食物的准备中，同时引入理性思维来影响家庭预算和核算。经济在“计量经济学”这类有点狂妄的头衔下，也以相似的方式追求用最严密的数学模型和方程式来表达其思想，试图把经济行为纳入与牛顿运动定律同等的、普遍的运动规律中去。心理学家也热衷于采用自然科学的实验方法，试图从因果式的、完全理性的角度探知人类行为。他们相信，实验室环境中的秒表、迷宫和被驯化的啮齿动物可以使那些穿白大褂的、价值中立的观察者超越其他的人类调查者。同时，一直以来，人们都把政治学描述成一门艺术（和一门曲折的学科），它同样也以一种相当落后且盲目模仿的方式，不断重复尝试科学分析，以使政治实践的不稳定性经得起更有序的、更有逻辑性的线性模型路径的检验，同时在解决政治纷争和 vii

形成公共政策时，使管理实践成为一种无风险的、可操作的政治实践过程。

因此，我们生活在一个痴迷于科学的世界中，就像在“司法审查”的过程中，无论何时，只要需要解决合法性和合宪性问题，都要诉诸最高法院及其宪法解释一样。因此，无论何时，只要出现关于任何特定的知识陈述的可信度或“真理内容”的问题，就要进行某种形式的“科学审视”：它所运
viii 用的方法论是正确的吗？它所构造的测量工具是合理的吗？它的实验设置可以有效地控制正确变量吗？推导出它的实验结果的样本是根据统计概率理论适当地挑选出来的吗？总体来说，它的理论和经验框架采用了并适应于（直到最近，最有可能是）牛顿－实证主义范式世界观的参数吗？当然，尽管“科学”（science）一词的拉丁语词根 *scire*，字面解释恰好是：在一种相当普遍的、人类智识的意义上“去知道”。而实际上，在现代科学特别是牛顿－实证主义世界观的注释下，认知（knowing）一词在方法论独特性上走得更远，因为现代科学缩小了认知一词本该意指的概念范围。事实上，对于极端牛顿－实证主义者来说，任何知识陈述，只要不符合他们对科学的理解所规定的方法论标准，根本就不可能被定义为真知，而只能是纯粹的哲学思辨、宗教信仰或思想偏见等。

但是，牛顿－实证主义这座“科学大厦”遭到了持续的攻击，其知识陈述不断受到质疑，很多人认为它存在着不完整性甚至是错误的可能。事实上，即使是在牛顿－实证主义的长期统治时期，也经常有人对其方法论纲领持不同意见，从19世纪的浪漫主义者到批判理论家、女权运动者，以及最近的环保主义者。但是，迄今对牛顿－实证主义最为严峻的智

识挑战可能*来自*科学共同体本身。因为不断增多的合理的科学异见者，正挤占着这一霸权大厦的大厅，所以真正出现了第一次机会，来让我们认真地质疑牛顿－实证主义作为真理根源的合理性，并从根本上重新评价“科学的”和实践“科学方法”的真正含义。

本书所介绍的四种“持异议”的科学——量子－全息术、混沌理论、新进化论和复杂性理论 / 自组织临界——虽然并不是完全取消了牛顿－实证主义方法论[①]，但是它们显然明确且强有力地指出了，机器隐喻充其量只表示了整个实在图景的一部分，继续教条地坚持世界只能得到机械的、物质的利用，只会导致对世界的不断误解，而不是对其更为深刻、更为精确的理解。因此，当看到本书的末尾时，你将会看到我对科学和科学方法的观点，这一观点将使你超越主流的牛顿－实证主义社会科学的界限，以更多的洞察力和解释，来**科学地**分析社会科学现象。

作为社会科学研究方法的一名学生，当你开始阅读本书的时候，毫无疑问你会习惯于这一理念，即在进行社会科学研究时使用科学方法，即使你并不完全熟悉科学方法的哲学和认识论基础。我怀疑，实际上是我假定了，你已经受到了 ix
“研究设计”过程的严重影响。整个研究设计过程涉及采用一系列的方法论步骤，它们来自所谓的“科学方法”，同时，它们是通过一种最可能来源于传统的、以牛顿力学为基础的物

① 不论何时当我使用“方法论”一词时，它都意味着两个相关的事情其中之一：一是形而上学、本体论、认识论，以及科学哲学或社会科学哲学的“技术”方法；二是科学哲学或社会科学哲学的“技术”方法。为方便起见，人们通常把第二个意义当作是对第一个更为丰富的意义的简写。希望读者可以根据文本语境，清楚地知道这个词在本书的各个地方指涉的是哪一个版本的意义。

理科学的“世界观”来习得的。我的假定是，你目前所知道的“科学方法”总体上或至少显著地来源于一些行为主义者、实证主义者或科学研究的牛顿模型的版本。因此本书将会向你展示，你的科学观点具有不必要的、还原论的、误导性的狭隘局限性。事实上，本书的一个主要目的是，告诉你当今存在着其他一些超越牛顿视野的、构成科学和科学方法的合理观点，这些可选择的观点为我们分析社会世界提供了比实证主义、行为主义更为合理、丰富的方法。通过介绍**量子－全息术、混沌理论、新进化论和复杂性理论／自组织临界的整体关联科学**，我将会向你展示，在一种科学的世界观和整体关联的（辩证的[①]）方法的非实证主义视野下，如何从跨学科和社会世界经验的广泛领域的角度，为社会现象的构成和运行提供新奇的、更为有力的洞见。我们可能会引用一些进化资料，因此在你的座位上坐好，我们将要对目前你所了解的科学方法进行尖锐的批判。

如果到目前为止，在工作中你一直使用一种相当标准的“方法”书，我希望你能了解“科学方法”到底是什么。我认为，在开始阅读本书以前，花些时间重新审视科学方法的特征和假定是非常必要的。你的方法文本很可能已经把科学方法的基本特征压缩进了所谓的“研究设计”过程中。研究设计包含几个步骤，且通常是如下顺序：①提出**主要研究问题**和问题领域，以及该领域中事物运行的基本理论和世界观。②**概念化**：把要研究的概念和变量（精确度和清晰度）进一

① 尽管在这本书中我将多次使用“辩证的”一词，但为了简单明确地介绍整体关联科学的本质和方法，我将放弃对辩证理论和整体关联科学如何具有方法论融通进行任何详细的解释。因此，不论何时读者在遇到“辩证的”一词时，都应该记住这个脚注。对这个问题的更详细充分的讨论请见我的《重申辩证法》（未出版的手稿，1999年）。

步具体化，将特定的研究问题本身进一步提炼（缩小使其可研究）为一个可进行试验的假定。③**操作化**：把特定的概念和变量转化为可精确测量的现象（量化）。④决定要用于研究中的特定**方法**（如实验、调查研究、田野调查、文本分析、现有数据研究、历史研究、对比研究、评估研究）。⑤**总体和样本**：决定要观察谁或者什么，以及怎样获得一个合适的研究样本。⑥**观察**：资料收集。⑦**数据处理**：使观测数据接受适当的操作和分析形式的检验（通常是统计学形式）。⑧**数据分析**：理解数据的意义并得出结论。⑨**应用**：汇报结果并评价其意义。

作为一系列需要遵循的步骤，作为一种指导社会科学研究“如何做”的方法，从表面上看，上述步骤看似是相当无害的、不存在问题的且是常识性的。然而，事实并非如此。相比一系列所谓的连续步骤所指示的过程而言，实际研究要更为棘手；发展逻辑实际上在上述步骤之间来回地受到阻拦。例如，我们经常被要求，在研究实验的整个过程中，从始至终去思考和再思考概念化。研究不是一个整齐、相继的操作过程，而是一个复杂的整体。正如我希望你知道的那样，在研究的整个过程中，我们还需要面对很多界定上的问题：从定义变量到评估有效性和可靠性，再到从数据的操作做出统计推断等。但是从本书的角度来看，隐藏在设计过程中的这些步骤背后的关于世界本质和何为科学知识的隐含假定至少是有问题的。就我看来，大多数的方法文本都花很大篇幅在方法上，*把*方法看作是你需要做什么、怎么做及以什么顺序做，但是很少批判性地审视方法的科学假定和认识论假定。这在很大程度上是因为，大多数主流社会科学家认为，只存在一种合法地支配一切的科学方法，我们知道这种科学方法是什么，绝大多数科学家对于这种科学方法是什么很容易达成一致，没有其他的方法可以为我们提供关于世界的有效且可靠的知识，这些都是**理所当然**的。因此，花费很多时间质疑“科学方法”的世界观和假定（如上面所描述的），或者质疑我们关于科学方法的论断和对科学方法提出的要求，看似是毫无意义的。因为我们宣称自己知道方法是什么，所以当务之急就是在实践中成功地运用这种方法。这可能就是方法课程比社会科学哲学课程多的原因。

但是我极力坚持认为，永远不应该发生这种情况，现在也当然不应如此。因为除了牛顿学说之外，事实上还存在着其他一些理解世界的合理的科学方法。有一部分自然科学团体已经认识到这一点很长时间了，但是这种理解直到现在都没有削弱主流社会科学的意识。近年来，确实有很多实证主义的批评者一直谈论社会科学中行为主义的危机或者后行为主义时期的到来，但是其主流霸权还在。这可能是因为，尽管我们知道“科学方法”在很多方面已经越来越不可避免地变得有缺陷，但是我们中的大多数人仍不知道该如何是好。因此我们不得不提出一个可行的替代品。缺少改变也许只是因为并不想质疑甚至是牺牲一个人花费很多年学术生命所提出的某种知识立场，很难承认错误并接受做事情和观察事物
xi 的全新[①]方法，也就是惰性，给各行各业的新奇性都带来了

① 我使用“新”这个词只是想要指出，对于我们中那些在牛顿-实证主义占支配地位的年代成长和成熟起来的人而言，量子-全息术、混沌理论、新进化论，以及复杂性理论／自组织临界的整体关联科学*看似*是一些新起点。事实上，所有这些“新”科学的很多方面，一直都是人类知识传统的一部分，只不过是以不那么复杂的形式存在，这种知识传统在西方至少可以追溯到古希腊时期，在东方至少可以追溯到古代中华文明。在这个意义上，“新”整体关联科学和本书是一种科学-知识层面上的*追忆似水年华*，在几个世纪之后，我们正重新发现那些教条主义的、思想上的、有意的忽视和轻视。

阻力。不论原因是什么，这些位置不能再被保留了——现在主流实证主义有合理的科学替代物了，作为诚实可靠的科学家和知识分子，我们不得不严肃、客观地看待整体关联科学（我称之为此）为我们所提供的东西。

尽管我假定了因为你处于一个方法集中，所以你已经熟悉研究设计过程中那些常被认为重要的步骤，但我并没有假定，你还理解牛顿－实证主义者－行为主义者的科学版本的世界观和哲学－认识论基础的本质。因此，在我们转向讨论整体关联科学的本质之前，让我先简单介绍一下我所认为的牛顿－实证主义者－行为主义者的科学版本的世界观和认识论假定的本质。本质上，牛顿－实证主义者－行为主义者的世界观可以这样来理解：世界在各个层面上都具有一种类似钟表装置的本质，所以具有特定功能的离散部分之间的固定排列所构成的机械－还原结构，可以系统地阐释实在及其过程。这样，系统又一次在所有层面上闭合了，同时，追求系统平衡的那些内部构成（它们聚集起来构成了整体）通过线性的因果关系进行相互控制或作用。此外，正是因为这些特征，系统及其部分受到普遍的或决定论的运动规律或行为规律的支配，这样，给定确定的基本信息，向前和向后预测系统状态都是可能的。例如，在行星系中，给定每个要素的质量、位置和速度，加上牛顿万有引力定律，就可以描述和计算这些要素的运动和相互作用。更有甚者，正如孔德很早以前就意识到的，预测力为我们提供了控制环境，事实上还有人类和社会的能力。从这种世界观来看，作出以下的认识论和方法论假定是必然的（注：下面每个命题都蕴涵在其他所有命题中，以致这种世界观和假定都集合在一个一致的知识包中）：

（1）根据世界观，宇宙本质上是机械的。

（2）宇宙中的过程和实体之间的关系是还原论的。

（3）整体可以还原为其基本部分。

（4）普遍（时空）规律支配着宇宙。

（5）本体论是原子论的。

（6）基本单位是离散且孤立的。

xii（7）依赖像客观实在的一扇窗户一样的经验观察。

（8）只有具体的才是真实的，关系则是抽象的。

（9）为了成为真正科学的，所有变量都必须是可量化且可测量的。

（10）因果关系就像“台球”变化一样：直接、局部、具体。

（11）科学解释最终是预测和控制的能力。

（12）可控实验是查明因果关系的最好方法。

（13）宇宙本质上是有序且规律的，因此是人类理性可理解。

（14）科学方法可以而且应该是价值中立的。

（15）科学理论应该是简单且简约的。

事实上，以上命题多少有点含义模糊，而且有些沉溺于过分的讽刺。正是因为以上这些命题很简洁，所以它们在论述主流的科学和科学方法的观念时，显然也不会太过详尽或复杂。随着研究的展开，以上这些命题的详细意义将会变得越来越清晰。这些命题的目的仅仅是提供一个基本的参考框架，按照这一框架来测量和比较整体关联科学的论述，这些随后会出现。在本书末尾的附言中，为了做出更广泛的评注，我们将再回到这些命题上来。

本书的各项任务将分四个部分予以讨论。第一部分是“自然科学与社会科学”，为了将整本书所提出的问题和想要指明的观点的相关性和合法性予以语境化，这部分将讨论两个相关问题。这两个问题将在第一章和第二章中分别进行研究，一个涉及自然科学与社会科学之间的方法论关系，另一个涉及科学方法论（认识世界的方式）与政治实践（在世界中行动的方式）之间的关系。第一章沿着在社会科学中使用自然科学的方法论和隐喻是否合理这一基本问题所形成的历史争论轨迹来展开，假如它是合理的，这种跨学科共享是否必然会导致方法论一元论（或者叫科学方法的融通或跨学科统一）。该章最后得出结论，跨学科方法论——融通，事实上是合理的，至少整体关联的方法论是合理的。科学事实上是整体关联的，这就否定了所谓的自然科学和社会科学的二分法。正如我们将会看到的，整体关联科学认为，有生命和无生命的实体和系统、人类和原子，都具有意识和选择、进化发展和学习、复杂行为和突现属性动力学，以及其他一些特征，这就使得融通在科学上和智识上都是合理的。

第二章试图将本书定位于超越了那些关于科学哲学和社会科学哲学的神秘学术争论的领域。其具体做法是，在我们如何描述和实践（社会）科学与我们如何在哲学上和实践上预示社会和公共政策这二者之间，构造出一种逻辑和实践关联。该章在某种程度上详述了一些长期公认的观点，至少是一些在学术界处于基础地位的观点。这些观点主张，基本价值取向和世界观（*格式塔*）从根本上影响并塑造着我们如何感知社会，以及社会应该如何被组织起来，它应该如何传播它的价值，它应该如何将公平、统治、经济活动，以及包括很多其他社会现象在内的过程制度化。尽管如此，明确表达方法论取向和公共政策之间的关系，对于本书的任务而言至关重要。本书的任务就是试图证明，整体关联科学的方法论不只是在智识上和科学上理解世界的不同方式，而且对政治学和公共政策选择而言是一种替代方法。简单地说，就是用一种不同的科学概念带来一种替代性的、具有潜在的革命性的政治学，在第四部分将更详细地介绍这一主题。

在第二部分“整体关联科学”的五章中，我提出四个“持异议的”科学——量子－全息术、混沌理论、新进化论和复杂性理论／自组织临界的基本前提，同时以一种尽可能非技术性的术语，来证明它们所共同具有的整体论思想，并特别提到了社会科学所共同具有的那些实质性的方法论爱好。第二部分的叙述也意在以最基本的方式把整体关联科学介绍给一些不熟悉相关情况的人，以使第三部分和第四部分的讨论更易理解、更有意义。本书所选择的四个异议者，是根据这一标准来自主选择的，即它们从根本上挑战了牛顿－实证主义的机械唯物主义世界观，并得到了自然科学家同行和整体关联科学家越来越多的尊重和接受。

第三部分“整体关联社会科学的维度”包含九章内容，它扩展了第二部分的讨论，更详细地论述了整体关联科学的具体要素，证明了它们如何以目前的构成适用于社会科学，以及它们如何影响那些正充斥在社会科学方法论者和社会科学哲学家头脑中的争论。通过快速阅读章节标题读者可能就会发现，这个部分处理了社会科学哲学中的很多持久争论，从方法论个体主义，到历史轨迹，再到经验规律，以及其他一些同样重要的问题。整体关联科学对这些问题提出了新奇的重新诠释，每一章都无一例外，这些整体关联的观点摧毁了牛顿－实证主义的有问题的二分法（如“先天－后天”之争，或者“决定论－自由意志”之争），正是这些二分法率先燃起了“持久争论”的战火。总之，第三部分试图阐明一种建立在整体－科学原则基础上的社会科学哲学，揭示它具体的样子，证明它完全不同于牛顿－实证主义，而牛顿－实证主义主导了社会科学很长一段时间。

最后三章构成了本书的第四部分“整体关联社会科学、政治学与经济学”。正如上文已经暗示的，这部分回到了第二章中首次提出的主题，即一门整体关联的科学将必然引起一种对政治学和公共政策的替代性、补充性理解。第十七章试图通过将整体关联主义的方法论应用于一组挑选出来的社会科学现象，来将整体关联主义“具体化”；对主流实证主义 xiv
来说，长期以来，有一些社会科学问题一直都悬而未决，第十七章证明了，整体关联主义方法论的应用会对这些问题带来分析上和解释上的重要阐明。第十八章再一次强引用整体关联主义，这章将连通整体关联科学的方法论与具有信息时代新兴结构的政治学（Toffler，1991）和环境保护论政治学或“生物圈政治学”（Rifkin，1991；Capra，1982）。在我看来，整体关联科学与整体论政治哲学这二者出现（或再次出现）所具有的相对同期性，使本书的信息和时间选择显得更加恰当、更合时宜。虽然在学术圈中，把一个人的研究与革命性的突破或范式转换联系起来，以夸大其贡献的重要性，可能有点过时，但是，我仍然相信随着整体关联科学的出现，一门新的政治学正在产生。

目　录

第一部分

自然科学与社会科学

第一章
寻求融通：对社会科学哲学来说自然科学方法论作为一种模型的使用和滥用

3 对于社会科学来说，把源于自然科学的“科学方法”作为其指导方法论，这种做法是否合理？这个简单但又非常困难的问题是本章的核心。

我将试图通过各种方法来回答这个问题：通过展示这一事业在人类思想文化史中的悠久性；通过解释已经尝试过的各种方法；通过阐明这些尝试之所以被证明合理所依靠的逻辑和推理。

融通问题，即寻求知识的统一，已经伴随人类经历了其整个智识发展时代，但是自然科学和社会科学从业者仍然没有清楚地在它是否是一个合理的追求上达成高度一致。一方面，有一部分人支持融通，如威尔逊（Wilson，1998），他曾全力支持科学方法跨越自然学科和社会学科，以达到绝对持续的统一。[①] 威尔逊把追求融通看作是“爱奥尼亚式迷情”（Wilson，1998：4），声称它的“根基可以追溯到公元前6世纪位于爱奥尼亚的米利都学派的泰勒斯（Thales）”，这就表明，这种悠久性标志着这一追求的难以抑制的特征，它对人类智识和科学思维的支配超过了2500年的时间。遵循泰勒斯的思想，威

---

① 20世纪，融通的其他一些著名的支持者还包括巴克（Bak，1996）、布罗德贝克（Brodbeck，1962）、卡特琳（Catlin，1927）、科恩和斯图尔特（Cohen and Stewart，1994）、巴尔杨（Bar-Yam，1997）、西利亚斯（Cilliers，1998）、卡普拉（Capra，1982，1991，1996）、盖尔曼（Gell-Mann，1994）、古德温（Goodwin，1994）、亨普尔（Hempel，1965）、迈因策尔（Mainzer，1994）、内格尔（Nagel，1961）、冯·赖特（von Wright，1971）。

尔逊补充道：

> （爱奥尼亚式）迷情，从那时起就主导着科学思想，现在慢慢变得越
> 来越复杂。现代物理学的关注点一直是所有自然力的统一——电弱、电 4
> 强和重力——希望把理论紧密统一起来，以把这门科学变成一种“完美”
> 的思维系统，这种思维系统通过证据和逻辑的绝对优势来抵抗修正。但
> 是在有些人看来，这种迷情的魔咒也延伸到了其他科学领域，它已经深
> 入社会科学，并进一步……触及人文科学。统一科学的思想并非全无意
> 义。它已经在实验和逻辑的酸浴里得到检验，并得到反复证实。它还未
> 遭遇决定性的失败（Wilson，1998：5）。

尽管我们需要在智识上对威尔逊的夸张表达持怀疑态度，但似乎又很难给出关于融通的可行性、可能性、有利性及合理性的更明确的观点。例如，考虑到他相对放弃了混沌理论和复杂性理论（Wilson，1998：87-95），我当然想质疑威尔逊的“酸浴”究竟是什么，如何检验它，以及他首选的机械－还原论科学（对他来说是融通的统一力［266］）最终是否能真的取得成功。然而，很多著名的科学家和知识分子对于融通的可能性提出了积极的看法，我们需要认真对待这些人的观点，而威尔逊就是其中一员。因此，对于威尔逊和他的支持者而言，不论基本的*格式塔*（Gestalt）和研究模式是来自牛顿力学还是逻辑实证主义原理，或者二者的结合，这种模式都以其最真实合理的方式，完全适用于对自然和社会世界及包含其中的现象和过程的经验研究。作为一种理想，融通当然也吸引了很多辩证理论家和整体关联科学家，但正如我们将要看到的，他们所追求的融通是一种完全不同的融通，这种融通所关注的不是研究运动或行为的机械－还原论规律，而是集中研究复杂系统的辩证的、非线性动力学。

有趣的是，尽管冷战双方的意识形态存在分化，自由资本主义和共产主义之间存在斗争，但是，马克思主义辩证法的苏联官方版本也从威尔逊和其他人在追求科学统一时所诉诸的机械－还原论物理学中寻求帮助，以求获得融通的衣钵，然而这种融通却是歪曲的、不正确的。例如，在苏联教科书体

系中的辩证唯物主义哲学[①]（*Dialektichesky Materializm*）中，原子粒子和人类主体都服从“物质运动”的普遍规律，因此都具有形而上学、认识论和方法论的等效性。

尽管如此，还是有一批同样不屈不挠的社会科学家坚持在自然科学和社会科学的形而上学、认识论和方法论之间做出严格的学科划分，他们始终都看到了存在于“融通事业”中的残酷的危险。尤其是，假如融通得以实现，那么一直向自然科学学习的社会科学，在某种意义上，就可以被还原为作为科学的自然科学，这看似是不可避免的，但反之并非如此。不论最终的共同
5 胜利是什么，不论是自然科学和社会科学，当智识上的尊重（和自我）处于危险之中时，它们看似都不愿意屈居次要位置。

对于自然科学研究与社会科学研究之间的关系，反融通追随者反复提出的主要观点包括：（据说[②]）与亚原子粒子不同，人类是自反性的，因此，对人类的研究因这种自反性而变得复杂，而这种自反性并不存在于无生命之物中；自反性、历史偶然性及伦理标准也使得对变量的实验控制、实验的可重复性，甚至实验的最初实现等都变得复杂（有时甚至是不可能）；社会科学解释不得不超越朴素经验主义（如对物质运动的研究）和唯物主义还原论（把所有现象都还原为具体物质），将人类意识的作用包含在其对人类行动的自我理解中。这样做的一个必然要求是，我们至少要像重视“经验论者、价值中立的客观主义”一样，去重视主观主义、自我指涉及移情作用（韦伯的“理解”*verstehen*［1949］）。反融通群体认为，用托马斯·库恩（Kuhn，1970）的话来说就是，自然科学学科和社会科学学科在本质上是“不可通约的”，按字面意思，也就是说二者在范式上存在着天壤之别。此外，对社会科学来说，自然科学方法论作为模型不仅是不完全的、不恰当的，而且因为它在其（所

---

① 参见亚历山德罗芙娜（Alexandrovna，1954）、博钦斯基（Bochenski，1963）、库西宁（Kuusinen，1963）、斯大林（Stalin，1943）、维特尔（Wetter，1958）。

② 事实上，大多数量子物理学家似乎都认为，在特定条件下，亚原子“粒子”也可能具有某种程度的自反性。它们的行为不完全是机械的或决定论的，相反，其行为受到包括反馈回路在内的整个系统动力学的影响，从这个意义上来说，亚原子“粒子”具有自反性（Capra，1975；Davies and Gribbin，1991，1992；Herbert，1985）。对于其研究的系统中的基本实体，复杂性理论家及其他整体关联科学家也做出了相似的论断（Cilliers，1998）。

谓的）普遍行为规律下将人类主体客观化和机械化，所以它对人类的尊严、自由、真实性和自主性来说都构成了一种威胁。

尽管以这样完全对立的方式来表达融通争论在本质上是正确的，但这仍然在某种程度上遮蔽了现实情况。事实上，大多数的自然科学家和社会科学家都采取介于上文已简单介绍过的两种极端（甚至是刻板或讽刺）立场中间的模糊立场。一个典型的例子是，著名的德国社会学家马克斯·韦伯（Max Weber）的社会科学哲学，韦伯的研究其实是一种相当歪曲的尝试，即在支持和反对融通的群体之间形成一种方法论的综合或可能的折中方案。正如休斯（Hughes，1961：335）所说，韦伯是系统地尝试“跨越实证主义和唯心主义之间鸿沟”[①]的极少数社会科学家之一。但是在我看来，韦伯是以学科分立和学科崇拜（disciplinolatry，即对学科性的盲目崇拜）为代价来达到融通的。不幸的是，因为使用的是占主导地位的牛顿－实证主义术语，韦伯对科学的理解最终使其方法论和解基本无效，他潜在的实证主义的机械－决定论本质，恰恰否定了他的唯心主义的社会科学贡献的精髓，即它的自反性、诠释维度 6
及它对*理解*（*verstehen*）的使用（Runciman，1978）。

韦伯主张，实证主义和唯心主义都有助于形成社会理论，但它们中任何一个单独作为一种综合方法论又都不是充分的；事实上，对韦伯来说，假如要将其进一步应用于实践政治或公共政策领域，单独采用任何一种方法对社会科学来说都有害，甚至是危险的。对韦伯来说，这两种范式都有贡献，是因为它们分别适用于韦伯认为起作用的两个基本的社会行动层次：一个是受社会规则支配的“外部”行为领域，实证主义可以对这一领域进行最佳描述和解释；另一个是与行动者意义相关联的“内部”个体行为领域，这个领域更有利于唯心主义者的移情解释（*理解*）。然而，韦伯所假定的人类社会行动和意义的“外部”与“内部”维度，从根本上来说还是按照二元论或二分法的方式来构想的，因为他坚持在概念上对“社会规则”和

① 尽管我不会以严格的实证主义者-唯心主义者或唯心主义者-唯物主义者的方式来表达我对融通的研究，但是对韦伯的社会科学哲学的简单讨论，的确向我们阐明了尝试实现科学统一所存在的一些困难；当然，富有独创性的马克思主义辩证法，的确开始于唯心主义和唯物主义的尝试性的辩证统一，不论它用的是哪种“颠倒的方式”，都利用了黑格尔的理论才实现的融通。

“行动者意义”分开进行分析（这代表着他屈从于分离主义者阵营）。虽然他认为他所提出的是更一般的人类行为概念，“如自然世界中的事件一样合法”（Hughes，1961：304），但是归根结底，任何唯心主义开端都必须得到实证主义结果的“证实”，例如进行实证检验（这就使得他同时在机械－还原论物理学的支持者和支持融通的群体之间来回摆动）。对韦伯来说，社会行动及其解释中的因果关系基本上可以根据“合理性”来得到适当的表达（尽管在这点上还存在一些模糊性），这就意味着这些因果关系进而可以根据理想型的似规律（实证主义）概括来进行表达。根据韦伯所说（转引自Runciman，1978：12-15）：

> ［理想型结构］描述了一种决定性的人类行动将要发生的方式，如果主体为实现其目的而以完全理性的方式行动，不会被错误和情感冲动所扰乱……那么，要做出因果解释，就要建立一种概括，其内容是，某一特定的被观察到的内部或外部事件，将随某一特定的其他事件而发生（或者与其同时发生），这种可能性可以以某一方式或其他方式来进行评估，且这种可能性在（极少发生的）理想状况下可以得到定量测量。

因此，如上文所证实的，韦伯对支持融通的群体的认可，其实充斥着牛顿－实证主义科学方法论，这使得他的两个基本的社会行动层次之间的关系在最坏的情况下可能不可调和，在最好的情况下是有问题的、充满张力的且非对称的（因为只有实证检验可以证实唯心主义者的假定，但反之并非如此）。

综上所述，韦伯在其社会学中赞成一种支配一切的方法论个体主义，在这个层次上，他的社会科学哲学已基本上阐释清楚了，尽管这种方法论路径的确既包含着唯心主义意义，也包含着实证主义分析，但是由于他对这种方法论个体主义做出了牛顿机械－原子论的理解，这就使得因为他支持实证主义而带来的显著不对称性进一步加重，并给一种最终一致且具有内聚力的方法论带来了其他问题。但是，当韦伯把他的注意力转向所谓的“元理论”，特别是当他考察宏观历史进程时，这种牛顿－实证主义偏见又被颠倒了，他在某种程

度上支持一种更整体论－唯心主义的观点。在这个分析层次上，韦伯坚持认 7
为，“我们试图根据一些概念来控制实在，只有通过对那些概念的不断重构”（Runciman，1978：65-66），社会科学才能得到发展。这个观点最终否定了牛顿－实证主义的那些在时间上永恒的似规律概括。唯心主义承认了观察者的价值取向，这样，韦伯的广义范式*世界观*就获得了更充分的支配权，尽管事实上他不见得在其限定语中驱除了实证主义的幽灵，甚至其历史分析的假定本身仍然受“［实证主义］科学方法的标准规则”（Runciman，1978：66）的支配。

在努力调节支持融通和反对融通的社会科学哲学家之间的方法论争论的过程中，一直存在着一些长期困扰我们的问题。为了阐明这些问题，我们目前已经说得够多了（可能对韦伯方法论的讨论还远远不够）。同样，对于那些直面融通的社会科学哲学家，我们也已经指出了，他们实现融通的努力要么建立在统一科学方法的基础之上（不论这在任何特定的时间点上意味着什么），要么建立在统一唯心主义和唯物主义的基础之上（像上文中所述的韦伯的例子那样），要么建立在统一黑格尔和马克思以及追随他们的很多各种各样的马克思主义者的基础之上。然而，我希望在本书的后几章中证明，对科学和科学方法是什么的一种辩证的、整体关联的构想，可能会为我们提供一个新的机会去做韦伯和其他人到现在为止还没能做的研究：在自然科学和社会科学之间建立一种方法论融通，它以互补性的方式既使用对社会现象的科学理解，也使用对社会现象的完全的人类理解，而不必屈从于牛顿－实证主义的狭隘视野和僵化的机械－还原论。

尽管随着叙述的深入和章节的展开，我将基于整体关联科学的方法论基础为融通提供充分的理由，但在本书的这部分内容中，我不会尝试彻底解决方法论－学科一元论者和分离主义者之间的争论。因为现在我只想指出并证实，在自然科学与社会科学之间科学方法的统一上存在着争论，并用文献证明（即使很简略），在社会科学内部存在着悠久的历史——对于把自然科学方法论转移到社会科学理论化和实践中进行很多各种各样的尝试。在某种程度上，长期坚持并努力实现融通，会给予这一事业一定程度的合理性，尽管我们从来都不确定这一事业是否真的合理。正如威尔逊所主张的，爱奥尼亚式迷情的长期存在意味着，它很可能是一种深刻地根植于我们的智识本质的迷情[①]，考虑到整体关联科学的特征，它很可能在不远的将来变成一个具体的
8 实在。*简单来说*，当然也是有选择性地来说，社会科学内追求融通的历史是按照以下方式展开的。

斯科特·戈登（Scott Gordon）在其巨著《社会科学的历史与哲学》（1991年）一书中，记录了在社会科学的发展史中的一些支持融通的主要人物，他们很狂热地支持融通，但通常是缺乏经验的，甚至是错误的。正如戈登所说，“有一些早期的社会科学家，他们旨在遵循经典天文学和物理学的认识论脚步，而这些人，几乎覆盖了那个时代最为重要的一些人物，但是，那些把自己明确地描述为社会科学中的伽利略或牛顿的人，在数量上相对较少”（Gordon，1991：302）。

根据戈登所说（Gordon，1991：71-72），霍布斯（Thomas Hobbes）在其经典著作《利维坦》中，以一些非常正统的方式变成了信仰牛顿学说的人。

> 霍布斯相信在他那个时代，正在变成自然科学哲学的理性主义是普遍适用的［；……］政治管理……［应该］变成一门应用科学，它建立在像几何定理一样确定的命题的基础之上［；……］政治学理论的形而上学基础……［应该建立在一种］实在概念的基础之上……它包含着机械地联系起来的现象［；……政治学在方法论上应该采用伽利略的］“分解-合成方法”……［这种方法］通过把现象分解为其简单要素，然后借由某种聚合重新组合这些要素，以此来分析现象［；……］所有恰当的推理都包含着把数学（有时以复杂的形式，如几何学和代数学）应用于基本实体。

对任何人来说，只要他已经对牛顿-实证主义科学哲学和方法论有一

① 为了避免大家认为我此处的观点只是欧洲中心主义的另一个明显例证，即给予西方观念和特色以特权并把其普遍化为一般的人类观念和特色，我们必须认识到，很多文化，即使不是所有文化，在其理解宇宙以及宇宙中人的地位的本质等的广泛知识尝试中，不论其差异如何，都以某种或简单或复杂的方式，去努力实现某种类似融通的东西。在我看来，宇宙论、开国神话、物理学及创造艺术，在某种层次上都是在追求一种融通的形式。

个最基本的了解，那么很明显，霍布斯的语言充满着牛顿味，并且完全充斥着实证主义假定。例如，他直截了当地提倡这样一种“政治学理论”，这种政治学理论建立在现象之间的“机械论”关系的基础上，同时在方法论上，它是由几何学和代数学等还原论的、普遍的似规律数学系统组织起来和构成的。

同样地，弗朗西斯·哈奇森（Francis Hutcheson，1694—1746），是一位对亚当·斯密（Adam Smith）产生了很大影响的老师，其社会科学的概念化中既利用了牛顿定量法又使用了类比法。另外，通过主张“社会距离折现[①]与牛顿万有引力定律之间存在平行，他甚至指出［社会距离折现］符合牛顿的特殊公式”（Gordon，1991：118），这就预示着科学规律具有跨越学科边界的普遍性这一流行的实证主义观点。

法国社会主义思想家傅里叶（Fourier，1772—1837）也从机械地“掉落 9
苹果”这种牛顿世界中获得理想寄托。因为傅里叶“极端崇拜牛顿，并把他的［傅里叶的］……公社‘法郎吉’视为以社会吸引力规律为基础，这一规律是牛顿万有引力定律在社会现象上的对应物”（Gordon，1991：166）。在此，傅里叶普遍狂热地接受了牛顿世界观，并据其预言了社会主义思想与自由主义思想的趋同。这点可以在极端自由主义者——杰里米·边沁（Jeremy Bentham，1748—1832）那里得到证明，他相信“功利原则在社会科学中发挥的作用如重力在牛顿的物理世界模型中发挥的作用一样”。

尽管从某种意义上来说，圣西门（Saint-Simon，1760—1825）是一个前后矛盾的、模棱两可的法国一元论社会科学家，但是他像韦伯一样，重视牛顿的万有引力定律，他把它称作“一元论原则”，并通过把社会科学称为“社会物理学”（Gordon，1991：280）来表达其对这一基本原则的方法论赞扬。更有趣的是，圣西门也逐渐被公认为是法国实证主义的创始人，因此他成为

---

① “社会距离折现”指的是这样一种社会学理论，即尽管个体的确关心他们自己，但是他们也会关注其他人的福利，只不过不会把对其他人的福利的关注置于与对自己的福利的关注相同的层次上，且对其他人的福利的关切程度与将其他人与自己分离开来的生物／遗传、地理和情感“距离”成正比。显然，哈奇森相信，牛顿万有引力定律几乎可以直接应用于社会距离折现这一现象。

联结牛顿主义和实证主义本身的发起人之一。

马克思（Karl Marx，1818—1883）尽管也像圣西门一样，是一个前后不一致的实证主义者，也感觉到需要偶尔屈服于自然科学的王权，但是马克思更多的是屈服于达尔文（Charles Robert Darwin，1809—1882）而不是牛顿："达尔文的著作［《物种起源》……（1859 年）］非常重要，它对我所起到的作用是，为历史上的阶级斗争提供了一种自然科学基础。"（转引自 Gordon，1991：326）即使马克思所使用的自然科学隐喻*本身*是进化论的（因此也是辩证的）而不是机械论的，但至少这种语气是一元论的，正如我们将看到的，这对马克思主义辩证法的相关发展产生了巨大影响①。

无论怎样，马克思赞成自然科学方法论的发展方向，这就为恩格斯（Engels，1820—1895）创造并传播一种基于牛顿机械论而不是进化辩证主义的"科学社会主义"提供了哲学准入。例如，对恩格斯（Engels，1963：314）来说，"辩证法［是］关于所有运动的最一般［普遍］规律的科学。也就是说，它们的规律必须对自然和人类历史中的运动以及思维运动来说同等有效"。事实上，恩格斯开启了苏维埃－马克思主义的长河，把所有自然现象、社会现象及人类现象的进程都归入普遍的、机械唯物主义的牛顿"运动定律"中②。

到了 20 世纪，追求融通才发展起来；事实上，在西方（特别是美国）社会科学中实证主义－行为主义运动的全盛期，寻求融通不断得到强化，
10 甚至教条地变成了主流。例如，在 20 世纪 30 年代，乔治·凯特林（Catlin，1930：39）在方法论上足够自信地假定了以下关于"政治科学"的论断。

> 除非存在政治一致性，否则就不会存在政治科学，这些行为常量［例如，情景重现和人类冲动的持续——简单地说就是，普遍的人类本性］，允许被公式化地表示成规律。并且［这些规律］像力学定律一样永

---

① 阐述马克思建立在生物-进化（一般来说是整体关联）基础上的融通对于马克思主义辩证法的影响，显然是本书的主要任务。在此我想要指明的是，通过以某种方式诉诸自然科学来构造融通，马克思同样完全置身于了这一悠久历史传统中。尽管就马克思本人来说，他也同样（如果不是更甚）强有力地诉诸辩证法。

② 对这种苏维埃-马克思主义传统的更充分的讨论见第三章。

恒，不管何时何地被发现，这些规律都适用于整个人类。只要人们遵循这些规律，他们就将以某种方式永恒地运动……像原子根据化学式在其化合作用中运动一样。我们寻找的正是这些而非其他东西①。

毋庸讳言，凯特林像他那个时代的很多方法论者及其后继者一样，确信寻找牛顿式的政治行为规律和一种有牛顿根据的政治科学必定会成功，且在不远的将来就会成功。

最后，在20世纪实证主义处于支配地位的鼎盛时期，为了见证牛顿推动力在社会科学中的全面开花，我们可以转向塞缪尔·亨廷顿（Samuel Huntington）的研究。

> 任何特定的政治稳定性依赖于政治参与水平和政治制度化水平之间的关系……政治稳定性……依赖于制度化相对于参与的比例。随着政治参与的增强，如果想要维持政治稳定的话，社会政治制度的复杂性、自主性、适应性和一致性也必须增强［着重号是后加的］（Huntington，1968：79）。

亨廷顿的语言看似无关痛痒，但即使是最粗略的阅读，我们都可以在其表达和构成中察觉到牛顿机械论，以及把牛顿方法论应用于政治现象的强烈愿望。例如，不只是其中一些政治组织在特定时空语境下，而是*所有的*政治组织，都受到一些无法改变的、普遍的行为规律的驱动。它们都可以以可预测的、机械论的方式，通过两个可量化、可分离变量之间的*比率*，运用数学方法来得到描述。

我认为这种简单（但不完全）的历史介绍足以明确地说明，在自然科学和社会科学之间进行方法论转化的这些努力中，存在着一些合理的使用，但也存在着滥用。这无疑也阐明了社会科学家想要把自然科学方法论应用于自己学科的这一倾向，虽然有时是以改良过的形式来使用。但是，

① 现代化学，也就是一门整体关联科学启示下的化学，已经证明了凯特林的假定，即化学反应永远可以用机械规律来明确地表达，显然是错误的（Prigogine and Stengers，1984）。尽管如此，凯特林对“政治科学”的构想满足了我的目的，因为这种构想已经证明了实证主义政治科学家多么想通过支持利用牛顿自然科学来使自己有理由成为严肃、合理的政治行为科学家。

我再次希望证明，随着整体关联科学的出现，我们正在进入一个不断丰富的方法论合成阶段，到目前为止，这种合成跨越了自然科学与社会科学之
11 间的学科边界。

然而，尽管存在韦伯式的努力，如构筑方法论的“中间道路”，但是，就像在大多数关注核心学科问题的争论中一样，那些问题影响着价值取向或政治–思想立场（或教条），支持融通和反对融通的理论家之间的真正历史斗争，很多时候显然是以极端二分和对立术语来表达的，有时候甚至夸大其词。此外，如我上文所证明的，支持融通的理论家通常主导着这些争论，这在某种程度上是因为，在那样一个时代中，自然科学被视为理论知识和实践知识的最可靠的来源，因此，披上牛顿方法论的“斗篷”成为一种最具吸引力的主张，无论是对自然科学学科还是社会科学学科而言，或是对任何学术科目而言，它都是地位的一种增强器。

但是，常常令人苦恼的是，这种竞争和热情仅仅是因为全力支持牛顿–实证主义方法论而被赋予科学的资格。这就使得在社会科学内部，很多支持融通的理论家更注重坚持“正确”的模型和方法，这样就不会在方法论上被视为异端，而不是担心牛顿式的“帽子”到底适合不适合，不是认真思考追求自然科学和社会科学之间的跨学科方法论同源这一愿望是否太容易崩塌，或者是否会完全忽视学科之间的不可通约性（Corballis，1991：25；Gordon，1991：50，302，394）。在攻击这种不加批判且头脑简单的支持融通的立场中，斯科特·戈登一直很受困扰，但多少取得了成效。

> 没有理由相信社会科学一旦采用……自然科学的特定模型和概念就一定会得到改进。我们已经做出了各种各样的尝试，把社会现象模拟为类似于牛顿的天体力学或者进化生物学……但是……显示学术独创比促进我们对社会过程的理解要更值得关注……一个模型或概念在一个领域中有用，但不能保证它在另一个领域就会有认知价值（Gordon，1991：631）。

戈登甚至更为直接地指出：

> 社会科学的研究主题的本质，以及观察者与他的研究主题之间的关系，都是与自然科学完全不同的，“社会科学”一词是一种矛盾修饰法，联结着两种内在矛盾的观点（Gordon，1991：638）。

这些问题，以及戈登所讨论的其他一些问题，例如，相对于自然科学而言，社会现象的非均匀性和非恒定性，社会分析的价值负载性、主观性本质，对“干净”实验来说社会变量的不可分离性，人类和社会结构的非物质本体论地位，以及社会行动中自反性的目的性本质和或然性（Gordon，1991： 12
640-656），这些都是合理的关注点，它们都应该成为支持融通的社会科学家重点关注的问题。但是，正如上文所暗示的，戈登的批判本身看似嵌入在笛卡儿（Rene Descartes，1596—1650）二元论中，而笛卡儿二元论本身是牛顿－实证主义世界观中不可或缺的一部分，因此，在整体关联科学所设想的宇宙中，他的这种批判看似完全不得要领。毕竟，整体关联科学完全建立在诸如“自反性”*这样的*方法论原则的基础之上，并且它们欣然接受了这些原则，戈登在上文中也直接指明了这一点。但是，整体关联科学并没有把这些原则当作方法论问题，因为这些问题才导致科学分析不能合理、富有成效地应用于社会领域；相反，整体关联科学用自反性和所有其他的特点构建了一个真正的方法论*优点*，在一种基于系统复杂性和非线性的辩证动力学的有形物质语境中，对这些特点进行讨论，从而找到了一种特殊的分析上的丰富性和深刻性，如我们将看到的那样。

其实，对于明确自然科学方法论谱系到底是什么，还都一直存在问题。因为在牛顿主义者和实证主义者中，关于他们是谁，以及他们代表什么和赞成什么的争论，常常像支持融通和反对融通的理论家之间的争论一样充满敌意，毫无结果。而且自然科学，如生物学（即使不是从新进化论的视角而是从更为传统的视角来看），在解释生物现象和过程或者研究这些现象和过程的时候，并不会始终如一地使用牛顿－实证主义原则（Gordon，1991：639）。正如戈登（Gordon，1991：635-636）所说：

社会科学必须通过参照自然科学来得到判断，这一观点曾经是并一直是社会科学哲学历史上最为突出的主题……即使人们在关于自然科学自身的认识论基础上并没有达成一致。

我们再次发现整体关联科学看似正在集中于一组方法论命题，虽然这些命题涉及相对宽泛的概念和方法论选择，但它们实际上是整体论、非线性和复杂性的凝聚。正如我们将会看到的，在量子－全息术、混沌理论、复杂性理论、新进化论理论、自组织临界及辩证方法之间，事实上存在着很多方法论上的融通。同时，在自然科学内部，合理充分地利用隐喻也有一段悠久的历史了，这不仅是作为那些科学内部解释的辅助，而且是作为实现跨学科融通的一种途径。正如尼科利斯和普利高津（Nicolis and Prigogine，1989：217-218）所指出的：

了解我们周围发生着什么等同于构建模型，并使它们面对观察结果的挑战。对一个物理学家或化学家来说，这种说法听起来是老生常谈，但是它远远超越了物理学和化学。不论在任何时候，我们的感觉系统都在扫描着周围环境，大脑记录观察结果并把它们与已形成的图像进行对比，最后得出一个初步的结论。在这个过程中基本步骤之一就是，广泛运用*类比和原型*。引起远离平衡态的过渡现象、长程序和对称破缺的那些物理－化学系统，对于理解同样表现出复杂行为的其他类型的系统（包括社会系统在内）而言，可以充当原型的作用，对这些系统而
13 言，在任何同等的细节程度上，我们并不能知道所包含的变量的演化规律（就像在社会系统中那样）。

正如弗里曼·戴森（Dyson，1988：94）所说的："几乎所有的进化遗传学和物种形成现象在文化史中都有其对应物，文化基因［一种自我复制的文化行为单元，如传统］发挥着基因［一种自我复制的生物－生理'信息'传递质］的功能。"文化基因和基因都是代与代之间日常行为或潜能的传播者，它们分别为社会－文化演化和生物－物理进化设置了语境，即使不是以决定论约束的方式，而且，这两者之间是相互强化的。罗杰·马斯特斯（Roger Masters），名义上是一位与物理学家戴森"相对立"的政治学家，但他实际

上赞同戴森的主要社会生物学观点，甚至比戴森更前进了一步或两步。“根据为成员提供有关彼此信息的行为线索，把社会看作一个传播系统……由此，就可以把进化分析扩展至人类文化和其他物种的社会行为中……［这样，就可以］把人类历史与生物进化之间的平行从一种隐喻转换为一种科学假说。”（Masters，1989：77-78）简单地说就是，马斯特斯设想“政治是一种符合进化生物学原理的人类现象”（Masters，1989：113）。但是，在我们很快看到还原论的危险性之前，我们发现，马斯特斯提倡的是一种更为开放的、多维的、整体关联的一元论，本书把它与整体关联科学哲学联系在一起，因为上文所提及的“融通”并不会造成“基因决定论或思想辩护”（Masters，1989：112）。此外，因为马斯特斯将政治－文化和进化生物学连接起来，这就导致了他认为“生物学，而不是物理学或科学哲学”应该成为“社会科学的范式”，因为“与经典物理学不同，［社会科学］处理的是具有高度复杂性的开放系统，在这些开放系统中，时间在个体层次和群体层次上都发挥着关键作用”（Masters，1989：131）。尽管确实如此，但也要注意，马斯特斯只探讨了与整体关联科学相对立的“经典”（如牛顿）物理学。

总体来说，隐喻无论是只被用作一种启发式想象，还是被当作一种可检验的科学假说的发生器，它在所有类型的学科的认识论和方法论发展过程中，都发挥着至关重要甚至是必不可少的作用。近十年，随着整体关联科学的出现，这种作用的生命力肯定没有即将到来的范式转移的科学革命的力度那么强。当那些具有说服力的科学家开始对传统模型失望并寻找观察世界的新方法时，他们的话语就会变得充满了隐喻和*格式塔*转换的火花。事实上，在圣菲研究所，也就是整体关联科学发展的最前沿，学者们已经“为复杂适应系统生成了一整套备选隐喻，它们对于大量系统而言都是非常有希望的”（Corcoran，1992：22）。作为圣菲研究所的成员之一，布莱恩·阿瑟（William Brian Arthur）认为，科学“就是创造隐喻”（转引自 Corcoran，
1992：22）。在 17 世纪 80 年代以前，“人们观察世界，觉得世界是混乱的、 14
活跃的、有机的……而在牛顿之后的 50 年，人们能看到的都是秩序——有序、静止、平衡和和谐”。现如今很缺乏令人满意的隐喻。借助计算能力和复

杂性隐喻，研究者敢于“超越秩序并从本质上极其混乱的简单前提中构造系统”。简单地说，不管自然科学和社会科学之间是否存在真正的同源关系，支持融通的立场都可以从根本上得到隐喻的支撑。因此，仅从这个意义上来讲，对社会科学来说，单单是把整体关联科学当成隐喻来进行研究，就是完全合理、有用甚至必要的。

那么，整体关联科学形成了哪些隐喻，帮助我们以其多学科和跨学科整体性来理解世界？正如卡普拉（Capra，1982：48）所说，量子力学“可以向其他科学证明，科学思维并不一定非要是还原论的和机械论的，整体论的和生态学的观点在科学上也是合理的”①。尼科利斯和普利高津（Nicolis and Prigogine，1989：238）指出，我们的“日常经验教会我们行为的适应性和可塑性，它们是那些可以在远离平衡条件下进行转换的非线性动力系统的两个基本特征，同时也属于人类社会最显著的特征”，这样，“我们很自然地就会期望，把进化和改变考虑在内的动力学模型，对社会系统来说应该是最适合的模型”。吕埃勒（Ruelle，1991：82-84）是另一位著名的混沌学家，他对把混沌理论应用于经济学所具有“超出隐喻的价值”（Ruelle，1991：83）做出了相似的论证（Goodwin，1990）。扬奇（Jantsch，1980：6）是一位著名的新进化论理论家，他概述了进化生物学和社会学之间重要的，甚至是根本的隐喻性平行。

> 生物系统和社会系统都需要理解诸如自组织和自调节，具有结构变化性的相干行为，个体性，与环境的交流、共生，形态发生及进化中的时空限制等现象。

有趣的是，当科学本质随着整体关联范式而改变时，在某种程度上，科学的数学“侍女”——牛顿定量微积分也发生了改变。例如，混沌科学内部，不得不为地形建模和分形几何的非线性方程与定性数学留有空间

① 在我1994年的研究中，我把量子力学包含在我对现在称为整体关联科学的解释中。尽管在这本书中我也会偶然提到量子力学，但为了支持其他整体关联科学，如复杂性理论和自组织临界，我决定不把它当作辩证思维的一个主要的科学参照来进行考虑，因为相比量子力学，复杂性理论和自组织临界等其他整体关联科学与辩证理论有更多的同源关系。

（Hale and Kocak，1991；Mandelbrot，1982a；Ruelle，1980；Thom，1975；Woodcock and Davis，1978）。随后将会对这些隐喻－方法论问题进行更多的讨论。

上文所概述的这种支持融通的新立场也从向社会科学借来的自然科学那 15
里获得了一些灵感，反之亦然。历史常被视为整个学术界最不科学的学科之一，但是，著名的古生物学家斯蒂芬·杰伊·古尔德（Stephen Jay Gould），从一种完全科学的立场赞美了历史（特别是历史偶然性）的科学贡献，这使得他开始研究地球上生命的演化①。在他的《奇妙的生命：布尔吉斯页岩和历史的本质》（Gould，1989：277-279）一书中，古尔德写道：

> 很多大型的自然领域——宇宙论、地质学及这些领域之间的演化——必须用历史工具加以研究。适当的方法应集中于叙事而不是通常所认为的实验。
>
> “科学方法”［牛顿－实证主义］的陈词滥调没有为不可还原的历史留出位置。自然规律是由它们的时空恒定性来定义的。受控实验、将自然复杂性还原为一组最少的一般原因等技术，预设了所有时间都可以得到相似的处理，并在实验室中进行适当的模拟。寒武纪石英和现代石英一样——各个角都是由硅氧四面体连接而成的……
>
> 但是如果你想知道恐龙为什么灭绝了……实验室是不相关的……而有限的“科学方法”技术不能触及这个单个事件的核心，它涉及一个在地球上灭绝很久的生物，当时的气候和大陆位置与今天存在着显著的区别。解析历史必须基于对过去事件本身的重构——按照它们自己的方式——基于它们这些独特现象的叙事证据。没有规律可以保证［恐龙］

① 有趣的是，就这点而言，古尔德可以说是一个“马克思主义者”，他从马克思自己的辩证-方法论的“历史唯物主义概念”中获得了其对历史的科学理解。事实上，当代马克思主义自然科学家在各门科学中普遍提倡一种更“整体的认识论”。例如，加兰·艾伦（Allen，1978）提出这样一种论点，现代生物学一直存在缺陷，因为它不能用马克思社会科学的“辩证唯物主义”来代替“机械唯物主义”；陆翁亭（Lewontin，1983）同样提倡建构 种“辩证生物学”。此外，如戈登（Gordon，1991：535）所证明的，在不断发展过程中，社会生物学“在早期受某种程度的生物决定论的控制，现在尽管并不比之前有多好，但它看似从社会科学发展到生物学，而不是相反”。

> 灭亡必然会发生，而是一些复杂的事件共同导致了这一结果的发生……
>
> ……我们并不试图通过把复杂的叙事事件还原为简单的自然规律结果来解释它们；当然，历史事件并没有违反任何一般的物质和运动原理，但是它们存在于一个偶然细节当中（万有引力定律告诉我们苹果怎样掉落，但并没有告诉我们为什么苹果在那个时刻掉落……）……我们可以在一个事件发生之后解释这个事件，但是偶然性妨碍了其重复发生（或对其进行预测），即使是在同一起点上［在数千个事件共同作用之后，卡斯特（Custer）注定会使他的部队孤立无援，但是如果从1850年重新开始的话，他可能永远都不会看到蒙大拿州，更不用说被坐牛（Sitting Bull）和疯马（Crazy Horse）这两位印第安酋长击败了］……
>
> 历史科学并非更糟糕、更受限，或者更不能得到确定的结论，因为恒定的自然规律下的实验、预测和归类并不代表历史科学常用的研究方法。历史科学使用一种不同的解释模式……我们不能直接看到过去的事件，但科学常常建立在推理而不是单纯观察的基础之上（你不能看见电子、地心引力或黑洞）。

在此有两点需要进行详述。首先，古尔德非常明确地提出但却常常被牛顿－实证主义者忽略的一点是，在任何服从历史演化（或时间不可逆性）的现象或过程中，现象及其环境显然会在一种交互影响的语境下极其缓慢地不
16 断变化（共同进化），这些现象和过程不能只通过使用牛顿－实证主义的、机械－还原论的方法来得到充分理解或解释。本着整体关联科学的精神，历史叙事对现象和过程的*后验*解释并没有完全取代普遍的物理规律所提供的解释，而是增加或补充了后一种解释，有时甚至是通过提供一种整体关联的阐述来超越后者的狭隘还原论。在此，融通取决于这一事实，即历史偶然性、进化和具有普遍性的物理规律可以跨越所谓的学科边界来得到应用；多元论主张，为了对任何特定的现象或过程提供可能最完整的解释，我们（看似）需要各种完全不同的方法论；在解析融通（即单一性）和多元论（即多样性）二者之间的明显矛盾时，整体论中的辩证主义既丰富了科学的意义，

又扩充了科学的解释域。

其次，古尔德的“历史科学”并不局限于他所列出的这些内容。事实上，借用一种方便的“伞形结构”说法，古尔德最关心的是进化生物学，而且在进化生物学的语境内，生物学和历史学的结合可以得到相对正确的阐述。可能越是这样读者越会回想起马斯特斯（Masters，1989：113，131）本质上对方法论一元论的提倡，这种一元论只建立在进化历史科学的基础之上，使牛顿物理学几乎完全淡出了人们的视线。然而，正如我在之后的章节中将要讨论的，对我来说有一点很明确，即一种建立在混沌和复杂性基础上的物理学，与古尔德以历史为根基的方法论阐述不仅是兼容的，而且事实上（至少是潜在地）证明了后者；这样，因为物理学强化了辩证的、整体关联的科学，因此它很容易重新进入人们的视野。正如古尔德所讨论的那样，不论是一般情况下的历史偶然性还是特殊情况下提及的卡斯特，都可以与以下这些混沌－复杂性思想产生共鸣：①在非线性系统中，“对初始条件的敏感依赖性”（任何特定时间下初始的、局部的条件的微小差异，都会随时间导致完全不同的长期的系统性、全局性结果）；②“决定论系统中的随机行为”（Stewart，1989：17）辩证地将卡斯特失败的*先验*不可预测性与这一观点结合了起来，即考虑到形成其生命历程的整体语境的历史轨迹是特定的甚至是独一无二的，这是一个必然（在某种意义上是“决定论的”）结果（*后验*）。

虽然社会科学正通过这些方式影响着自然科学，也减少了正在形成的新的融通的非对称性，但自然科学在当代学术界仍固守其霸权地位，整体关联科学的隐喻意象和方法论规定比它们的牛顿－实证主义前辈更为多元和多维，如果你愿意，实现自然科学和社会科学新的统一的希望就在其中。

本书讨论的很多内容无疑是极具争议的，而且我已经开始涉足科学哲学和社会科学哲学中最具争议性的一个争论。同时，我支持在科学和社会科学中使用隐喻，主张基于马克思主义辩证法和整体关联科学之间方法的统一，来形成一种新的融通，提出不确定性、不可预测性和主观主义等，以及 17
接受一种整体关联框架内的跨学科立场，这些都激怒了从诠释主义者到牛顿机械唯物主义者的所有类型的学科和科学纯粹主义。尽管如此，对越来越多的学者来说，牛顿-实证主义范式要么是不全面的、狭隘的，要么是误导性的，这点正变得越来越清晰。因此，假如我们想要寻找“新”方法来测量我们周围的世界，我们就必须乐意接受不确定性和新奇性，甚至是“直觉上”荒谬的东西。隐喻和真正的跨学科性为创造性思维、新见解和更新提供了自由空间。一旦牛顿物理学接受整体关联科学的挑战，当代自然科学家和社会科学家就可以在同等程度上享受“一个极其自由的时期，一个极度丰富的时期”（Dyson，1988：6）。无独有偶，卡普拉（Capra，1991）因在量子力学中发现东方神秘主义要素而受到刺激，古尔德（Gould，1989）从对古生物学历史记录的近乎“逼真”（或再生）的叙事中获得了丰富的解释和灵感。

戴森（Dyson，1988：44-47）写道：

> ……我们有两类科学家，即向内和向后看向过去的统一者（unifiers），向外和向前看向未来的多元论者（diversifiers）。统一者是那些对于发现可以解释万事万物的一般规律表现出巨大热情的人。如果他们使宇宙看起来比发现时更简单一些，他们就会非常高兴。多元论者……的热情是探索细节。他们热爱自然的异质性……如果他们使宇宙看起来比他们发现时更复杂一些，他们就会非常高兴……每一门科学的健康成长都需要统一者和多元论者之间的一种创造性平衡……统一者［牛顿-实证主义者］过于沉溺于他们自己的方式。

这样，多元论者，也就是整体关联科学的实践者，需要而且也将涌现出来，正如曼德尔布罗特（Mandelbrot）（转引自 Gleick，1987：90）所说，因为他们是“极其少有的学者，这些学者是自由选择的流浪者……而他们对于固定学科的知识福利而言必不可少”。同时，正如迪辛（Diesing，1991：63）所补充的，他们是那种“各不相同的思想者……他们看到了联系和类比，这样，他们的问题和思想变得越来越大，很容易跨越边界……”。

因此，回到本章一开始提出的问题：在社会科学中使用科学方法并以这种方法来寻求融通，这种做法是否合理和可取。尽管我多少已经提到了试图实现融通所面临的困难，以及围绕融通的争论所具有的高度争议性本质，但是我还是希望我能为证实这一观点奠定一个初步的基础，即这样做事实上是可取且可靠的。同时，考虑到恢复活力的辩证法和当代整体关联科学为我们所提供的这种科学和智识的世界观，对我们来说，满怀热情地加入爱奥尼亚式迷情的时机已经成熟。

第二章
科学隐喻与公共政策：社会科学哲学的社会－政治影响

19 根据大部分实证主义者的信念，赞成一种特殊的社会科学哲学（特别是实证主义社会科学哲学），在逻辑上并不需要任何必要的政治－思想上的立场或价值观念。事实上，争论因此继续，实证主义－牛顿式的方式所倡导的价值中立的、公开可解释的社会科学的吸引力和可能性，要求社会科学方法论在意识形态上完全中立；然而，社会科学中的"科学"显然做不到这一点，除非先前政治哲学的规范性价值判断可以被客观表现和似规律规则性有效且不可还原地代替，而这些客观表现和似规律规则性一般是通过实证调查和实验所发现的。然而一旦这样做了，实证主义社会科学就不会而且也不应该关注那些被规范地构想出的政治辩论。

要是事情能那样简单就好了。事实情况不只是那种价值中立的、客观的社会科学的实证主义者的立场设想是错误的——如我在下文中将要指出的，对实证主义社会科学来说，还存在着一些必然和偶然的政治－思想影响，而且由此衍生出来的是，整体关联科学哲学也需要使其政治－思想影响接受检验。简单地说就是，科学隐喻必然会逐渐成为社会政策，不管它是否有意这样做。

在管理和设计人类社会事务中，采用牛顿－实证主义世界观在逻辑上必然需要对"社会工程"[①]进行本质的定义（Fay，1975）。虽然社会工程在其对

---

① 随着读者越往后读，社会工程的概念会越清晰。社会工程通常指的是，从一种技术专家治国论的视角，设计、计划和实施公共政策的精英"专家"方法。因此，社会工程避免了参与式民主，而且，任何有关获得"美好生活"的见解，几乎都只留给了（希望在最好的情况下是）开明的、人道主义社会工程师。我认为，社会工程无论好坏，在逻辑上都建立在一种牛顿-实证主义机械世界观的基础之上。

世界的机械理解中，像自然科学对自然世界的控制和预测一样，最终承诺了 20
对社会环境的控制和预测，因此在一种乌托邦状态下承诺了以一种完全理性和经验主义的方式来永久地解决社会问题，由此结束了在无效的、价值驱动的思想争论中对社会能量的浪费行为。但是，从一种普遍的“批判”视角来看，它宣称要以个人自治和全世界真正的社会民主为代价，来形成集中控制的压迫感和绝对性。如果社会世界确如机器一般，其运动像牛顿－实证主义范式所认为的那样规律且可预测，那么一种研究共政策的工具－技术统治论方法，就可以解决很多（即使不是全部的）当代社会问题，但这样做的代价是，把人类当成巨大的社会机器的一部分，服从规划人员的操作，他们作为社会数据库中的变量，充其量是乌托邦和反乌托邦著作中典型的“快乐奴隶”（Kumar，1987）。但是，实证主义对社会工程的提倡不只是历史的偶然；它合乎逻辑地必然存在于牛顿－实证主义事业中，它在社会科学中的历史可以充分说明这点。

19 世纪的前 25 年，圣西门（Saint-Simon）和孔德（Comte）最为明确有力地阐明了，新兴实证主义“传统”规定了一种研究政治实践的社会工程方法。圣西门对我们时代的实证主义者抱有期望，他对政治哲学家的“无休止讨论”中所争论的历史上易变的“推测观念”表示不满，他期望有一天社会科学可以在方法论上与更成熟的自然科学结合起来。圣西门（Saint-Simon，1964：40）宣称“这个时代已经到来”，“［人文］科学的婴儿期应该结束了，当然，对于因政治理论的模糊而**产生**的社会秩序问题而言，结束它是有利的”［着重是后加的］。对圣西门来说，社会不稳定性看似源自非科学或前科学阶段的政治哲学；社会稳定性来自一种合乎科学设计的社会，它与发现的普遍自然规律或社会运动规律一致。对于后一点圣西门非常确定：“……［我们］是有机体；正是通过把我们的社会关系看作是生理现象，我得出了我所提出的计划。”（Saint-Simon，1964：8-9）这个计划就是，把社会置于 21 个社会技术专家——实业家（*les industriels*）的监管之下，即使不是处于这些人的完全控制之下。为这些工程师赋予权威专家身份的社会知识是一种律则知识，它是一种实证主义认识论，这种认识论强调了解释／因果关系和预测之间的所谓的对称性。这种规定并领会普遍的社会运动规律和个人行为规律的能力，必然合乎逻辑地导致了，为了实现某一特定的和／或理想的社会环境，以一定的精确度预测并控制相关社会变量的能力。对孔德来说，和圣西门一样，预测最终等同于控制和在社会层面上设计的能力和倾向：“科学是为了预见；而预见是为了控制。”（Comte，1975：88）这样，就不容许存在任何有争议的、不能解决的民主辩论和决策制定，甚至不容许面对一个偶然发现的非线性世界。

21 到了20世纪中期，实证主义者对社会工程的劝诫已经变成了老生常谈和主流。一门按照实证主义方式构想出来的政治科学，其政治意义在这些意义的所有非民主外表下受到了毫不掩饰地赞美。作为20世纪中期社会工程和政策学的一位领导性人物，乔治·凯特林（Catlin，1930：39）写道：

> 除非存在政治一致性，否则就不会存在政治科学，这些行为常量［例如，情景重现和人类冲动的持续——简单地说就是普遍的人类本性］，允许被公式化地表示成规律。并且［这些规律］像力学定律一样永恒，无论何时何地发现这些规律，它们都适用于整个人类。只要人们遵循这些规律，他们就将以某种方式永恒地运动……像原子根据化学式在其化合作用中运动一样。我们寻找的正是这些而非其他东西。

正是因为不论是在人类行为还是社会世界中，人们都如此强烈地渴望寻求一致性，统计技术变成当代政治科学的“侍女”也就不足为奇了。但是，因为只有*统一性*才能使统计分析（按照它自己的方式）变得有意义，所以，把统计学应用于社会领域，也只会产生社会*从众性*。正如阿伦特（Arendt，1959：39）所评论的：

> 统计规律只有在包含大数和长周期时才是有效的，行为或事件在统计学上只会表现为偏差或波动。统计的合理性在于，行为和事件很少出现在日常生活和历史中。但是，日常关系的意义性不是在日常生活而是在罕见行为中才会显现出来，就像一个历史时期只有在阐明它的少量事件中才能显示其意义。把大数定律和长周期定律应用于政治学或历史，恰恰意味着对它们主题的有意删除，一旦除了日常行为或自动趋势以外

的任何事物被认为不重要而被排除掉时，寻找政治学中的意义或历史中的意义就成为一个令人绝望的事业。

正是那种没有行动能力的缺乏创造性的、墨守成规的男人和女人，构成了极端实证主义所设想的社会科学的“对象”。

关于这点，我们仍可以参考政治学家塞缪尔·亨廷顿的研究。这里之所以再次提到亨廷顿，是因为他是霍布斯哲学的一个典型追随者：以所有民主为代价，实现一种利维坦式设计的政治和社会稳定性。尽管亨廷顿并没有为我们提供诸如此类的明确规律，但他关于“政治发展”的概括和假定毫无疑问仍旧具有一种律则特征。例如，“*任何*一个特定的政体的稳定性，都取决于政治参与水平和政治制度化水平之间的关系……政治稳定性……取决于制度化相对于参与的比例。随着政治参与的增加，如果想要维持政治稳定性的话，社会的政治制度的复杂性、自主性、适应性和一致性也必须随着增加”（Huntington，1968：79）[着重是后加的]。亨廷顿的语言看似无害且客观上是中立的，但是，我们可以从中感觉到其将要成为社会工程师的萌芽，这点可以从以下话语中得到证实：

如果一个社会想要维持高水平的共同性[原文如此]，政治参与的 22
扩展必须伴随有更强大、更复杂且更自主的政治制度的发展。然而，扩展政治参与的结果常常是，逐渐破坏了传统的政治制度，并阻碍了现代政治制度的发展。特别是，现代化和社会动员易于导致政治衰退，除非采取措施以减轻或限制其对政治意识和政治参与的影响[着重是后加的]。

显然，亨廷顿在民主和个体自治的圣坛面前所做出的短暂妥协被摧毁了，因为他更强烈且持久地呼吁：为了实现政治稳定性，我们更需要权威设计的集权型制度。而且，即使上文的“如果”条件从句旨在提出，政策支持本身建立在经验基础上，并且是合乎规范的、价值中立的，他们的表达语气和他们所基于的判断，也都与他们所谓的中立、客观立场不符。

到此为止，以上考虑的所有情况，无论清晰还是模糊，都证明了那些提倡按照实证主义方式来构想社会科学的人们，他们所表现出的一些主观意愿。例如，把人类环境看作一种非自主的、规则化的行为模式；使大多数男人和女人从政治和社会政策的公共领域中脱离出来；使他们成为对于*现状*安静的、顺从的、墨守成规的、无异议的及不加批判的人。这种策略并不只是不自找麻烦，事实上它们更多的是在*制造麻烦*，或者至少是发现并麻痹任何吵闹的问题。对多数人来说，我们这个世纪社会科学思维方式的力量已经达到了西方发达资本主义国家的水平。正如皮特金（Pitkin，1973：320-323）所说：

> 我们掌握着科学客观性和公正（至少我们认为我们是那样做的），结果我们突然感觉到不仅被分离开了，而且被切断了；我们不仅是客观的，而且是在一个客体世界中像客体一样……［因此，我们］以“一种完全去人性化的方式”看待人本身，我们被剥夺了意义和感觉……因此，我们关于自己和他人的客观性还有一种更深层次的影响：我们变得越来越无法判断承诺和行动……我们失去了维持目的性行动的能力……［此外，］无论是我们自己过去行为的特定因果规律，还是关于人类行为的一般因果“规律”，最终都不能告诉我们该做什么……因果解释的视角和行动或选择的视角，这二者实际上是不同的视角。而且从我们变得只关注因果解释的视角来说，我们已经失去了与其他视角、概念工具和方向的联系，而正是它们才可以使人们理性负责地选择、把行动和思想结合起来并使大脑服务于其行动。

然而，当代的危险在于，“专业”社会科学已经在人类生活的许多领域获得了这样一种支配地位——从我们的集体观点或意识的角度来讲，它可以掩饰其在行动或*实践*导向方面的不足以及由这些不足而产生的政治影响。正如沃林（Wolin，1981：408）提醒我们的：“因为科学［牛顿－实证主义］作为范式性的［政治］理论形式占据着支配地位，且政治动机不能直接用这种理论形式来表达，所以，它不得不在别的地方寻找其出路……转而以‘方法论’的元理论形式来表达。”因此，
23 正如我在上文中所提出的，实证主义社会科学及其相关联的预设和前提，首先是一种“致力于实现其自身的政治活动合法性的思想”（Wolin，1981：406）。

总而言之，实证主义社会科学实际上类似于德·托克维尔（de Toqueville）

的“宿命论”，它通过编造“一个束缚和约束人类的严密庞大的枷锁”（de Toqueville，1966：464）来削弱想象力，抑制*实践*并鼓励一致性。在启蒙运动中，科学开始主导自然，但启蒙运动的承诺中却以科学主导人类而告终。

> 现代行为主义［实证主义］理论的问题，不在于它们是错的，而在于它们可以变成正确的，事实上，它们可能是对现代社会中那些特定明显趋势的最好的概念化。可想而知，现代——开始于人类活动的这样一种空前有希望的爆发——恰恰也可能结束于迄今所知的最致命、最无效的被动历史（Arendt，1959：322）［着重是后加的］。

可能直到最近，实证主义者的这种“无效的被动性”，在苏联马克思主义那里达到了其最*可见的*最高点（或者最低点，这取决于我们想怎样看待这种情形）。苏联马克思主义非常严重地偏离了非实证主义者马克思（King，1991a，1991b，1993，1994），它作为一种牛顿－实证主义社会科学，已达到一种最绝对、最不受限制的位置；它把隐喻和思想／公共政策之间的联系设计得更为紧密，用必然的历史轨迹和绝对的客观真理所构成的终极唯物主义权威巩固了社会工程的声望。

马克思主义传统不知不觉陷入实证极端主义，这种情况开始于马克思的朋友和合作伙伴恩格斯。到恩格斯生命的最后，他在主要方面已变成一个不折不扣的实证主义者（Carver，1981：51）。像很多志趣相投的机械唯物主义者和苏联“辩证唯物主义”的支持者一样，恩格斯也认为，所有科学（包括社会科学在内），最终处理的都是相同的对象，即运动中的物质；同时，他们认为，人类社会行为“规律”就是支配这种物质运动的规律。因为这样一种规定性，马克思的关联本体论（Gould，1978）就被物质的本体论第一性彻底破坏并代替了，而这恰恰是马克思在其《关于费尔巴哈的提纲》一书中所努力超越的那种“原始”或“朴素”的单向唯物主义的一个典型特征。

尽管恩格斯的确认为有一些规律，特别是那些政治经济学规律，是一些在时间上受限制的历史规律，但是他还是进一步采用还原论的方法，把这些规律归入一系列普遍永恒的规律之下，即把它们归入所谓的“辩证法”这门科学的自然规律之下，他认为这些自然规律是关于物质运动的普遍永恒规律。

在这点上，恩格斯（Engels，1963：314）是非常明确的：“辩证法［是］关于所有运动的最普遍规律的科学。也就是说，它们的规律必须对自然和人类历史中的运动以及思维运动同样有效。”但是，恩格斯的实证主义之所以像霍布斯、圣西门、孔德和凯特林的实证主义那样在政治上保守，是因为，马克思认为那些人类所特有的特征——思想、意识、目的性活动、自我实现和自我转化的生产活动，以及最重要的政治*实践*——都受到物质运动的普遍规律的
24 支配，这样人类就变成平淡朴素的“物质对象”。同时，与霍布斯和其他人一样，恩格斯认为，理解支配人类行为和社会关系的普遍规律，就是采用一种工具主义方法来研究政治学，来实践社会工程。知道各种形式的物质通常如何运动，就可预知它在未来将会如何运动，这恰恰是孔德将“预测”和“控制”等同起来的另一种版本。

正如利希海姆（Lichtheim，1961：246）所说的，因为恩格斯把马克思主义传统定位为一种修正主义的实证主义和一种相关联的费尔巴哈式的机械唯物主义，所以，“从恩格斯开始，经由普列汉诺夫（Plekhanov）和考茨基（Kautsky），到列宁（Lenin）和布哈林（Bukharin）［及其以后］，毫无疑问他们形成了一条传承的路线。无论他们有何不同，他们都具有一个相同的信念，即‘辩证唯物主义’是一门关于*自然*和历史‘规律’的一般‘科学’……”。同时，麦克莱伦（McLellan，1973：423）补充道：“正是这一趋势把马克思主义当作一种哲学*世界观*提了出来，它在形而上学的意义上，把客观规律特别是物质辩证运动的规律作为实在的基本构成包含了进来。这显然不同于《关于费尔巴哈的提纲》一书中所举例说明的‘理论和实践的统一’。”

普列汉诺夫常被称作“俄国马克思主义之父”，他跟随恩格斯把马克思的“唯物史观”回归到一种机械唯物主义的、实证主义的轨道上来。与马克思相反，普列汉诺夫将马克思主义认识论深植于爱尔维修（Helvetius）、霍尔巴赫（Holbach）、拉美特利（La Mettrie）和费尔巴哈（Feuerbach）的认识论。普列汉诺夫甚至写道，马克思的《关于费尔巴哈的提纲》“并**没有**抛弃费尔巴哈哲学；而只是修正了它……马克思的唯物主义概念……恰恰在费尔巴哈哲学的内在逻辑所指明的意义上得到发展（转引自 Lowy，1981：

31）”［着重是后加的］。此外，“马克思……在［他的］发展中，在完成了*唯物主义者*转向之后，从来没有放弃斯宾诺莎（Spinoza）的立场”，他的唯物主义“是一种摆脱了其神学背景的斯宾诺莎学说”（转引自 Colletti，1972：71-72），这就意味着，马克思用不相上下的统一的物质范畴代替了斯宾诺莎的统一的神秘主义。于是，尽管在此只作了简单介绍，但普列汉诺夫很明显继承了恩格斯主义的遗产，即一种实证主义的、机械唯物主义的马克思主义社会科学。

在苏联实证主义传统中，至少从哲学理论层面上来说，列宁的立场或多或少要比普列汉诺夫的立场更为模糊不清。《哲学读本》是一本相对“成熟”的哲学著作，从一种非常重要的意义上来说，它也是对自我批判的一种实践。在这本书中，列宁通过重新发现马克思思想本身的黑格尔和黑格尔式的根基，开始靠近马克思的非实证主义的“唯物史观”。列宁在《哲学读本》一书中最著名的评论是关于黑格尔和《资本论》之间的关系的：“如果不透彻地理解并研究黑格尔《逻辑学》的*全部内容*的话，是不可能完全理解马克思的《资本论》的，特别是第一章。因此，后来的半个世纪没有一个马克思主义者理解马克思。”（Lenin，1960-1970：第 38 卷，180）很明显，列宁对马克思牢固的黑格尔遗产痕迹的重申，从根本上否定了马克思所具有的严格的实证主义系谱。

但是，尽管列宁是自我批判的，但恰恰是他早期的著作，即《唯物主义 25
与经验批判主义》，被他的那些处于党和国家机器最高级别的追随者继承了下来，并在一种实证主义者的“辩证唯物主义”后来的发展中，被当作苏联最早的权威性资料之一。实质上，《唯物主义与经验批判主义》一书只是后来的恩格斯式的或者普列汉诺夫式的实证主义观点的简化版本。列宁大量引用了恩格斯的话，但只有四个语录直接引自马克思，而且没有一个与其主要观点相关（McLellan，1979：107）。在《唯物主义与经验批判主义》一书中，列宁（Lenin，1960-1970：第 14 卷，130）把物质定义为：“物质是标志客观实在的哲学范畴，这种客观实在是人通过感觉感知的，它不依赖于我们的感受而存在，为我们的感觉所复写、摄影和反映。”存在相比思维而言所具有的第一性在此得到重申，与之一起的还有思想是物质运动的产物，以及人类是物质对象等前提假设。伴随列宁的唯物主义和实证主义而产生的是列宁主义版本的工具主义政治实践，这是它的社会工程变体。正如鲍钦斯基（Bochenski，1963：81）所说的：

> ［对列宁来说，］世界必须在各方面可以得到塑造，就像材料可以被技术人员塑造一样；因此，世界必须是物质的，且适合于技术操作。因此，人类也必须在某种意义上与物质相似，且遵循支配物质的一般规律；这即是心理学唯物主义的起源。

显然，这种研究政治实践的工具主义方法，在列宁主义者的相关概念中得到了具体化和制度化，这些概念涉及一个完全由科学社会主义的真知识武装起来的先驱性的、权威性政党（苏联共产党和马克思－列宁主义），以及国家权力、政治、经济和社会的高度集中化组织。

苏联实证主义的机械论特征遍及各个方面。对布哈林（Bukharin）来说，机械力学证明了马克思主义唯物论的科学基础。社会被看作是“一个巨大的运行着的机器”，生产关系是“时空中人们之间的劳动协作（被看作是‘活的机器’）”（Bukharin，1978：第 6 ～ 7 章）。同时，布哈林指出，像一个运转良好的机器一样，社会和它的内部力量不断地努力达到“平衡”。事实上，正是“平衡论”使得布哈林可以用力学术语对所谓的辩证方法进行“理论上的－系统性的阐述”。此外，“平衡论”还假定，运动来源于非个人力量之间的抗衡，而不是人类的自我发展。因此，布哈林的理论因其相伴随的机械唯物主义色彩及其所蕴含的经济决定论，恢复了经济基础与上层建筑之间的二分法。这样，马克思对生产力的特别是人类活动的生产和创造能力概念化，就被完全还原为了“社会技术”，因此，人类发展和社会发展都被压缩进了下面的决定论公式：“……生产力决定社会发展是*因为*它们表达了社会……
26 和其环境之间的相互关系……同时，*环境和系统之间的相互关系归根结底是决定任何一个系统运行的量*”（Bukharin，1978：第 5 ～ 6 章）。此外，如布哈林的整个方法论那样，这个公式不仅仅适用于资本主义，它还是一种社会学规律，它“讨论的并不是社会的个体形态，而是一般意义上的社会”（Bukharin，1978：70）。

就其本身而言，尽管布哈林的“平衡论”并没有公然要求一种研究实践政治学的社会工程方法，但是，它至少有很明显的政治保守主义形式（特别是对社会稳定性的重视），我在上文已经论述了政治保守主义与实证主义的相关性。正如科恩（Cohen，1978：219）得出的结论：“[布哈林]确信，缺乏和谐的‘社会不会得到发展，只会灭亡’，这点已经在《经济学》和《历史唯物主义》中得到了证实”。同时，他坚信“社会主义革命将会带来一种根本性的、和谐的、富有成效的、持久的平衡”（Cohen，1973：122）。

尽管考虑到斯大林（Stalin）的政治权力，他对于这种前进中的布尔什维克传统的贡献必然具有权威式的重要性，但是实质上，他只是对上述的机械唯物主义基本原理在哲学上的简单重述。他的《苏联共产党历史简明教程》是苏联马克思主义理论的一本主要教科书，在这本书中，斯大林列举了三个关于“马克思主义哲学唯物主义”的基本论题，其中第二个是苏联机械唯物主义的一个例证：

> 与唯心主义相反……马克思唯物主义哲学认为，物质、自然、存在都是一种存在于我们的意识之外并独立于意识的客观实在；物质是第一性的，因为它是知觉、观念和思想的来源，思维是第二性的、派生出来的，因为它是物质和存在的反映；思想是物质的产物，在物质的发展过程中思想已达到一种完美的程度，即大脑的理想状态……（转引自 wetter，1958：295）

对于斯大林而言，运动中的物质实现了其本体论第一性，同时“其规律是完全可感知的”，这样，“我们关于支配自然的那些规律的科学知识，[就是][代表]客观真理的可靠知识”，同时，“借助于[这种]科学，我们所不知道的东西也终将会被发现和理解”（转引自 Bochenski，1963：71-72）。因此，斯大林工具主义和寻求独裁主义的社会工程就合乎逻辑地出现了。

> （苏联的）社会主义社会的发展在从一个阶段向另一个更高阶段，从一个旧质向一个新质转变的过程中，发挥作用的主要是来自上层的首创精神，即苏联政府的首创精神。广大民众积极支持这样一种来自上层的革命主动权……正是这种主导权才导致了在这种条件下，从一个旧质向一个

新质的转变所具有的独特性，即跳跃不再呈现出爆发或者已确定的社会秩序发生崩盘这样的特征，不再可能这样了（转引自 Wetter，1958：327）。

斯大林在这点上帮助了批判理论家，真正革命性的政治学不可能建立在一种实证主义的、机械唯物主义的社会科学的基础之上。

27 到 20 世纪 60 年代早期，随着《马克思列宁主义基本原理》（Kuusinen，1963）的出版，披着实证主义外衣的苏联社会科学获得了权威地位，这是一部“像圣经一样”的巨著，它以可能是最教条的表达方式概述了恩格斯－布尔什维克社会科学遗产。“辩证法科学”和相关联的“物质运动规律”获得很大关注也就不足为奇了，因为它们使得“分析过去，理解现在，展望未来成为可能”（Kuusinen，1963：60）。对未来的预测成为可能是因为，发展规律“独立于人的意志或意愿”而存在，这些规律是“自然而言的”且“历史必然的”（Kuusinen，1963：66）。因此，通过使用社会发展规律，“人们［可以］变成他们自己之间的关系以及控制这些关系的规律的主人”，就像航空工程师运用“气体动力学规律”（Kuusinen，1963：69）一样，也就是说，人们可以成为社会工程师。

因此，不论是在西方自由资本主义中，还是在苏联马克思主义中，一种按照实证主义方式构造出的社会科学与某种形式的工具主义社会工程之间，看似都存在着一种相当明确的关系，而工具主义社会工程随之会带来一种工具主义的政治实践。因此，社会科学哲学和方法论的问题就不仅仅是“学术性”问题；它达到了社会实在、政治意识形态和公共政策选择的深度。就这一点而言，正如葛兰西（Gramsci）在大约 50 年前就指出的，真正革命性的马克思主义，像真正民主的自由资本主义一样，有两种而不是一种抵制霸权的措施——资产阶级资本主义的文化措施和社会研究中的实证主义措施。根据葛兰西（转引自 Boggs，1976：63）所说的，苏联机械唯物主义中的实证主义

常常倾向于把诸如“阶级”“政党”和“生产方式”这样的概念具体化，忽略了组成这些较大的社会单位的人类个体行动者，［结果是］机械论方法特有的“外部态度”，实际上把政治主动权和责任从自觉的人类转移到具有

一种集体人格的结构实体上了，这就促进了稳定性。

此外，

> 在政治学中，把统计规律假定为一种基本的必然性法则，这不只是一个科学错误，而且变成了行动中的一个实践错误。更重要的是，它支持政治纲领中的精神懒惰和浅薄。值得注意的是，政治行动恰恰倾向于把民众从被动性中唤醒……因此它怎么能被视为一种社会学规律呢？（Gramsci，1971：429）

因此，对于葛兰西来说，社会学规律有去政治化和反民主的作用。人们非常明确**不能**离开源自统计规律的理论基础，但是由于他们之间存在“主动有意识的合作”，这就导致了他们对“直接细节”的经验与抽象的、理论上具体化的概念和范畴之间，几乎没有任何的关联或者只有细微的关联。葛兰西注意到了一个之前就已经提到的问题，即一种按照实证主义方式构造出的社 28
会科学，它寻求人类行为和社会关系中的规则性，不得不假定“大部分民众仍然是被动的（所以他们可以得到科学家的研究）”，而这个假定很明显不会引起革命实践的发展或提升。

> 把［革命性］问题当作寻求规律和恒定、规则、统一的路线，与需要以一种优先的方式解决历史事件的可预测性这一实践问题，这两者之间存在着关联，这种关联是以一种并不成熟且具有独创性的方式构想出来的……实际上我们只能预测战争，但不能将战争发生的时间具体化，战争只能是对立力量持续运动的结果，它永远都不能还原为固定质量，因为在战争内部，数量会不断变为质量。实际上我们可以“预见”人们行动的程度和自愿努力的程度，这就有助于创造“预见”这个结果。因此，预见呈现出的不是一种科学的知识行动，而是做出努力的抽象表现，是创造一种集体意志的实践方法（Gramsci，1971：437-438）。

葛兰西冒着过分夸大的风险认为，社会主义革命或民主主义革命成功或失败的关键在于社会科学方法论问题。从更广泛的意义上说，他也许是正确的。

在这一点上，我认为，实证主义／机械唯物主义元科学原理和假定与一种研究政治实践的工具主义社会工程方法之间存在着逻辑上的甚至是必然的关联性。但是，在这种全局背景下，还有第三个因素需要考虑，即现代大型工业社会，其构成要件既依赖于同时又要求对一种社会工程政体的实证主义规定。同时，以这种方式，不论是对西方还是东方而言，实现大规模现代工业性这一纲领性需要，把自由资本主义和苏联马克思主义之间的显著的方法论趋同，描绘得更加具体了。正如费伊（Fay，1975：47）所说的：

> 因此，把一种实证主义的社会科学概念，与一种随着工业社会的发展而获得信任的工程学的理论和实践概念关联起来，也就不足为奇了，因为这种社会恰恰需要这种概念的持续存在。对于发达工业社会来说，实证主义社会科学概念出现在政策学中，就像自由主义经济理论对于*自由放任*资本主义的早期形态来说一样［同时，扩展和类比下来，就像恩格斯的马克思主义对于苏维埃中央计划经济来说一样］。实证主义社会科学、技术控制和工业主义，这些都是现代生活相互促进的特征［Habermas，1970，1971a，1971b，1973，1974］。

这样，人们通常把现代视为一个没有“意识形态”（Bell，1972）且处于“历史的终结”的时代。在现代，如葛兰西和沃林所说的那样，社会科学方法论变成了一种更为危险的直接的政治意识形态，因为尽管方法论显然**有**其支
29 持和坚守的政治价值，但是这就使得它悄悄地存在于政治舞台中，披着所谓价值中立的、经验主义的社会科学外衣。在“实证主义占支配地位”的年代，意识形态的终结事实上可能变成了意识形态一致和统一的开端，因为方法论而不是意识形态*本身*开始主导现代人的思维、意识和价值判断。

现代工业世界尽管有能力实现物质丰富并吹嘘自由和民主，但它也绝对需要存在于系统且广泛的控制中的社会稳定性，无论有时候这种控制会表现得多么不起作用。虽然市场中的决策有一定的回旋余地（与自由选择*本身*截然相反），但是，在整个生产－消费系统中，经济风险和政治风险如此之高（且会变得更高），以致即使我们可以做一些什么，我们也不能对意外获得某种市场力量抱有任何期望或幻想。现代工业主义**需要**一种可控的劳动力和消

费主义。按照费伊所说的，原因在于：

> 很明显也很重要的一个真理是，对商品和服务的生产来说，对自然的开采只能通过完成相关工作的人共同努力才能实现。在一个致力于通过自觉的社会劳动组织来实现生产的持续增长的社会中，这个真理变成了一个杰出的事实。因为在这些社会中，理性管理旨在确保操作的连贯性、速度和精确度，加之对人和机器的有效利用，导致了劳动力分工的不断增长。这样，人们开始发挥专门化的功能，而且，在这样一种复杂经济中，生产活动只有在根据某一高度抽象和综合的计划运行时，才能取得进展。（Fay，1975：45）

但是，事情远没有费伊所说的那样简单。现代工业社会庞大和复杂的生产过程，意味着社会控制或计划必须包括比生产方面更为广阔的现代生活领域。随着新产品不断投放市场，在它们上面花费的时间、金钱和研究比以前更多，但同时也面临比以前更多的市场占有率竞争，这样，生产“成本”就会变得极高且有风险。因此，需要广泛的控制来确保生产什么就消费什么。

正如加尔布雷斯（Galbraith，1978：209）曾说过的：“把总需求维持在一个适当的层次上，这种措施是工业计划任务不可或缺的一部分……控制消费者的行为，这一需要是计划的一个必要条件。”如果没有对总需求的调节，“需求就会发生不可预测的大规模波动，伴随其后的是销售和生产的大规模波动。计划可能会受到严重破坏，对资金和技术的使用将会比现在更为谨慎并且远不如现在有效”（Galbraith，1978：234）。此外，消费控制在一定程度上也导致了对思维和行为的控制：“广告和推销术——对消费者需求的管理——对计划来说至关重要……同时，消费所创造出的需求确保了工人的服务。理论上，他的需求必须略微高于其收入。这样，为他准备的强大诱惑就会使他陷入债务。作为结果的债务压力增加了他作为工人的可靠性。”（Galbraith，1978：281）

总之，“计划原则”的优越性反映了对所有现代大型工业系统所特有 30
的“极权主义”的衡量。尽管在当代，“市场”这一说法遍布各个领域，但是我们是否使用市场或市场原则，并不是当代的主要经济问题。所使用的市场实际上在多大程度上可以控制、调节、计划或协调，无论是公开的还是隐蔽的，这才是当代的主要经济问题。“对苏联系统［前者］和西方系统而言，不存在通过使前者［完全］回到市场来实现趋同共存的趋势。二者都发展得很快而不需要实现趋同共存。对于同一计划形式来说，存在可测量的趋同共存。”（Galbraith，1978：115）同时，一旦决定计划在现代世界中必然发挥着巨大作用，那么一个相关但同样重要的问题就产生了——谁来控制这些进程？工人、工会、管理者、技术专家、政府或者跨国公司？正如林德布洛姆（Lindblom，1977：332-333）曾说的：“无论是在自由民主世界中还是在［苏联］共产主义世界中，工人控制实验表明私有财产和私营企业并不像社会主义者过去所相信的那样，是工作场所民主化的主要目标。相反，目标是在企业中形成等级制度和权威结构，不论它是否属于私有财产。”（Edwards，1979；Le Grand and Estrin，1990）

事实上，生产和消费控制才是现代工业社会的核心问题，特别是对于那些实际上控制生产和消费过程的人，即“专家阶层”或“科学管理精英”来说。但是，我们在此讨论的并非资本家*本身*。“现代工业社会中的决策权并不是由资本而是由组织机构，并不是由资本家而是由工业［公司、政党或国家］官僚来行使的。这在西方计划体制中是真实存在的。在［苏联］社会主义社会中也是真实存在的……正是技术和组织而非意识形态形象的必要性，决定着经济社会的形式”（Galbraith，1978，xv-xvi，7）。

此外，专家阶层绝不仅仅是一个“技术装置”，也绝不仅仅应用于处理技术在解决社会问题。就像在一个具有自我意识的“科学”世界中科学哲学会变成政治哲学一样，专家阶层的成员也会变成政治实践者，也就是说，他们会执行社会控制技术来保证必要的社会生产和消费模式，以此来维持整个社会系统，进而巩固他们自己的政治权力。毕竟，“专家阶层并不提供资本，而是提供专业人才和组织。没有理由相信它将会使资本的（或雇主的）回报率最大化。更有可能的是，它将把它作为一个组织的成功最大化”（Galbraith，1978：129）。

然而，就像实证主义社会科学的技术中立主义借口隐藏着特定的政治－意识形态利益和价值一样，现代社会的核心组织结构内同样隐藏着专家阶层的特定政治－意识形态利益和价值，特别是国家机器的特定政治－意识形态利益和价值，这些价值和利益同样隐藏在其服务“民族主义”和“国家或公共利益”的中立主义借口中。结果，“常态政治”开始变成这样一种活动：它旨在支持生产/消费过程的良性发展，消除系统中出现的任何功能障碍，并寻求大众对它的支持。“换句话说，政治开始被认为与管理工业系统同义；它本身变成了一种技术活动形式，这样，政治问题就被理解为那些本质上需要工具主义决策的技术问题。”（Fay，1975：46） 31

这些，相似的发展同样发生在苏联体系内部。正如克莱蒂（Colletti，1972：65）得出的结论一样：

> 所谓“经济领域”——在马克思那里既包括物质生产也包括精神生产（物化）；既包括生产交流也包括主体间交流；既包括物质生产也包括社会关系生产……现在被［苏联政府］视为一个孤立的要素，与其他“环节”分离开来，因此缺乏任何有效的社会-历史内容，相反，它代表着一个先行领域，先于任何人类调节。因此，社会生产被转化为“生产技术”；政治经济学的对象变成了技术对象。

如果生产力本身确定是技术，那么，发展生产力就意味着沿着资本所开辟的道路前进。特别是对于社会主义来说，唯一恰当的“物质基础”变成了发达工业-资本主义社会的技术和组织基础。资本积累（“社会积累”）必须由剥夺和榨取工人和农民的剩余生产价值来得以实现（即资本家式的剥削）；工业技术必须通过挤压消费以支持资本投入，并建立一种高度分化的产业分工，来得到快速发展和利用（即资本家式的异化）；同时，工业无产阶级不是被消灭，而是在其工作和休闲中被组织和控制起来（即资本家式的镇压和人类劳动的商品化）。简单地说，苏联的社会主义在理论上和实践上从属于一种完美的“现代化”道路的假定危机。它与资本主义的区别基本上可以理解为对一种普遍一致的技术-经济基础设施的控制方法或程度。因此，苏联对于“成功”的定义变成了对国民生产总值的定量测量，而不是实现这一体系的民主内容的任何一种定性指标。

在苏联的“现代化”版本中，把国家物化为公共利益、民族主义和国家利益的起源，就像在自由-资本主义国家里形成的认识一样。但是，

> 假如［就像马克思所说的］，国家是一种内在于生产方式的社会关系联结，我们不能把它当作“机器”来进行掌握和利用。然而事实上，它真正的形式却适用于抵抗社会主义革命力图支持的生产环境……因此，对于1871年时的马克思而言，“奴役他们的［工人的］政治工具不能充当解放工人的政治工具”，［比较《法兰西内战》］……不能获得（并使用）统一的“国家权力”这样一种东西，因为国家权力不是一种东西，而是一种关系维度，这些关系合起来就是统治阶级的‘所有权’和‘社会权力’……在普遍的［政府］形式和社会主义生产之间获得……内部关系，与在国家形式和基于盗用其他人的劳动的生产之间所获得的那些内部关系一样［Corrigan，1978：12］。

32 国家是一个“牛顿式的机器”，这一形而上学假定在逻辑上蕴含并传播着国家是“中立的”这一观点，同时这意味着，改进这个机器的功能或修复这些功能是一项纯粹的技术活。这非常像修理一块手表一样，它需要的是技术，而不是特定的规范值。但是，机器不是中立的，它们常常规定着一定的动作、过程和最终状态，正因为如此，技术修理也必须被限制在它们为整体系统所设置的参数内。因此，在1971年，我们看到了列昂尼德·勃列日涅夫（Leonid Brezhnev），他固守布尔什维克的机械论遗产，宣称为了建立共产主义，“科学和技术进步”是“核心标准”（转引自Corrigan，1978：107）。这实际上是一种僵化的马克思主义版本。①

① 最后这几页对现代大型工业社会的分析和批判看似是“过时的”；事实上，我的大部分参考文献都发表在20世纪70～80年代。当然，有人可能会说，在信息时代，市场力量因为互联网和万维网而变得更加自由化，这里所假定的集中控制正受到严重的破坏，而不是增强。通过授予工人权利和实现管理等级的扁平化，大部分现代企业看似也正在向不那么集中的控制方向发展。所有这些都足够准确，且表现出一些非常吸引人的当代趋势。但是，对控制的追求还是会继续存在，不管这个动作是否会变得弄巧成拙或不切实际。在这个意义上，我仍然相信我们受一种实证主义的、社会工程世界观的支配，但是相比以前，我们现在对它的处理多少有些不同（因为信息时代的新进展，政府规划和调节会**增加**而不是会减少——万维网如何得到管理和监督？企业采用了一些**更**新的市场和工人管理形式，如合并和兼并、精简、外包），在我们可以有效地处理目前的这些控制和操作挑战之前，问题回归到与辩证法类似的哲学方法上。毕竟，如果我的观点正确的话，我们管理世界的实践方法所面临的挑战，显然需要我们的哲学和方法论做出一种适当的（辩证的）改变。

> 现在［1978 年］，践行布尔什维克思想的不是工业革命而是“科学技术”革命。现在，布尔什维克主义力图复制的，不是资本起源的经验，而是其“成熟”的经验；这些争论涉及把“市场机制”作为实现“最佳资源配置”的一个辅助手段，把利润作为对企业绩效“效能”的一种激励；这些“技术”也会受到检查，必要的时候……甚至会被全民国家的长臂所剥夺［Corrigan，1978：45］。

总之，在本章最后我不得不说一下，实证主义和机械唯物主义之间不仅存在一些共同的元科学原理和假定，而且还存在一种相同的对于政治实践和社会工程的工具主义认识规定。此外，我试图证明，这些关系是一个更大的三角关系的一部分，在这个三角关系中，现代大型工业社会的必要条件既是上述实证主义元科学／社会工程关系的条件，也是其推论。因此，我又进一步主张，随之而来的对作为人类解放者的自由主义和马克思主义等政治意识 33
形态的颠覆，是这个三角关系本身的实行和需求所固有的。因此，正是对这种复杂的理论和实践关系矩阵的充分具体化，规定了“社会科学哲学的社会－政治影响”一词的实质内容。

到目前为止我已经大致描述清楚了本章的主要观点。实证主义／机械唯物主义世界观的轮廓或参数已经与其*总的*社会－政治影响关联了起来，这里所说的社会－政治影响涉及一般意义上的而不是某种特殊的相关意识形态内容和工业社会结构。但是这个观点可以继续深入，它可以与更为宏观层次的现象、特定的思想战略、经济计划和公共政策的选择联系起来。

在很多社会科学学科中，牛顿机械论的影响极其深远，在今天仍旧可以感觉得到其遗留下来的力量。在心理学中，当代行为主义之父华生（John Watson）是机器隐喻的一个虔诚的信徒。正如卡普拉（Capra，1983：173）所说的：“华生的雄心壮志是，把心理学的地位提升至客观的自然科学的位置，为了实现这一目标，他尽可能坚持牛顿力学的方法论和原理……”正如华生（Watson，1914：27）自己所说的，“像行为主义者所认为的那样，心理学是一个完全客观的、实验性的自然科学分支，它像化学和物理学一样需要尽可能少的意识”。当然，意识并不能很容易地被并入一个完全机械的系统中；毕竟，据我们所知，一块机械表的内部运行并没有显示出任何意识思维的痕迹。

华生对行为主义心理学最著名的贡献可能就是“刺激 - 反应模型”。这个模型以一种典型的牛顿隐喻的方式，把人类看作是以相当可预测的模式对外部刺激进行反应的复杂机器，任何特定的刺激都会引起一种特定的行为反应。当然，在刺激 - 反应的过程中，有机体的行为指令系统，包括人类的“感觉”，都是从*外部*诱发的；“意识”即使真的存在，也完全不是自主的或自我引导的，对行为反应来说，它不是一个独立的因果主体。此外，如果行为心理学家的确可以为特定的行为模式寻找特定的因果外部刺激的话，那么预测和控制的想法很快就会随之而来，这样，斯金纳（B. F. Skinner）的“行为工程学”最终成形了。而且，在斯金纳的名著《沃尔登第二》（*Walden Two*）一书中，至少有一个持续存在的观点，即行为“技术专家”至少应该间接地设计和管理理想化公社。

斯金纳使华生的行为主义心理学基础更具牛顿特征。实验成了斯金纳方法的标志，尽管他的“操作性条件反射”技术比巴甫洛夫（Pavlovian）的“刺激 - 反应”程序更复杂，需要在一定程度上参照引起行为适应的内部（个人历史）和外部因素，但是尽管如此，他们都仍然坚持机械论模式。
34 如上所述，斯金纳仍然满腔热情地提倡使用一种社会工程方法来解决个体失调和社会病状。对斯金纳来说，人类价值或行为的任何可能的变化，都只能通过（更好的）积极或消极强化，也就是心理技师的胡萝卜加大棒来实现（Skinner，1953；1975）。

在此，尽管我不会详细地展开来进行探究，但即使是包含着意识、潜意识等概念的弗洛伊德的精神分析学说，仍然为其作为一门自然科学的合法性而寻求获得有力的牛顿式凭证（Levin，1977）。正如弗洛伊德曾说过的，“分析师实际上是不可救药的机械论者和唯物主义者”（转引自 Capra，1983：180）。把牛顿世界观专门应用于弗洛伊德心理学，很容易让人想到两个主要例子，尽管也有很多其他的例子。

首先，尽管弗洛伊德有时候把他的本我、自我、超我等概念描述为抽象事物，并拒绝那些把它们与大脑的特殊结构和功能联系起来的尝试，但是 他又认为，它们具有物质形态，它们中没有任何两个可以占据相同的空间（离散现象），它们都以自己的外延、位置和运动（物质运动）为特征。其次，弗洛伊德的心理学也具有牛顿主义的严格决定论特征，那就是每个心理事件都有一个确定的原因和结果，每个个体的全部心理状态都受到童年时代的独特“初始条件”的限制。正如卡普拉（Capra，1983：183）所说，“这种精神分析的‘遗传’方法就是沿着一条线性的因果关系链，把患者的症状和行为追溯到其之前的发展阶段”。

当然，并不是所有的心理学家都是“牛顿式”的，或者具有相同程度的“牛顿式”倾向，但是我希望我已经证明了，“机械论”预设在逻辑上需要特定类型的心理学理论和实践方法，同时，正如我们在后面将要看到的，对于科学方法的非机械论预设也需要完全不同的心理学范式。

在经济学中，牛顿学说也一直很有影响力。在亚当·斯密的经济学中，可能最容易识别的一个机械论隐喻就是，自动调节的平衡在资本主义市场中发挥着作用。通过假定供给和需求之间的线性因果关系，经济就会自然而然地变得高效且稳定。在这点上，就像钟表的发条一样，平衡、运动规律和科学客观性等牛顿概念一览无余，同时，数学（牛顿微积分）充当一种在任何给定时间表达和测量经济状态的工具。但是，经济学理论的这些牛顿特征并不只属于古典经济学，正如我在上文中就指出的，这些相同的方法论观点也出现在布哈林的马克思主义经济学中。

古典经济学中另一个明显且直接的牛顿隐喻是理性行动者，即利己主义的、经济个人主义，它平行于经典物理学中的原子论，而且它本身也包含着任何系统整体都只是其部分的总和这样的观点。因此，保留到现在的一个流行的资本主义教义是，如果所有个体都追求自我利益的话，共同利益（平衡和增长）将实现最大化，市场的“看不见的手”（自动调节供给和需求的机制）执行着对价格设定、个人收益和激励结构、顾客满意度，甚至是社会政策选 35
择的参数等“看不见的”数学运算。这点可以从费伊给出的以下有关凯恩斯经济学的例子中得到证明（Fay，1975：60-61）。

> 实际上，凯恩斯经济学说的是："这就是经济运行的方式——这些是'经济系统的规律'，利率、流动性偏好、消费函数，投资总额的水平等，都根据以下框架而被关联起来。现在，假如我们希望提高就业水平，这就是最好的办法……"这里的重点是，像万有引力定律一样，所谓的"经济系统的规律"具有自然的［牛顿式的］必然性，其结果是，这些规律所描述的关系被当作给定参数，特定的就业问题*必须*在这些给定参数内得到解决。但是这就会不知不觉地强化一种特定的工业资本主义形式的某些结构特征。
>
> 这种物化过程的主要结果是，它通过限制人们可以做出政治行动的领域，而限制了政治行动的可能范围。

大部分经济学理论，无论是马克思主义的还是非马克思主义的，都强调经济增长是一种线性现象，它需要长期的经济稳定性。事实上，增长变成了一种人人关心的困扰，它不只是经济成功的标准，还是社会和政治成功的真正标准。这样，增长对于扩张、自信和竞争等所具有的价值，与牛顿的绝对无限时空关联起来：假如增长既是必要的又是有利的，那么越来越多的*无止境的*增长只会使事物发展得更好，而不用考虑与此相反的生态约束。

为了说明这个观点，我们简单看一下政治学或更具体的国际关系。很多国际关系理论都把民族国家视为基本的分析单位，并且像古典经济学一样，根据其部分的总和来分析国际或全球体系的行为，也就是说，利己主义的、理性行动者式的实体之间的相互作用，导致了民族国家及其对外政策。牛顿原子论再次提供了指导性和阐释性的隐喻。此外，所谓的"势力均衡"理论让我们想起了一个具有牛顿动态平衡的自动调节世界，或者上文提到的斯密式的市场机制。第一次世界大战以前，"欧洲同盟"势力均衡理论认为，在欧洲当时的联盟结构内，每个国家追求自己的利己主义外交政策和国家安全目标，就会"自然而然地"通过同盟的"看不见的手"，带来国际体系的稳定性和连续性，即使国家侵略和军备扩充所引发的周期性危机会动摇这一体系，但是"自动的"联盟重组会恢复势力均衡进而确保和平。这里的关键问题不在于势力均衡理论是否正确（长期来看它显然是不正确的），而在于牛顿隐喻如何清楚地表达了这个理论结构。

然而，正如本书后面将要谈到的，在社会科学主流的行为主义运动中，
尽管牛顿机械隐喻主导着很多现代社会科学方法论，但是，在这个方面，它
的时代或者至少是其霸权可能要结束了。尽管整体关联科学想要成为全面发
展的范式或世界观，它们的革命需要继续发展，但是整体关联科学已经出现，36
这就意味着，为了保证社会科学的科学性并阐释清楚新的社会科学理论，我
们不仅有其他的科学隐喻可以选择，而且由此还将有关于政治、社会变迁、
民主及公共政策选择等的新视角和模式供我们选择。机器将不再是我们视野
的制约性参数，相反，我们将满怀希望地享受整体关联科学相关的多元论和
开放性所提供的机会。

第二部分

整体关联科学

第三章
量子－全息术

这些虽然是疯话，却有深意在内。

——威廉·莎士比亚《哈姆雷特》

39 第一部分明确了社会科学哲学在发展过程中有一个根深蒂固的传统，那就是，不管怎样都尝试将科学哲学作为其自身的方法论加以利用。其在牛顿学说的伪装之下，被称为现代社会科学中的实证主义或行为主义，在实践政治、政治意识形态和公共政策选择等方面，都对当代社会产生了特别的影响。本书的第二部分将为第三部分和第四部分做好准备，详细考察在寻求并创立一种“后牛顿社会科学哲学”的过程中，整体关联科学的影响可能是什么；同时，这部分将以尽可能非技术的细节，展示整体关联科学的基本前提和它们所支持的隐喻与世界观。本章从量子－全息术来开展这些工作。

对多数人来说，无论是有成就的自然科学家还是外行人，量子－全息理论所呈现的“实在”观看起来非常奇怪，它与我们所认为的“日常实在”完全脱节，我们通常以直接或具体的方式来处理“日常实在”。因此，我们不仅怀疑量子－全息术与科学哲学本身的哲学关联性，还发现了一个更令人怀疑的命题，即量子－全息术可以以任何严肃的方式与社会科学哲学产生联系。这正是本章所要极力辩护的主张。

仔细考虑后，对量子－全息术与我们的存在主义实在完全无关且脱节的这一指控而言，一个非常有力的反击是，即使从一种更容易接受的牛顿式的实在定义来看，亚原子世界也**不得不**位于“实在”之下并从底部支撑“实在”。牛顿物理学家通常都接受这个前提，但是当探究量子实在的深层本质时，他们常常面临一些不能被传统方法论吸收或者与类机器世界的期望不一致的现象和过程。因此，很长时间以来（某种程度上来说，直至今天），这种
“基本实在”都很怪异，尽管一小部分被致力于对量子－全息术范式进行检验 40
的物理学家已经提出了越来越多的证据，证明其合法性正在不断提高，但它实际上退出了主流科学论述，它的一些更“极端的”特征也一直遭到否定。

在《量子实在：超越新物理学》（Herbert，1985：133-134）一书中，赫伯特研究了在对量子物理学的各种阐释中，“实在”这一概念所具有的哲学意义。他得出结论：“尽管最初设计量子理论是用来处理微小不可见的原子，但当事物变大且可见时，量子理论并没有停下来”，因为量子世界“只不过是得到仔细考察后的日常世界”（Herbert，1985：162），尽管“有些可怕而且短暂，但［量子世界的］波光粼粼的潜能海洋是我们周围*万事万物的唯一支持*”（Herbert，1985：195；着重是后加的）。乔·罗森（Joe Rosen）是一个非常受人尊敬的物理学家，他在其《多变的宇宙：规律之外的世界》（Rosen，1991：125）一书中赞同这样一种观点：“量子领域仍然是我们所感知到的实在的一部分……它们对于实在的意义是*如此重要*以至于*没有人可以忽略它们*。”（着重是后加的）陌生、奇异性或意外发现，会带来破坏任何理论范式的威胁，因为它们在某种程度上否定了理论范式建立其上的基本前提，但是，它们绝对不是无视亚原子世界的量子本质所具有的那些特征和意义的理由，更重要的是，这个世界是形成自然的其他部分的基础。然而，这是一个难以接受的事实，尽管它并没有以一种对实在的完整描述和解释来彻底代替或完全拒绝牛顿范式，但是，它的确迫使我们中的那些牛顿主义者，去面对那些我们熟悉的和陌生的、普通的和奇特的事实。“事实上，量子事实很普通。但是量子理论……无疑不普通……量子实在并没有在量子事实中*直接*显示出来：它从量子理论中间接地产生出来，量子理论完美地反映了这些事实。”（Herbert，1985：57）“这个世界可能是奇怪的……但是它并没有［直接］炫耀这种奇异性，反而更愿意在谦逊的［日常］伪装下……隐藏它的［量子］魔法。”（Herbert，1985：56）

尽管量子理论存在抵抗性和不适应性，但是它在处理和解释原子级别和亚原子级别的现象上具有实验和理论能力，同时它还发现了“新的量子事实”，这些都“迫使物理学家承认，世界几乎必定依赖于一些奇异的深层次实在”（Herbert，1985：55）。事实上，卡普拉（Capra，1991：326）更进一步指出：“新物理学［包括量子理论］是一种新的世界观的不可或缺的一部分，这种新的世界观目前正在所有科学和社会中形成。”而且，作为一种真正的世界观，它本质上是典型地多元论的和跨学科的：“它是这样一种理论，它适用于单个生物体、社会系统和生态系统，同时保证会形成一个关于生命、心灵、物质和进化的统一概念。”（Capra，1991：339）简单地说，对卡普拉而言，对所有生命、人类和非人类科学来说，一种“新的”科学范式（本质上是整体关联主义）正在出现（Capra，1991：328-333）。

在更深入地挖掘量子－全息宇宙的本质之前，还有一个“问题”需要简单说明一下。为了完成这项任务，我将更多地利用量子－全息理论的三个所
41 谓的“普及者”，即菲杰弗·卡普拉（Fritjof Capra）①、尼克·赫伯特（Nick Herbert）②和迈克尔·塔尔博特（Michael Talbot）③的研究，这样，批判就不可避免地集中于，他们对这一理论及其意义的解释必然是不完整的、过分简单化的、误导性的，甚至是完全错误的。我不仅反对这种批判所内含的“学术专家”的傲慢，而且，即使卡普拉他们是非专业的传播者，那也并不意味着他们对他们所讲述的东西一无所知。例如，卡普拉本身是一个极有经验的量子物理学家，他甚至让沃纳·海森堡（Werner Heisenberg）——量子同盟中一个真正的伟人，以及其他物理学家，来审查自己的著作（Capra，1991：327），“他们中没有一个人发现我对现代物理学概念的描述中存在任何错误”（Capra，1991：336）。

从总体上来看，量子－全息理论是整体关联的。这就意味着，在对其特征进行清晰的描述时存在一些不可避免的困难，因为每个特征都与其他特征

① 主要是他的《物理学之道》（*Tao of Physics*）（1991年），从较小的范围的角度来讲，还有《转折点》（*The Turning Point*）（1983年）。

② 《量子实在》（*Quantum Reality*）（1985年）。

③ 《全息宇宙》（*The Holographic Universe*）（1991年）。

紧密相关。我需要提前告诉读者，以下所提供的材料存在重复和重叠。正因为如此，我不得不一点一点地来处理整体关联实在，索性我就以牛顿原子论概念和生命的“基本构件”来开始讨论。

在这种语境下，牛顿形而上学假设了两个基本且相关的命题：整体只不过是其部分的总和，同时，每个部分都是一个独立于整体的离散现象，是系统的一个基本的构成要件。量子－全息理论是整体论的且包含一种关联本体论，它假定了完全相反的构想。正如尼尔斯·玻尔（Niels Bohr）写道：“孤立的物质质点是抽象概念，它们的属性只能通过与其他系统的相互作用来定义和观察。”（转引自 Capra，1983：80）贝尔原理也证明了“把实在构想为由独立的部分构成，这些独立部分通过局部联系结合起来，这种观念与量子理论不相容”（Capra，1991：311）。同样，从一种全息的视角来看，因为：

> 宇宙中的任何事物都是由隐秩序的无缝全息组织构成的……把宇宙看作是由“部分”构成，就像把一个喷泉中的不同间歇泉看作是与它们从中流出的水相分离的一样，这些都是无意义的。电子并不是一种“基本粒子”。它只是对全运动的一个特定方面的命名……尽管在解释层面上事物存在明显的分离性，但是每个事物都是其他事物的一个无缝的延展，最终隐秩序和显秩序彼此融合在一起（Talbot，1991：48）。

全息理论充其量把全运动的不同方面称作“相对独立的子整体”（Talbot，1991：49），或者隐秩序本身的显表现（“涡流”［Talbot，1991：74］），而不是“事物”，而量子理论同样把“粒子”视为“不过是［量子］场的局部凝结；是变化不定的能量的浓缩，因此它们会失去它们的独特性，并融入潜在的场中”（Capra，1991：210），或者它们是“能量跳跃……是脉冲过程的创 42
造或毁灭”（Capra，1991：244）。

量子理论讨论的不是粒子*本身*，而是“量子物质”。“量子物质”以辩证的、非牛顿的形式具有“波粒二象性”（Herbert，1985：61），这取决于实验者在任何特定的时间点如何观察量子物质。因此，从这个意义上来说，又一次与牛顿世界观相反，在量子理论中不仅没有基本持久的实体，而且作为量子场的基本构成，其能量场或“物质”也没有固定的属性。因为“量子实体永远都不可能完全向我们展示出来［显性］：它的可见的兼容属性只代表了其各种可能性［它的全运动或隐性］中的一部分。其余的量子晶格包含着那些隐藏的关系，这些关系可以把一个量子实体与一个经典的［牛顿］对象区别开来”（Herbert，1985：181）。此外，“隐藏关系（或属性）”这一观念表明，实证主义的“原始经验主义”是建立在直接的感觉经验基础上的观察，按照量子－全息的研究或分析，这将是表面性的且必定是不完全的。量子－全息的研究或分析会把可能被认为是“无意义的抽象”（与离散的孤立现象截然相反的关联现象），提升到像“具体实体”一样的主要焦点和关注层次上来。事实上，与马克思主义一样，“生产关系”比“资本家”或“工人”概念要更为“实在”，因为后两个概念只能通过它们在前面这个概念中的位置才能得到充分的理解，即使我们并不能直接经验到生产关系；如果你愿意的话，显性的经济阶层包括在资本主义生产方式或体系的隐秩序中，且只能在这样一种语境下才能得到充分的理解。

另外，正如前文所提到的，揭露“隐藏关系”或把亚原子属性从类粒子变为类波，都是由实验者的主观观察、测量甚至期望引发的。正如海森堡（Heisenberg，1958：81）曾经说的：“自然科学不只描述和解释自然，它还是自然与我们自身相互作用的一部分。”“我们所观察的不是自然本身，而是我们的提问方法所展示出来的自然。”（Heisenberg，1958：58）[①] 尤金·魏格纳（Wigner，1970：172）进一步深化了这个论点：“如果不考虑［观察者的］*意识*，以一种完全一致的方式来系统阐述［量子理论］的规律是不可能的。”（着重是后加的）因此，正如惠勒（Wheeler）所说的，“除非是一个被观察到的现象，否则任何基本现象都不是真实的现象”（转引自 Herbert，1985：164）。当然，对于牛顿－实证主义者来说，在魏格纳的“终极实在”（转引自 Herbert，1985：26）的意义上，诉诸意识犯了猖獗的主观主义的主要科学罪行，把客观主义降低到了科学方法的相对边缘的位置。

尽管如此，大部分量子物理学家仍然坚持认为，意识在探索实在的过程中发挥着绝对的核心作用。观察者的意识调节着对一个属性的测量，而这一

① 参见Kuhn（1970）。

行动构成了甚至是重构了实在本身："如果……测量发生改变，那么粒子的属性也将会随之改变"（Capra，1991：136）；"观察者不仅对于观察一个原子现 43
象的属性来说是必要的，**甚至对于形成这些属性来说**也是必要的"（Capra，1983：86；着重是后加的）；"……任何一个我们喜欢的属性都可以得到精确无误的测量。但是，我们在对将要精确测量什么进行选择时，会使共轭属性最大限度地不确定。量子不确定性并不只与某一特定属性相关，而是会随着我们要测量什么的想法的改变，而在不同属性之间移动……电子的'属性'存在于 quon［译者注：赫伯特在《量子实在》一书中，将 quon 作为对量子物体的统称（Herbert，1985：64）。］与测量装置之间的关系中……"（Herbert，1985：160-161）。然而值得注意的是，在此，这种量子 - 全息的观点并没有退回到一种无政府主义的或者虚无主义的相对主义；相反，它是一种随机相对主义，它强调了选择所具有的语境支撑，并且，它把微观层次或显决策嵌入在宏观层次或隐秩序中。事实上，意识可能会操纵或构成世界，但是，尽管如此，它仍然拥有一组有限的，甚至是准确定的可能选择项。

全息理论在本质上与所有这些完全一致，这一点也不奇怪，而且，它还在本体论上更加重视意识的作用，认为"它不同程度地折叠和展开在所有物质中"，因此构成了"观察者的……测量装置……结果及实验室……"（Talbot，1991：50）。

> ……眼睛/大脑不是一个准确可靠的照相机，它在把世界呈现给我们之前胡乱地修补……事实上，我们所"看到"的东西只有不到 50% 是基于进入我们眼睛的信息。［剩下的］都是由我们的期望拼凑出来的……事实上实在是一个频域，我们的大脑［意识］是一种镜头，它把这些频率转换成客观的［原文如此］表象世界……（Talbot，1991：163-164）

按照这种方式，我们的大脑选择形成了隐秩序的无限性，且至少周期性地陷入到了特定的"思维旋涡"（Talbot，1991：74）中，范式上的或意识形态上的教条主义问题随之出现。同时，考虑到牛顿 - 实证主义作为一种思想体系所固有的"封闭性"本质，对所有意图和目的而言，机器隐喻变成了一种约束性的"思维旋涡"，至少从一种全息视角来看，这不可阻挡地导致了一种与辩证方法论对立的严格的一维方法论还原论。

从牛顿的意义上来说，在量子－全息宇宙中，“物质”变成了一个“神话”（Davies and Gribbin，1992），不再是一个具有明确的、可分的质量和实质内容的离散实体，而是被表征或定义为一个“频域”或“能量场”（Capra，1991：77），这是一种与上文提到的波粒二象辩证法相关的结构。以辩证的、整体关联的方式来看，物质既是显性的也是隐性的，同时利用整体关联主义对行动、过程和动态性的强调，物质还被想象为是一种能量，这与牛顿机器对静态和稳定性的相对强调截然相反。这样，“粒子”本身就变成了“能量束”，因此是“内在动态的”（Capra，1983：90），它们构成了“一个不可分的宇宙网中的概率模式，即相互关联”（Capra，1991：203）。因此，即使是“亚原子粒子的属性，也只能在一种动态语境中根据运动、交互作用和转换来进行理解”（Capra，1991：192）。同样地，全息理论假定了，基本实在是一个“隐性能
44 量海”（Capra，1991：51）中的“一个巨大的波形共振和声”（Talbot，1991：31），它忙于“［隐］秩序和［显］秩序之间的一种持续连贯的转换”（Capra，1991：47）。隐秩序和显秩序之间的这种相互重叠也意味着物质和空间之间的牛顿二分法是不可证实的，因为牛顿二分法把物质视为有形的、明确的，把空间视为无形的、空虚的。在量子－全息宇宙中：

> 物质和空间……被视为一个整体的不可分的、相互依赖的部分。物质客体不仅决定了周围空间的结构，而且，反过来在本质上也受到其环境的影响……一个物质客体的惯性……并不是物质的固有特性，而是对其与世界中的其他部分交互作用的一种测量（Capra，1991：208-209）。

这样，物质所表现出的扩展定义与所谓的非物质一样，物质和空间在一个单一的但动态、有形的整体中，彼此关联、彼此定义。同时，所有这些对能量场和动态运动的强调，都很容易与量子－全息术的辩证的整体关联主义产生共鸣。

尽管量子－全息理论图示否定了牛顿－实证主义对支配世界的普遍决定论规律的认识，但是，它的动态论和相对论强调了在一个概率矩阵范围内有限但可变化的系统状态（选择），这样，量子－全息宇宙并不是表面上那样

“随意和混沌，而是遵循非常明确清晰的模式”（Capra，1991：247）。尽管如此，与上文提到的整体关联本体论的前提一致，“任何一个部分的属性不是由某一基本规律决定的，而是由所有其他部分的属性决定的”（290）。因此，正如斯塔普（Stapp，1971）得出的结论一样，“事实上，贝尔定理是一个深刻的真理，即世界要么是根本上无规律的，要么是根本上不可分的”。综合来说，整体关联“规律”调和了这种明显的二分，这些规律不仅是相关的，而且它们是由任何特定的时间点上系统或世界的所有“部分”的状态及其之间的关系临时构成的，因此，它们不具有牛顿 - 实证主义的普遍主义或决定论特征。这样，整体论“规律”明确地表达了一个不确定的、随机世界的准决定论；这种明显的“矛盾”再一次得到了整体关联辩证主义的解决（值得注意的是，量子 - 全息世界观的辩证本质不只与牛顿 - 实证主义世界观相对立，而且如我在本书后面将要更详细地证明的那样，它作为一种隐喻，对于社会科学哲学，尤其是它的一些马克思主义变体而言具有重要的意义）。

上文在整体关联语境中使用“规律”一词是经过深思熟虑的，因为在量子 - 全息宇宙中不存在这样的规律，它的相关的“非决定论”（如海森堡的“测不准原理”）集中研究概率或潜能概念。正如赫伯特所解释的：

> 概率波……指的是某物发展的趋势。它是过去的势概念的一种定量版本。它提出了一些位于一个事件的概念与真实事件之间中间位置的东西，这是一种位于可能与实在之间的一种奇怪的物理实在……势既没有我们的［实在］真实，又比我们的实在更真实。不如我们的实在真 45
> 实，是因为它的构成遵循一种由趋势而不是现实构成的可怕的量子生活方式。另外，不可测量的世界比我们的实在更真实，是因为它包含很多同时共存的可能性，其中大部分可能性是互相矛盾的。在［量子］世界中，一枚被投掷的硬币可以同时表现出正面和反面，在现实世界中这是完全不可能的……［然而，］这两个世界可以通过……“测量”来桥接，［在测量中，］一个量子实在被挑选出来，放弃了其模糊的同类，并在我们的日常世界中作为一个真实事件显现出来（变成显性的）。（Herbert，1985：27）

尽管存在上述的相对非决定论，即“概率的振幅”（Herbert，1985：72），但是，在量子世界中，这种对概率的统计表达并不代表我们对总体状况一无所知，因为概率是“支配所有过程……和物质存在的原子实在的一个基本特征”（Capra，1991：133）。此外，到目前为止，正如人们所预期的，概率模式“并不代表事物的概率，而是代表相互联系的概率”（Capra，1991：138），而相互联系本身“由整个系统的动力学所决定”（Capra，1991：310）。

在量子－全息宇宙中，“概率的振幅”和势的问题也重重打击了这种牛顿论点，即只存在一个真正实在让我们去经验和处理。从势开始，它是获得多重实在和平行宇宙概念的重要一步但也只是一小步。考虑到上述的一些与量子－全息宇宙有关的内容，赫伯特在《量子实在》一书中提出了对量子力学的八种不同解释，第四种为“多世界诠释”（Herbert，1985：19 及其后），这种解释非常符合逻辑且直截了当地反映了以上这种观点。同时，根据一种全息理论的变体，我们可以推测出，在经历“清醒梦”的过程中，我们全息地观察着平行宇宙（Talbot，1991：65），这些平行宇宙是“隐［秩序］中所包含的无限多可能实在”（Talbot，1991：138）的一部分。因此，从这个意义上来讲，整体论并不只包含一个*在本质上*包罗万象的宇宙。

整体论的关联本体论也意味着，牛顿－实证主义的直接、局部的因果关系概念不适用于量子－全息宇宙。“鉴于隐变量在经典物理学中是*局部机制*，而在量子力学中是非局部的；它们与作为一个整体的世界是瞬时连接的”（Capra，1983：82），这样，一个原子的测量属性“在几光年远的其他星系”（Herbert，1985：xiv）就已经确定下来。因此，非局部“因果关系”的实质是“无媒介的超距作用”（Herbert，1985：212）或“深度连通性”（Talbot，1991：79），这是一种“同步性”，它在量子－全息事件之间建立了一种“关联性”（Davies，1988：162），这些事件彼此之间不直接交互作用，只能通过构成隐秩序的能量海来交互作用。但是，量子－全息宇宙的这个特征并不是纯粹的神秘主义，尽管它很可能给牛顿主义者留下了这样的印象（Herbert，1985：213）；量子－全息理论把非定域性视为“自然的一种普遍属性”（Talbot，1991：53）。

量子－全息理论可能给人这样一种印象：它几乎清除了宇宙中的“秩

序”概念，万事万物都是不可预测的、不确定的，或者具有随机概率。但是，正如我在上文中所提出的，整体关联主义本身有一定程度的秩序，它的随机性在本质上意味着，即使是在表面上最随机的系统中，排序原理仍有需要实现的一些必要且重要的功能。事实上，在量子－全息宇宙中存在着有序 46
和无序的辩证统一体，这种辩证统一体也被视为“自然的一种普遍属性”。正如塔尔博特（Talbot，1991：44-46）所说的，“我们认为无序的事物可能根本不是无序的。它们的秩序可能存在于一个‘无限高的程度’，以致它们表现给我们的只是随机性……［它们的］秩序隐藏或*包裹*在［隐秩序中］”。从这种意义上来讲，在观察和分析世界中，实证主义再一次被证明是一个不可靠的向导。

这样，量子－全息宇宙及其主要特征以概括的方式为社会科学哲学提供了有趣且富有创新性的隐喻，这些隐喻就像牛顿－实证主义机器所提供的隐喻一样适当，我将在本书后面的部分阐述量子－全息宇宙的主要特征。因此，在第四章中我们将把注意力转向对“混沌理论”或非线性动力学的相似讨论。

第四章 混沌理论

变化是具有普遍性的法则，那么永恒就是奇怪和不可能的。

——约翰·威尔默特·罗彻斯特伯爵（1647—1680）

对多数人来说，无论是科学家还是外行人，“混沌科学”都是一门相当
47 “新的”科学，事实上也的确如此，在最近的 10 ～ 15 年里，它的“明星”地位不断提高，它的影响跨越学术性的学科边界进入到了大众意识中。同时，像量子 - 全息理论一样，混沌理论给人的第一印象是，它既让人惊叹于它的意义和影响，又让人不能理解它所描述的世界与（日常）实在之间究竟存在什么样的关系。混沌看似充满了明显的矛盾，然而事实上，它是另一种辩证的、整体关联的范式。因此，至少可以这样说，又一次与量子 - 全息理论一样，混沌理论认为机器隐喻很拘束，因为这个隐喻歪曲了我们的牛顿 - 实证主义敏感性和世界观。但是，混沌理论的这些“问题”与其说来自混沌理论本身，不如说来自我们自身的机械论约束，以及我们忽略牛顿 - 实证主义约束性*假定*的倾向，因为这些假定至少在部分程度上使我们忽略了*先验*重新塑造经验世界的能力。我们实际上看到了这种能力，只不过我们选择摒弃掉那些可能会抬头的具有非机械论本质的现象或过程。因此，重视混沌理论并不是某种非科学神秘主义的奇幻之旅，而是对我们的视野和视角的一种真正科学的 - 经验上的扩展和深化，简单地说，就是乐于“发掘机器之外的东西”。

非线性和湍流等基本概念，以及有序和无序、连续性和变化、简单性和复杂性、机会和决定论等辩证法都已经得到了理解，即使不是充分的理解，因此，套用一句老话来说，这几乎是人类文明的黎明。即使是在19世纪牛顿主义上升为范式霸权期间，法国数学家亨利·彭加勒（Henri Poincaré）也在研究非线性代数现象和问题。但是，对于一个天体在三体而不是二体连通引力场中的移动，彭加勒并不能有效地求解描述这一运动所需要的微积分，其他天体的存在说明了为什么混沌和非线性会存在，然而这种无能为力被埋藏 48
在了牛顿主义霸权之下。正如巴洛所说的：

> “我们［已经］开始认为线性的、可预测的、简单的现象在自然界中普遍存在，因为我们［本来］就偏向于把它们挑选出来进行研究。［在一个非超级计算世界中］它们最容易得到理解……简单线性现象可以进行碎片化分析。整体只不过是其部分的总和，因此我们可以理解一个系统的某一方面而不用理解它的全部。非线性混沌系统则不同，它们需要认识整体以便理解部分，因为整体实际上大于部分的总和。（Barrow，1991：125）

因此，直到具有高速计算和相关的图形化能力（如定性数学的地形图）的现代超级计算机出现，“三体”问题、非线性代数及更复杂的“混沌”事物才得以解决。因此，超级计算的到来，在很大程度上实现了一次对混沌事物和混沌世界观的科学认识的真正爆发，这就像是“我们过去是盲的，现在我们能看见了”一样。而且，在这个过程中，昨天的科学幻想日益成为今天的正统，那些无法解释的事物得到了解释，那些离题的或反常的问题变成了核心部分、驱动力或基本的分析单元。

因此，现在越来越多的科学家正变为混沌理论家，他们宣称混沌世界从根本上来说是正常、普通的，而非奇怪、特殊的；混沌结构是我们日常实在的基础。现在，“混沌行为是规则而不是例外”（Barrow，1991：125；Briggs and Peat，1989：110），“*机会*和*随机性*［混沌世界观的主要构成］……在我们理解自然事物中发挥着核心作用”（Ruelle，1991：163），“……可解的、有序的、线性系统［是］*偏差*”（Gleick，1987：68），“［实在的］基本层次并不简单，甚至不存在于经典物理学中，［而是存在于混沌中］”（Nicolis and Prigogine，1989：214），“自然被看作是一张动态变迁的网，而不是一座机械的、等级森严的金字塔”（Briggs and Peat，1989：150），“从机器的可预测的、理性方面被认为是世界的真实图像开始，科学显然已经取得了很大进展”（Briggs and Peat，1989：173），“……把混沌研究称作‘非线性科学’［就］像把动物学称作‘对非大象动物的研究’一样”（Gleick，1989：68），这些陈述都变成了老生常谈。随着这种对实在基本性质的认识的全面改变，一种“新的”混沌*范式*的出现几乎是必然的。

> 在20世纪初，延续经典［牛顿］研究纲领的传统，物理学家们几乎一致同意，世界的基本规律是决定论的且可逆的。那些不符合这一图示的过程被当作是例外，只有人工物因为其复杂性，不得不通过诉诸我们的无知或缺乏对相关变量的控制来得到解释。现在……越来越多的
> 49 科学家已经开始思考……构成自然的很多基本过程是不可逆的且随机的；描述基本交互作用的那些决定论的、可逆的规律，可能并不能说明一切。这就形成了一种新的物质观，这种物质观不再像机械论世界观那样消极，而是与自发性活动有关。这种变化如此深刻，以致我们相信我们真的可以提出一种人与自然之间的新对话（Nicolis and Prigogine，1989：3）。

但是，这里的范式转移并不代表着与牛顿主义*完全*决裂（Nicolis and Prigogine，1989：214；Briggs and Peat，1989：76），或者完全脱离其机械－决定主义氛围的引力。从重要的意义上来讲，混沌理论在其超越牛顿世界观的过程中，实际上*建立*在牛顿世界观*的基础之上*。而且，如上文所指出的，混沌理论并非与机器世界不相容，而只是重构了机器世界的结构，并使其长期服从动态非线性作用力。正如布里格斯和皮特（Briggs and Peat，1989：28）所说的，“在彭加勒之前，混沌一直都被假定为一种来自外部系统的熵效应，它是外部偶然事件和波动的结果。但是现在来看，它看似是密封在一个盒子［一个机器］中的系统，数十亿年来都没有被动过，在任何时刻它都可以形成自己的不稳定性和混沌”“最终所有的有序系统都将感受到奇异混沌吸

引子的巨大吸引力”（Briggs and Peat，1989：77），甚至包括像钟表装置一样的机械世界的“实验鼠”和钟摆（Gleick，1987：39，44）。

因此，混沌世界是一个我们可以直接与之联系的世界，在某种程度上它与已经使我们陷入困境的范式（即牛顿范式）存在着共鸣。此外，在处理“开放”而不是完全“封闭”的机械系统时，它作为一种隐喻，与社会科学的关联性非常清晰，这种关联性可能比牛顿-实证主义范式与社会科学的关联性还要更多。“当然……社会系统是开放的，这就意味着，尝试以机械论的方式去理解它们注定是失败的……大部分实在不是有序的、稳定的、平衡的，而是充满了变化、无序和发展过程。”（Prigogine and Stengers，1984：xv）

作为一种整体关联范式，与量子-全息理论一样，混沌是辩证的，在一个统一、一致但动态的框架内，它包含着一些表面上的矛盾。与牛顿-实证主义相反，混沌的非线性从机会和决定论、有序和无序、变化和连续性、简单性和复杂性、稳定性和不稳定性等的辩证转换中获得了支持；当然，这种辩证转换代表着超越机器的根本探索。

1986年，在伦敦召开的英国皇家学会会议上，混沌被定义为“出现在决定论系统中的随机行为”（转引自 Stewart，1989：17）。其字面意思是，在一个混沌系统中“无规律行为完全受规律的支配”。从重要的意义上来讲，这个定义不完全准确，因为作为一个辩证实体，按照实证主义者的“操作”方式，混沌事实上是不可定义的；辩证的“定义”常常会为矛盾和模糊性留有空间，而实证主义者更愿意把一个定义束缚在明确具体的表现上（如果你愿意的话，叫做“操作性定义”）；问题是，在混沌世界中，一个定义变得越具有操作性，
它对于世界的指涉就越不“精确”或者越没有“意义”。无论如何，一开始混 50
沌理论就建立在机会和决定论辩证统一的基础之上。

混沌理论能够并且确实接受了以下这种观点，即对于挑选出来的某些时间段而言，无论是短期的亚原子层次还是长期的地质学层次，它们都“表现得”就像它们是遵循不变且精确的规律的稳定实体一样，在这个意义上，它们是牛顿主义的。但是，同样这些机械论系统，有时恰恰*因为*它们的机械论特征，使得它们最终受到混沌结构的影响，并具有不可预测性、湍流和非线性动力学的特征。正如斯图尔特（Stewart，1989：2）所说的，“我们开始发

现，那些遵循不变且精确的规律的系统，并不总是以可预测的方式运行。简单规律可能并不会生成简单行为。决定论规律可以生成看似随机的行为。秩序可以培育它自身类型的混沌”。或者，正如布里格斯和皮特（Briggs and Peat，1989：69）所说的，“在决定论（因果）动力系统中，混沌（不可预测性）的潜能蜷伏在每个细节中”。

但是，对于这些对机会和决定论之间关系的评价，我们不能将其曲解为，它们以某种方式彼此竞争或相互排斥。相反，通过建立一种辩证关系，机会和决定论在“一种非凡的合作中”实现了互补，它们相互支持，彼此供养，“……这就使我们联想到［生物进化中］突变（机会）和自然选择（决定论）的二元性”（Nicolis and Prigogine，1989：14）。此外，通过这种方式，机会和决定论事实上“被长期的不可预测性*调和*了”（Ruelle，1991：48；着重是后加的），这就意味着，在一个系统的发展过程中，在特定的临界（分叉）点上，机会独自在选择系统的未来轨迹中发挥着最重要的作用，但是一旦选择了任何一个特定路径，系统发展就会再次变得可预测并且是决定论的，直到下一个历史奇迹时刻的出现（Prigogine and Stengers，1984：xxiii，176）。

混沌理论也辩证地解决了变化和连续性之间的动态过程问题，同时在这种调和过程中，我们发现，有时为了达到健康的、维持系统的稳定性，系统必须发生很大程度的变化和革新，这与服从停滞甚至熵减的静止截然相反（Gleick，1987：293）。简单地说，正是变化使得长期稳定性成为可能。此外，就混沌理论而言，健康的系统稳定性得到了重新定义，即它必须以本质上环境优生学的或生态学上动态的方式来进行定义。作为混沌的不可预测变化的假象，非线性可以“固定一个系统，也可以动摇一个系统，非线性反馈调节运动，使系统更具稳健性”（Gleick，1987：193；Briggs and Peat，1989：153）。布里格斯和皮特用下面这个例子解释了混沌系统中的反馈回路作用：

> ……与其说是一个模型，DNA 密码看似更像是一个近乎完美的反馈转接中心，它平衡着维持稳定的负反馈能力和扩大变化的正反馈能力。DNA 反馈存在于有序和混沌的边缘位置，它与单个有机体内外的反馈耦

合在一起——这是支撑和转化地球上生命之间的合作、共同进化过程的一个例证。（Briggs and Peat，1989：161）

因此，从一种整体关联的视角来看，混沌本身是一种微妙但有力的有序形式，51
稳定性和变化“不是对立面而是彼此的镜像”（Briggs and Peat，1989：68）。

混沌理论的另一个相关的辩证构成，是简单性和复杂性之间的亲密关系。当然，牛顿－实证主义非常重视简单性，将复杂性与其对立起来，认为复杂性最终是不可分解的，与整齐的简单性概念完全相反。不幸的是，在非线性动力学的镜像世界中，简单性和复杂性彼此牵连，使得表象具有迷惑性。在自然的很多方面，简单现象的基本迭代会导致难以置信的复杂结果。伯尼特·曼德尔布罗特所创立的分形几何是分析混沌结构的一种定性的、地形学的数学工具，正如他所说的：

只需要重复一个简单的几何变换，就可以获得具有巨大复杂性的分形形状，几何变换参数的任何微小变化都会引起整体性的改变。这就意味着，少量的遗传信息可以产生复杂的形状，微小的基因变化会导致形状的实质性改变。（Mandelbrot，1982a）

同样地，简单性“揭示了其*潜在的*复杂性，［同时］复杂性也揭示了其*潜在的*一致性”（Briggs and Peat，1989：127；着重是后加的）。

在混沌理论中，根据非线性系统“对最初条件的敏感依赖性”（Gleick，1987：8），或者根据系统内任何微小的“扰动”都会导致或产生超越所有牛顿均衡或预测的大规模变化，我们可以分析，极端复杂性从简单现象的迭代中以指数形式不可预测地爆发的可能性。事实上，这种现象或过程就在我们周围，而且在自然和宇宙的各个层面上都会出现，接下来这两个例子会有所阐明。在我们的日常生活中，格雷克举了这样一个例子：

一个人早晨离开家的时候晚了 30 秒，一个花盆就差几毫米就砸到他头上了，然后他被一辆卡车碾过。或者不那么戏剧性地说，他错过了一辆 10 分钟开一趟的公交车——因此他错过了每一个小时开一趟的火车。

> 人们日常生活中的微小扰动都会产生巨大的［本质上不可预测的］影响[①]。（Gleick，1987：67）

同时，从人类进化的角度，贾雷德·戴蒙德提供了以下阐释：

> 很容易理解，形成语言能力的身体结构的一个微小变化［舌和喉的改变］带来了行为的巨大变化［事实上是现代人类文明的最终全面产生］。使用语言，只需要花费几秒就可以交流信息，“在第四棵树向右急转弯，然后朝红色巨石方向驱赶这只公羚羊，我就躲在那里准备用矛刺
> 52 它”。如果没有语言的话，这种信息根本就无法交流。如果没有语言，两个原始人就不能一起讨论如何发明一种更好的工具，或者一个洞穴壁画要表达的意思是什么。（Diamond，1992：55）

对初始条件和扰动的敏感依赖性，给那些表面上看来最稳定和可预测的系统带来了明显的自发性和不可预测性，这就使得机器隐喻对于我们的经验和世界的大部分领域而言是有问题的。特别是，给定“关于一个系统的初始条件的*近似*知识和对自然规律的理解，我们就可以计算出这个系统的*近似*行为”（Gleick，1987：15），这一牛顿主义假定在混沌世界里存在致命缺陷。在非线性系统中，初始条件的微小误差（或扰动），通过所谓的“蝴蝶效应”（Gleick，1987：23），就会把它们放大到破坏系统或改变系统的程度。而且更具破坏性的是，我们永远都不可能零误差地认识初始条件，这不仅是因为我们缺乏足够精确的测量技术，而且因为混沌系统的整体关联本质。正如布里格斯和皮特（Briggs and Peat，1989：75）所指出的，“部分*就是*整体……因为通过每个部分的行动，整体会以混沌或变革的形式出现。具有变革性的‘部分’，也就是初始整体，正在‘漏掉一些信息’，正是这些信息通过迭代描绘出了系统的不可预测性”。本质上，对于要测量的“初始”条件而言，非线性系统永远都不可能足够稳定；测量行动本身会改变“初始”条件；而且，

① 库尔特·冯内古特（Kurt Vonnegut）在《猫的摇篮》（1988年）、《加拉帕戈斯群岛》（1985年）和《女巫也疯狂》（1990年）等小说中使用了这种发挥巨大作用的“偶然事件”，斯蒂芬·杰伊·古尔德在其《奇妙的生命：布尔吉斯页岩和历史的本质》（1989年）中也提到了这种“偶然事件”。

“初始”条件必然蕴含在整体中，而整体本身处于不断变化过程中，因此，从字面意义上来说，“初始”条件不是真实的，也不是“初始的”。

如上文提到的，初始条件和扰动的问题对“预测”这一概念产生了重要影响，而预测恰恰是牛顿－实证主义模型的另一个标志。事实上，从对这个词的牛顿理解的意义上来讲，即使在混沌系统中存在*后验*决定论这一强有力的因素，预测这一概念在所有非线性分析层面上也几乎都是无法成功的。牛顿－实证主义者相信，在测量精度、模型优化和规律公式化等方面的改进，会相应地导致预测能力的提高。但是正如我上文提到的，即使可以实现这些改进，这些改进中也没有一个会带来真正的改变，因为不可预测性是混沌本身所固有的非线性的产物。

和混沌理论（尽管它存在着一些决定论成分）一起，量子－全息式的“多世界诠释不确定性”这个维度，也悄悄进入了不确定的初始条件－扰动中：“我们有决定论，但是也有长期的不可预测性。这是因为我们知道初始条件有一定的不精确性——我们不能区分‘真正的’初始条件和很多与之相近的‘虚构的’初始条件。因此我们不知道哪个可能的预测是正确的。”（Ruelle，1991：45）同时，正如布里格斯和皮特（Briggs and Peat，1989：69）所补充的，“由于非线性方程的迭代本质（它代表着动态系统的互联本质），即使再多的补充细节都不能帮助我们实现预测”，因为迭代本身会把微观扰动扩大至宏观层次。此外，

> 这种巨大的敏感性也提供了另一种对整体性的认识。每当科学家试图 53
> 把动态系统当作由部分构成而进行分离和测量时，他们不能把整体看作是部分之和，而应该把整体当作在混沌的表象下涌现出来的东西。这叫作舍入误差，物理学家约瑟夫·福特（Joseph Ford）把它称为“丢失的信息”，这种情况会在迭代的例如，第十七次、第三十一次或第五百万次，从而导致预测失效（Briggs and Peat，1989：74-75）。

最后，上述所有内容也对牛顿－实证主义基本原理的另一个主要部分，即“实验”产生了重要影响，实验就是所谓的“现状核实”，它是自然规律和机器本身的传播者和认证者。“从一个给定的（原文如此）初始条件出发，混

沌轨迹是一个不可重复的实验。事实上，它是一个不可重复的*预测*……因此混沌告诉我们，即使我们的理论是决定论的，也并不意味着它的所有预测就都会产生可重复的实验……［混沌］理论的一些细节超出了实际检测的范围”（Stewart，1989：289）。

正如人们所预料的，牛顿－实证主义的“因果关系”概念在事物的混沌体系中受到了阻碍。事实上，混沌的决定论维度的确证明了在动态系统中存在着某种程度的因果关系，但是这种因果关系与支持牛顿的普遍规律或可预测性观念之间没有任何关系，相反，正如我们已经看到的，这种因果关系深刻地蕴含在混沌的整体论中。上文提到的“蝴蝶效应”意味着，非线性也具有量子－全息术的“超距作用”或“非定域性”概念等特征，尽管从某种意义上来说，微观层面的初始条件或扰动是基本的“病原体”，因此它们距离宏观层次非常遥远（Briggs and Peat，1989：177），但是从另一种整体关联的意义上来说，微观和宏观又是彼此的基本表征，因此它们之间具有一种直接关系（Prigogine and Stengers，1984：180）。在此，我们又一次发现了混沌理论的辩证法的一种明确体现。

当然，要对牛顿－实证主义因果关系有基本合格的理解，还需要对这一范式的所谓“规律”进行相应的再概念化。混沌的整体论意味着，严格说来可能不存在“普遍规律”，因为在一个整体关联的系统中，“自然规律，包括物理学规律在内，并非一开始就全是‘给定的’或者是逻辑上蕴含的。物种不同，它们的演化方式就不同。随着事物变得越来越复杂，就会出现分叉和放大，同时新的［准］规律会突现出来”（Briggs and Peat，1989：149）。因此，从重要的意义上来讲，非线性“意味着你在做游戏时，同时又不断改变游戏的规则”（Gleick，1987：24），也就是说，系统自身的发展以辩证的方式既服从又不断修正着自己的动力学。即使“复杂性规律是普遍有效的”（Gleick，1987：304），在整体关联的语境下，它们的普遍性也仅仅意味着，它们最多只传播准规律，具有临时性本质的决定论主体不断服从变化，其中一些变化甚至具有自生性。

因此，缺少那些受普遍自然规律支配的牛顿－实证主义因果关系，也影响着“控制”这个要素。在混沌世界中，无论是在逻辑上还是在实践中，关于控制的工具主义的、社会工程概念都被彻底摧毁了。正如布里格斯和皮特所说的：

> 与其试图找出所有的因果链，［非线性］建模者更应该寻找连接反馈回路的节点，并尝试在系统“图景”里获得尽可能多的重要回路；与其试图通过塑造模型来实现对未来事件的预测或获得某种集中控制，非线性建模者更应该去干扰模型，试验不同的变量以了解系统的临界点及其内稳态（变化的阻力）；与其试图通过量化复杂系统并掌握其因果关系来控制复杂系统，建模者更应该要增加对系统如何运行的“直觉”，这样人们就能够更和谐地与系统相互作用。（Briggs and Peat，1989：175） 54

在此，“建模者”通过对系统参数的准实验或直觉探索所寻找的东西，是一种在数学上“对动力学的定性的整体论认识”，这种做法与牛顿－实证主义为了实现操作性控制，而对系统知识进行数学上的“定量还原论”（Briggs and Peat，1989：176）截然相反。但是，对科学家来说，科学的核心的这种改变并不是一个自由选择，因为“［实际上，］*混沌*限制了我们对世界演化的理性控制……对机会和*不可预测性*的［一种直觉］评价，对日常生活和历史来说都很重要”（Ruellc，1991：163）。

这种数学上的定性也反映在混沌对整体和系统的部分之间的整体关联强调中。总体来说，牛顿－实证主义形成规律以解释部分的运动，而部分的运动又反过来在总体上，以古典机械的方式决定着作为一个整体的系统的运动。然而，混沌理论的定性测量试图拓扑地绘制“［首先是］作为一个整体的系统运动的形状……［混沌理论家］并不问这个部分对那个部分的影响有多大……他们想要知道的是，当整体移动和改变时它看起来是什么样子”（Briggs and Peat，1989：83）。从这个意义上来讲，曼德尔布罗特的分形几何“计算出了”对混沌结构的定性测量，也就是一个系统的“相对复杂性程度”（Briggs and Peat，1989：95），或者，在技术层面上，就是它的“李雅普诺夫指数”（Briggs and Peat，1989：87）。

但是，表面上缺乏牛顿科学的精确性和定量准确性，或决定论、确定性和控制，这种情况并不意味着我们失去了所有一切。事实上，这种失落感很容易被混沌理论家转化为一种过度补偿。“学习处理［混沌的］复杂性［意味着］学会更加基于直觉地生活，因为直觉是复杂系统做出重大改变的关键，它促进了复杂系统演化，并和复杂系统一起演化”（Briggs and Peat，1989：179）。而且，获得“从认识不确定性中成长的能力”也意味着，我们“永远都处于一种实验模式中”，借此将“事物的视野……思维能力”释放出来，这反过来“使人们可以在一种学习模式而不是［一种专门］排除故障的模式中来进行活动……”（Briggs and Peat，1989：180）。鉴于机械论范式在其牛顿学说约束下，包含着一种“极限环”或量子－全息的“显旋涡”，因此，混沌科学追求的是“像艺术真理一样，科学真理是无限细微差别的问题和循环‘世界’的问题的这种可能性”（Bohm and Peat，1987）。从这个例子中我们既获得了一种创造性－实验性的、富有洞察力的整体关联科学，而且获得了一种高度的方法论多元主义。

55 事实上，系统性的创造性这一特征，是混沌的自我指涉的、自组织的和迭代的进化发展所特有和固有的；“简单迭代实际上释放出了隐藏在［一个混沌系统］内的复杂性，使创造性潜能得以可能……［非线性］方程提供了一个起点，使得从这个方程的反馈中*逐步形成*了一个形状［总体系统状态］”（Briggs and Peat，1989：104；Gleick，1987：169）。分叉点也代表着创造性的可能性的一些选择节点，而且，“创造性的”不可预测性培育了“真正无限的自由度（Briggs and Peat，1989：143；Gleick，1987：136）”，这种自由度包含在一个整体的、动态的混沌结构的相互连接的要素和过程中。此外，那些被牛顿－实证主义者长期视为其数据中的干扰“噪声”，或其经验发现和实验发现中的特殊“反常现象”的东西——一个机械论规则性的海洋中的不规则性岛屿的那些例证，对混沌理论家来说，这些扰动本身就是或者说变成了“自然的创造力的显著标志”（Briggs and Peat，1989：91；Gleick，1987：56）。另外，数据“噪声”和反常的问题还影响着在牛顿－实证主义的限定性条件 / 应急附录中经常使用的*其他条件不变*从句，它是该范式的很多普遍规律所附带的；而混沌系统固有的不规则性和动态性，使“*其他条件不变*”在一个“其他事物很少保持稳定、平衡或不变”的世界中变成了一个“谜”。最后，在这种语境下，与牛顿－实证主义的线性的、金字塔式的分层相反，混沌系统的“非线性分层”（Briggs and Peat，1989：178）在其“嵌套”或“网络化”结构中找到了创造性的出口，并形成于其中：“网络化［是］一种维持低层次混沌基质的方法，因此——就像在大脑中一样——混沌将不时地形成一种理性的自组织结构。”（Briggs and Peat，1989：179）这种自组织结构包含“直觉上的细微差别”（如果你愿意的话也可以叫混沌认识论），在创造性思维中，这种直觉上的细微差别“是惊奇、不确定性和整体性的一种非均衡变迁”，它允许“质料一起作用……将一个过程中的细微差别放大，分叉为新的参考面，进而形成不同参考面之间的反馈回路，这个过程的自组织化形式包含着细微差别［本身］”（Briggs and Peat，1989：195）。

在此，“自组织系统”概念本身也需要在其整体关联语境内来进行定位，以理解其最全面的细微性和意义。我们再次遇到了自由和决定论、连续性和变化、自主性和依赖性之间的辩证法。自组织结构属于自然的“开放系统”的范围，这些开放系统包括从简单旋涡到较为复杂的耗散结构再到高度复杂的自创生的自我更新实体。一方面，耗散结构“是只能通过对其环境的流入流出保持持续开放，来维持其同一性的系统”（Briggs and Peat，1989：139），同时，它们使自己“通过一系列把新变化与其环境耦合起来的反馈回路（如自催化反应、互催化作用和自动阻尼）来适应新行为”（Briggs and Peat，1989：143）。另一方面，“因为自创生结构是自我更新的，它们是高度自主的……但是……［它们］也密不可分地嵌入和融入在它们的环境中——这必然是一个具有高能流动的远离平衡的［结构］……每个自创生结构都有一个独特的历史，但是它的历史与更大的环境和其他自创生结构的历史相关……［这反映了］位于所有自主结构之下的微妙的互联性”（Briggs and Peat，1989： 56
154；Prigogine and Stengers，1984：176）。因此，“一个有机体的自主性越强，系统内部以及系统与环境之间的关系中的反馈回路就越多。这个自创生悖论意味着……［离散］个体是一种错觉……个体性从根本上来说是一种合作事业……一种将会解决个体自由与集体需要之间明显矛盾的整体论……”（Briggs and Peat，1989：165）。当然，对于社会科学对“方法论个体主义”的传统强调和对整体系统作为“行动者”的相对否定而言，上述所有内容具有重要的影响；在第三和第四部分将会更多地讨论这些问题。

在此，要实现我们的研究目的，还需要介绍关于混沌理论的两个最终的简单论述。第一个是“自相似性”概念，“接近于湍流的系统将会在越来越小的维度［或分析层次］上与它们自身变得相似”（Briggs and Peat，1989：49）；我们再次遇到了有序和无序的混沌辩证法。事实上，自相似性在曼德尔布罗特的分形几何中最形象、最淋漓尽致地证明了自己（Briggs and Peat，1989：90），同时，在曼德尔布罗特对股票市场衰退期间的价格波动进行长年累月的分析中，他也已经发现了这一现象。

第二，与牛顿－实证主义相反，混沌理论否认时间之矢的可逆性，因此强调历史轨迹的历史偶然性和独特性。正如布里格斯和皮特（Briggs and Peat，1989：144）所说的：“在每个分叉点上……都会［出现］一种不确定性，而这种不确定性［孕育着］很多未来……一旦选择了［其中一个］，其他的……就永远消失不见了。因此，我们的分叉点构成了一张时间不可逆性地图。”（Briggs and Peat，1989：147；Ruelle，1991：82）在古尔德的新进化论中，时间之矢的不可逆性也是一个主要因素，他的新进化论将在下一章中得到详细说明，现在我们是时候转向对“新进化论的自组织世界”的讨论了。

第五章
新进化论

尽管对于社会生物学和生物政治学的研究——对社会 - 政治行为、制度 57
安排和社会动力学的生物学基础进行研究——直到最近几年才再次获得了一些学术青睐，但是从一种直觉上令人信服的意义上来讲，事情本来就应该是这个样子的，如果社会科学真的想要模拟自然科学的认识论和方法论的话，那么生物学而不是物理学才应该“理所当然地”引导并关键性地实现这种建模；毕竟，社会科学力图研究的是人类而不是原子，同时，生物学而不是物理学*在本质上*把人类主体和社会行为包括在其主要研究领域内。因此，尽管在上文讨论过之后，我们仍有可能对量子力学和混沌学与社会科学之间的隐喻相关性感到困扰，但是，对社会科学来说，引用生物学特别是（广义）进化论来作为一种隐喻性的、方法论的及科学 - 解释资源，在我看来即使不是完全必然的，也应该没有什么问题。事实上，在马斯特斯——当代生物政治学研究的一个代表人物看来，后一种观点是绝对令人信服的：“[通过] 根据那些为成员提供彼此信息的行为线索来观察社会，进化分析就可以扩展至人类文化和对其他物种的社会行为的分析中。[因此，就可以] 把人类历史和生物进化之间的平行，从一种隐喻转化为一种科学假设。”（Masters，1989：77-78）虽然我不确信隐喻和假设之间存在绝对差异，但是我确信，一门“社会的科学”至少可以从“进化的科学”中找到重要启发、支撑、理论和方法论指导，在实际可能的范围内甚至还会得到经验验证或证实。

马斯特斯的评价并不是个例；事实上，越来越多的科学家，包括自然科学家和社会科学家，都在赞美进化生物学和人类行为研究之间的新兴关系。尼科利斯和普利高津把进化论研究（或者“复杂性”研究，如他们的书名所表明的那样[1]）看作一项从根本上来说*跨学科的*、构造融通的事业，它超越了
58 自然科学本身之间的传统边界以及自然科学和社会科学之间的传统边界，对他们来说，方法论融合非常明确清晰：

> 我们的日常经验告诉我们，行为的适应性和可塑性，是那些可以在远离平衡的条件下完成转换的非线性动力系统的两个基本特征，它们属于人类社会最显著的特征。因此，我们期望那些考虑到了进化和变化的动力学模型，对社会系统来说应该是最适合的模型，就是很自然的事情了（Nicolis and Prigogine，1989：238）。

要注意的是，对尼科利斯和普利高津来说，在他们对一门新兴的“复杂性科学”（对我来说，是一门新兴的“整体关联主义科学”）是什么的阐述中，他们将混沌学或非线性动力学与进化论结合在了一起，去阐释一门社会的科学；如第七章将要指出的，事实上，一门整体关联主义科学看似的确正在形成，而这门科学正在快速发展成一个整体论时代，这个时代既面临着整体论问题，又面临着整体论可能性。此外，证明这种整体关联主义所带来的方法论一元论或方法论融通，建立在整体关联复杂性的基础之上，而不是建立在还原论－决定论的牛顿－实证主义的一元论简单性和朴素性的基础之上，这就辩证地将一种补充性的方法论多元论包含在其方法论唯一性中了。

正如在第一章中所谈到的，很多批评生物政治学－社会生物学观点的人都坚持认为，生物学和社会科学之间的方法论统一存在着致命缺陷，而且是完全不恰当的。他们的争论点在于，人类因为独特的语言文字和文化发展能力而具有绝对唯一性，这就使得人类摆脱了达尔文进化过程的所谓本能－遗传约束，而进入到了一个空前自由的行动领域，这样，我们就不能把人类当作像昆虫、猴子或原子一样的完全可预测的、受自然规律支配的实体来进行研究。

① 这里提到的尼科利斯和普利高津的书是《探索复杂性：导论》（1989年）。

但是，遗传学说是内在决定论的，这个结论在任何绝对意义上都代表着一种对该理论的内容及其意义的根本性误解。事实上，正如雅各布森（Jakobson，1970；转引自 Masters，1989：81-82）所说的，在“编码信息”方面，人类语言和遗传过程之间存在一种结构上的相似性：“我们可能会说，在所有的信息承载系统中，遗传密码和言语密码是唯一建立在使用分立元件基础之上的密码，这些分立元件自身缺乏内在意义，但被用来组成最小的意义单位。例如，实体通过一个给定的密码被赋予其自身的内在意义……”这种说法不仅让我们再次想起了包含在整体关联视角中的“机会／决定论”或“自由／必然性”辩证法，因为像语法这样的基因是“变化的”。例如，在为受规则支配的生理学集合或词法－语法集合设定身体或语言参数方面，它们是受约束的，但是同时，对于所构成的集合本身的最终的、特定的本质而言，它们又是相对开放的。而且，这种说法还强调了本章的基本命题，即对社会 59
科学来说进化隐喻事实上是一种合理的隐喻。正如马斯特斯最后得出的结论，“基因和语言之间的类比不仅仅是一个模糊的隐喻”（Masters，1989：90），“建立在一种共同语言基础上的人类社会文化系统，［是］生物进化中的物种的功能类比……［它的］符号是把能量和物质转化为文化产品和行为的模板或程序……［就像］基因［符号］……是把能量和物质转化为生物体细胞和行为的模板或程序一样”（Masters，1989：109）。因此，语言学变成了一门像遗传学一样“唯物主义的”科学，假如二者都被构想为整体关联的、辩证的科学的话（如不是纯粹的唯物主义科学），这就与把它们定位为牛顿－实证主义世界中的不同学科形成了鲜明对照。但是，一种整体关联地建构起来的遗传学在形而上学上走得更远，它进入到了之前量子－全息和混沌世界所描绘的领域，因为它“告诉我们，基本实在不是我们可以意识到的物理或存在主义领域［牛顿－实证主义的经验主义试图揭示的就是这些领域］，而是我们所固有的并传递给我们后代的基因库［甚至是语言－文化库］”（Masters，1989：128）。使用计算机世界的语言来说，那就是，与硬件对立的软件构成了基本实在。在此，我们不需要像牛顿－实证主义世界观的继承者一样，害怕再次倒退回炼金术，害怕陷入前唯物主义戏法的地狱：“把基因库看作生命形式的一个构成要素，这实际上不是神秘主义，但是［尽

管如此］，它还是限制了传统唯物主义者所强调的机械论因果关系的范围。”（Masters，1989：143-144）

在适当的整体关联语境下，人类独特性可能在某种程度上不仅仅是牛顿的还原论唯物主义的一种妄想，而且作为结果，它并没有使建立在一般进化论基础上的方法论一元论不适当或存在根本缺陷。事实上，我们可能会说，人类的独特性是这种进化论理解的一个真正*功能*，而不是与其矛盾。正如马斯特斯所说的，人类“学习和修正行为的能力本身就是一种生物学适应性……虽然人类语言对于*智人*来说有决定性的选择有利性，但是从遗传学角度来讲，学习语言的能力本身就是传递性的”（Masters，1989：129）。因此，把主体性、行动、思想和意识［我们的学习］定位在一种受笛卡儿启发的可分离的人类心灵中，这种社会科学研究习惯也体现在我们“倾向于过高估计我们自己有意识的意向性、计划和合理化的重要性上”（Masters，1989：131）。因此，即使是我们的“独特的人类”政治行为的相对自由性，“也还是与进化生物学原理一致”（Masters，1989：113）。同时，对这种行为的学术研究，即政治学，不是一门清晰的、在方法论上可分离的社会科学，而是一门“存在于动物行为学和人类学的交叉领域”的学科，它位于整体关联进化科学的内部。

总之，对于社会科学中的行为主义和牛顿－实证主义世界观而言，马斯特斯的批判是毁灭性的，且最终是有说服力的；他的结论值得被详细地引用：

> 行为主义死了。行为主义理论家寻找普遍的“行为规律”，这些规律可以预测任何有机体对特定刺激的反应……；当代生物学证明了，不同物种……以及同一物种内不同发展阶段或时期的个体——对于一个特定
> 60 刺激的反应是不同的……
>
> 行为主义的困境不是……其试图把自然科学和社会科学连接起来，而是行为主义者使用一种不适当的科学学科作为其模型……作为社会科学中的一场运动，行为主义者基本上未能理解达尔文生物学的影响，更不用说物理学本身被量子力学和相对论［以及混沌理论］改变的程度了。

……因为生命系统中因果层次的多重性……［牛顿］还原论在生物学中是“荒谬的”。生命系统是无限……复杂的，因为因果过程同时［(相关联地)］在生态系统……物种……群体……，以及个体……等层次上运行（Masters，1989：234-235）。

就马斯特斯所做出的上述批判而言，在这点上我们必须简单补充斯蒂芬·杰伊·古尔德的批判，古尔德的进化论把历史和历史偶然性引入了事物的科学结构中。事实上，从进化的视角来看，历史维度在科学上得到了根本的复兴，因为假如进化是关于万物的，那么也必然是关于过去的轨迹的，而且，对事物现状的任何充分解释都不能忽略其历史发展。在古尔德的《奇妙的生命：布尔吉斯页岩和历史的本质》一书中（Gould，1989：277-279），他写道：

很多大型的自然领域——宇宙论、地质学及这些领域之间的演化——必须用历史工具加以研究。适当的方法应集中于叙事而不是通常所认为的实验。

“科学方法”［牛顿－实证主义］的陈词滥调没有为不可还原的历史留出位置。自然规律是由它们的时空恒定性来定义的。受控实验、将自然复杂性还原为一组最少的一般原因等技术，预设了所有时间都可以得到相似的处理，并在实验室中进行适当的模拟。寒武纪石英和现代石英一样——各个角都是由硅氧四面体连接而成的……

但是如果你想知道恐龙为什么灭绝了……实验室是不相关的……而有限的“科学方法”技术不能触及这个单个事件的核心，它涉及一个在地球上灭绝很久的生物，当时的气候和大陆位置与今天存在着显著的区别。解析历史必须基于对过去事件本身的重构——按照它们自己的方式——基于它们这些独特现象的叙事证据。没有规律可以保证［恐龙］灭亡必然会发生，而是一些复杂的事件共同导致了这一结果的发生……

……我们并不试图通过把复杂的叙事事件还原为简单的自然规律结果来解释它们；当然，历史事件并没有违反任何一般的物质和运动原理，但是它们存在于一个偶然细节当中（万有引力定律告诉我们苹果怎样掉落，但并没有告诉我们为什么苹果在那个时刻掉落……）……我们可以在一个事件发生之后解释这个事件，但是偶然性妨碍了其重复发生（或对其进行预测），即使是从一个完全相同的起点开始（在数千个事件共同作用之后，卡斯特注定会使他的部队孤立无援，但是如果从1850年重新开始的话，他可能永远都不会看到蒙大拿州，更不用说坐牛和疯马了）……

历史科学并非更糟糕、更受限，或者更不能得到确定的结论，因为恒定的自然规律下的实验、预测和归类并不代表历史科学常用的研究方法。历史科学使用一种不同的解释模式……我们不能直接看到过去事件，但科学常常建立在推理而不是单纯观察的基础之上（你不能看见电子、地心引力或黑洞）。

61 不论是生物学现象还是社会科学现象，因为它们都至少在部分程度上不能还原为历史现象，所以它们很容易共享一种建立在进化科学基础上的方法论一元论或方法论融通；我们可以再次合理地宣称，自然科学方法适用于社会科学，而且，事实上，反之亦然。

正如上面所提到的，人类具有通过“文化”发展塑造其世界以及自己的能力，这种所谓的独特性，常常被吹捧为一种充分的理由，证明我们可以在社会科学领域内不考虑进化论的遗传影响①。尽管这种“人类文化的独特性”论断有很多优点，但它仍然是一种关于进化论和人类文化之间关系的相当狭隘的论断。

我们常常会碰到如下这种“独特性”论断：“直到［4万年］之前，人类文化已经缓慢地发展了数百万年。这种速度是由遗传变化的缓慢步伐决定的。后来，文化进步不再依赖于遗传变化。尽管我们的身体结构发生了一些微不足道的变化，但是发生在过去4万年中的文化进化比之前数百万年的文化进

① 有可能还会进一步宣称，社会生物学方法把人类转化成了预定程序的机器人，与之相关联的是，有时候会暗中支持政治保守主义和种族主义（如优生学运动），见德格勒（Degler，1991）。在第十六章中我将尝试挑战这一观点。

化还要多得多。”（Diamond，1992：56；Ornstein，1991：74-75）或者说，“我们的基因不能充分地适应现在的物理环境和生活方式，因为我们最后一个重要的基因变化发生在几十万年以前……进化把我们留在了人类文明黎明时期的非洲大草原上……［在那里］一种更高级的大脑……和心灵……标志着自然选择的终结……［同时变成了］［进化发展的］生态方程中的……一种新能力”（Harth，1990：3；Corballis，1991：71-74；Donald，1991：356-382；Gordon，1991：512-513，538-545）。

至少乍看起来，这两种陈述都给我们留下了几分人类发展过程中的笛卡儿二元论印象：首先，进化经由一种遗传过程，然后通过生成心灵，成为自发的文化过程。但是，这就把进化论还原为一种纯粹的遗传现象，并武断地把它指定为一种狭隘的、特定学科的话语，而不是这本书所倡导的整体性的跨学科领域。正如克罗宁（Cronin，1991：373）所说：“按照达尔文主义的最一般的形式，它可以被理解为一种复制基因的选择理论……按照这种分析，由自然选择所操纵的基因就不需要是达尔文模型的唯一候选。由文化选择所操纵的‘文化基因’［（Dawkins，1976）文化复制单位］［或者叫 culturegens（Lumsden and Wilson，1981）］也可以符合达尔文主义的规定性……”因此，争论不是围绕我们的行为是基因驱动的还是文化驱动的（典型的“先天－后天”争论①），而是围绕人类文化发展本身是否可以得到一般进化论的描述和解释，特别是得到进化论的那些范式性的理论论争和方法论特征的描述和解释。

通常认为，“先天－后天”争论造成了二元论。然而，这一争论带来了比 62
二元论更多的问题。要么是先天的，即基于基因的本能，使人类像动物一样行动；要么是后天的，即人类社会化进程的环境－文化作用力所引起的学习曲线。但是，从一种整体关联的、进化的理论视角来看，这种二分法是完全错误的，它充其量会在其湍流尾流区域引起了无效争论，在最坏的情况下甚至会引起攻击性的、有偏见的争论。正如人们对于辩证导向的方法论所期望的，“先天”和“后天”不是相互排斥的范畴，而是相互作用、相互联系的范

① 更多“先天-后天”争论参见第十六章。

畴。正如马斯特斯（Masters，1989：26）所说的："尽管身体上的突变［遗传学］有时会影响行为，但是，动物行为的变异［学习］也会为后来影响身体结构的突变带来选择有利性……［事实上，例如我们之所以会］拥有强大的头脑，是因为我们在社会中相互合作（但反之可能不成立）。"因此，把先天和后天当作相互矛盾的原因来进行区分，就像是问，一个矩形的面积是由其长度还是其宽度"造成的"（Alexander，1986；Van den Berghe，1979：101；Lumsden and Wilson，1981）。

进化过程中先天和后天之间的相互影响也意味着人类发展本身是一个开放的现象。对于微观和宏观层次上的系统变化的形状和方向来说，这种明显的或必然的相互作用，至少会导致一种高度的不确定性——一种无限的自由度。此外，交互式过程所固有的大量可能排列，使我们的注意力从可预测性转向了概率，甚至是古尔德（Gould，1989）所强调的进化的历史偶然轨迹的随机特征。同样地，生物政治学和社会生物学的批评者指出了人类文化的高度多样性（尽管在现代它正在快速消失），以此来质疑一种受生物学启发的社会进化论所具有的合理性，但是即便如此，这种人类文化多样性也并未使"说明"超出这种更加整体关联的解释的范围。事实上，与混沌理论一样，复杂的、高度交互式的进化过程的不确定性，对适应、解决问题、学习和创造力来说，也是一个重要的动力来源[①]。

> 从进化论的视角来看，智人的文化变异性是一种适应环境改变和利用新的生活方式或"生态龛位"的方式……；"文化是一种具有非基因遗传模式的生物适应性，它依赖于符号内容而不是配子的融合"……因此，通过人类学习而进行的文化行为传递是一种演化机制［原文如此］，这种演化机制平行于或类似于……通过遗传进行的适应特性传递……
>
> 学习是有机体获得有关其环境的信息的一种方法，与此相同，遗传也可以被理解为向一个物种其后成员传递信息的一种方法……因为在所有其他的生物体中，对常见问题或生物功能的平行但不同的解决方法的演化，同样遵循着一种非直接试错过程模式，因此很难理解为什么在这方面人

① 对这些问题的更多论述见第九章。

> 类文化应该是独特的（Masters，1989：72）。

我们再次看到，争论的实质不在于文化是否是唯一一个完全决定论的、 63
生物学的人工物，而在于，虽然文化事实上受到基因遗传的*影响*，但当其以一种*进化的方式回应并适应*环境挑战和刺激时，在其发展过程中它具有很大程度的自主性，这个过程通过文化的动态非线性特性促进了偶然适应性、基于信息的学习及自组织。

这种对进化论中的适应和学习的强调，恰好与牛顿－机械论的以下认识相反，即一种可预测的、有序的、预编程序的发展过程，最能实现进化连续性、进步以及整体性的系统“健康”。从一种整体进化论的视角来看，没有什么比这样一种牛顿主义观点更偏离事实了。我们不能用像机器一样的实在模型和管理策略来对待一个不断变化的世界。尽管系统的不可预测性引起了不确定性，但是，正是随机性本身使得适应性学习得以可能，而这种适应性学习恰恰是使系统元件适应其连续动态环境所需要的。因此，进化的“自然选择”并不意味着以一种机器式的、理性行动者式的方式，挑选出对环境变化的最大可能的适应，而是从一组对不断形成和变化的、开放性的“生存性”问题的临时最优解中进行选择。正如巴罗（Barrow，1991：130）所说：“[像自然选择一样] 随机过程具有……反应能力。它们并不需要生命系统具备预编程序来处理每个可能事件。这样一种环境必然会使它们不能只基于规模和内部复杂性而独立生存。”事实上，正如尼科利斯和普利高津（Nicolis and Prigogine，1989：233）对蚁群的描述一样：

> 在一个不可预测的环境中，[一种] 永久性结构可能会危害蚁群的适应性，并为蚁群带来一种次优结构。因此，对这种环境的一种可能反应是，维持一种高效率的探索，以及快速形成一种临时结构的能力，这种临时结构适合于利用任何可能出现的机会。换句话说，在社会的组织中，随机性看似代表着一种适应值。

有趣的是，在一个复杂环境中，生存在部分程度上依赖于由随机性所生成的“**误差**的一个最优值”（Nicolis and Prigogine，1989：236；着重是后加的），这种随机性本身位于一个“无效”或不确定语境中的最“有效”的创新适应性模式中。正如戴森（Dyson，1988：92）所描述的：“误差宽容度是自然生态群落的标志，也是自由市场经济和开放社会的标志。”

> 复制和误差宽容度之间的调和［稳定性和变化的辩证法］，可以在一个更高级的综合中通过遗传密码和现代遗传器的演化来实现。
>
> 现代综合论通过建立硬件和软件、遗传器和基因之间的劳动力分工来调和复制与误差。在现代细胞中，遗传器的硬件受到严格控制，且不能容忍误差的存在。硬件必须是不能容忍误差的，以维持复制的准确
> 64 性。但是误差宽容度……还没有被完全丢弃。误差宽容度的责任只是被转移到软件上了。在现代细胞中，因为硬件基础设施完全恰当并服从于一种严格的质量控制制度，所以软件可以自由地漂移、出错或偶尔具有创造性。结构设计从硬件向软件的转移，使得分子设计者可以自由地、富有创造性地工作，这是他们的前辈在这种转移之前从来都不能做到的……
>
> 在我看来，生命史是复调音乐，是一种具有两个声音的二部创意曲，一个是试图把它们的自私目的强加于整体网络中的复制基因的声音，另一个是倾向于将结构的多样性和功能的灵活性最大化的内稳态的声音。因为每个有机体所固有的内稳态具有更加古老的合作结构，复制基因的专横常常被弱化。基因的规则就像古老的哈布斯堡帝国的统治一样，“专制政体被懒散缓和了”（Dyson，1988：93-95）。

在此，戴森所说的“懒散”可以在“垃圾 DNA”现象中看到，尽管垃圾 DNA 既不是坏的也不是好的，但是，它是“生命的最本质特征之一”，它的存在增加了那些“没有太多规则而携带大量垃圾”（Dyson，1988：95-96）的系统的生存机会。同样，正是*因为*开放的市场经济和文化上开放的社会忍受着“失败和不足”以及“垃圾文化”等古典的民主“弊病”，才使得它们从长远来看可以维持自己，这与中央计划的机械的社会经济结构如苏联共产主义截然相反（Dyson，1988：91；Masters，1989：222-223）。总之，尽管在一个随机世界中不存在任何“可靠的理由”，但是任何可能的“理性行动”都可以

根据其辩证伙伴，即“不可靠的”试错法的“非理性”来得到预测。事实上，这种辩证法恰恰存在于人类大脑的运行中（Ornstein，1991：76-96），因此这使它对*智人*来说是一种完美的适应。

另外，把自然选择视为一种解决问题的机器，它总是可以给出正确的适应性答案，这从根本上是错误的。正如我已经指出的，最优化本身是一个非常偶然的现象。因此，进化利用了一种绝对的“进步”观，即每一个适应都是最好的适应，总是代表着一种改进，这种观点从根本上来说是一种误解。正如克罗宁（Cronin，1991：242）所说的：“自然选择……总是选择那些‘最有利于’其承载者的最精炼、最实用的解决方案，这种观点是一种19世纪的观点。”同时，马斯特斯（Masters，1989，209）补充道：“具有更大复杂性的进化不能保证不朽……进化分析不应该再被假定为，它可以证明现状是最好或最可能的生活方式。”[①]任何一个进化适应都选择了某一特定属性而不是其他属性，因此，它必然既会带来好处又会带来坏处，这对作为一个整体的系统来说是一种权衡（Cronin，1991：67；Diamond，1992：129）。此外，这 65
些内在的权衡经常会产生一些“非计划中的影响”或副作用（Cronin，1991：94-95，358；Schmookler，1984），这些影响或副作用可能是也可能不是适应性的。例如，一个有机体适应性地选择“恃强凌弱的行为”，这使得他暂时是“成功的”，但他最终将“遇到比他之前遇到的懦夫更多的恶霸。而且一旦恃强凌弱策略彼此遇到，则损失会更大而成功更得不到保障。恃强凌弱可能不再有利”（Cronin，1991：314；312-313）。类似地，克罗宁问道：“我们应该记住那些在热带草原上被自然选择精心磨炼过的行为，却在城市街道上看似不适应吗？”（Cronin，1991：330）另外，不是所有最适应的进化可能性实际上都得到了选择：“对动物来说最普遍有效的机会是食用植物，这些植物大多由纤维素构成。但是再高级的［原文如此］动物也没有生成消化纤维素

---

① 这种观点类似于托马斯·库恩（Kuhn，1970）的观点，托马斯·库恩同样认为，在进化史以及科学理论和经验发现的积累中，不存在固有的“进步”概念，相反，只有当一个科学正统学派代替另一个时，范式世界观才会发生巨大变化，不可能从任何绝对的时间导向的、累积性“进步”概念的角度，来评价这些变化本身。对库恩来说，虽然现代科学可能在“技术上”优于中世纪科学，但是，对大家来说，它的复杂性和经验严苛只是另一种狭隘规定的、特定范式的、价值负载的格式塔，它既不能充分解释世界，也不能提供任何本质上“更好的”方式来理解世界。

的酶……”（Diamond，1992：211-212）此外，很多适应“从它们第一次出现就可能没有任何作用。但是如果有合适的工作需要它们做的话，自然选择随后就会暂时征用它们”（Cronin，1991：358）。事实上，这种情况也发生在灭绝过程中，“提高生存能力的那些特性……以各种偶然的、一开始与进化原因无关的方式，带来了灭绝”（Gould，1989：307；Raup，1991）。当然，这种“预适应”或“扩展适应”（Corballis，1991：13）大大扩展了在进化过程中那些可能被视为合理的事件的范围，但是同时，它们也强化了进化过程不论是在历史上还是环境上的高度偶然性本质。因此，“我们［仍然］可以认为，所有的适应性特征都是自然选择的结果，而不用认为，所有的特征事实上［仍］是适应性的”（Corballis，1991：86）。

对于进化论中的适应性和革新概念仍然存在着其他的歪曲。首先，尽管对于进化发展过程本身来讲，适应性和革新确实非常重要，但是它们并不总是从一个系统或物种的“中心”产生的特征。我的意思是，它们并不总是产生于系统或物种的主流的或正统的构成或过程。它们不仅是偶然生成的，而且从一种更为牛顿主义的视角来看，它们还倾向于从一个系统的“外围”和“少数派”中发散出来。“*物种形成*……倾向于以一种*断断续续*而不是渐进的方式发生，而且更可能发生在主群体外围的小群体中，这样，基因变化［因此，还有革新性的适应性］就可以通过人群快速传播。”（Gould，1980：56ff；Cronin，1991：88）正如库恩（Kuhn，1970）所指出的，在自然科学的演化史中，革命性的创新通常是在科学共同体的“边缘”而不是其主流中构想和孕育的，这些革命性的创新后来变成了正统。

其次，适应之所以没有变成普遍规律，只是因为它们是暂时成功的策略，功能上相似的适应不会出现在同一行为模式中；而且，这些领域中存在着几乎无穷的排列。“不同的社会模式最好被理解为，是每个物种所特有的对多样化的生态龛的适应。每一个孤立的美洲旱獭个体都代表着一种有效的方法，通过这种方法这个物种适应田野和低层次森林的环境，就像*奥林匹斯山*群落是对高山草甸的恶劣环境的一种适应性反应一样。”（Masters，1989：13）
66 因此，不同的生态龛（环境语境）对同一物种的成员会产生多样化的社会和行为影响，这样，行为和社会性上存在的个体差异，包括社会连结或攻击、社群主义或个体主义，不是作为一个整体的物种所固有的特征，而是基因遗传、环境条件和适应性学习之间交互作用的偶然结果（Masters，1989：15-18，157）。因此，如很多批评者所指控的那样，进化论不是还原论，因为它可以为有机体行为提供令人信服的解释；事实上，正如从上面美洲旱獭的例子中看到的那样，进化论所提供的解释，像古尔德的（Gould，1989：51，233）*后设*或*后验*解释一样，视一些动态变量之间微妙的交互作用而定，而且，从一种范式的视角看，这些解释还辩证地提供了形形色色的逻辑结果——这是一种多元的方法论一元论。

最后，在此需要澄清根据个体生存或私利、围绕适应而做出的行为指令。把达尔文进化论还原为“适者生存”的准则，这常常会导致把自然描述为“红牙血爪”，附带强调物种之间及其内部的残酷侵略。我们中大多数人可能都非常熟悉这种观点，但是它从根本上是一种误解。从进化的角度看，攻击并不会促进生存。“适应度”，即生存的能力，其表现形式多种多样，就像攻击具有除了生存之外的多重适应功能一样。正如克罗宁（Cronin，1991：267-268）所说：

> ……即使从最简单的自然选择的视角来看，它也涉及在面对约束条件时谋生的方式、资源的利用，以及生存和繁衍的策略；实现这些目的的手段不需要表现得……残忍和自私。竞争是关于如何最充分地利用资源而不是如何垄断资源的问题……或者说，竞争主要不是由武装遭遇战或强制占有表现出来的，而是由巧妙的伪装、夜间摄食或只是低调蛰伏表现出来的。因此，自私自利不需要看起来残忍无情；它可以以多种方式表现出来……“我主要是在广义隐喻意义上使用生存竞争这个词，包括一个人对别人的依赖”（Darwin，1859：62）。

以同样的方式，施穆克勒（Schmookler，1984：59-60）分析了中国宋朝时期蒙古族对中原的入侵。

> 因为根据蒙古族自身的生活方式，他们只能非常有限地利用中原，只要蒙古族不能适应，他们的征服就只能是掠夺和无意义的破坏……蒙

> 古族没有什么制度可以移植进中原，以增加（哪怕是敌得过）正在实行的中原制度所带来的生产收益……为了最有效地掠夺中原……游牧民族不得不首先放弃使这场征服得以可能的那种组织结构……蒙古族不断地中原化并不与［自然选择或进化适应］相矛盾，因为它表现出一种富有洞察力的权力观：维持和平［生存性］是一种征服文化的最终胜利。

这事实上是一种进化悖论；生存性和繁衍的成功依赖于支配与适应的辩证解决。

67 当然，在维持生存性和繁衍的过程中，进化的利己主义的另一方面，涉及“生物利他性”这个概念，它是个体利益和群体利益的共生或调和。在集体性的社会模式和利益语境内，个体行为的定位是生物利他性的核心；事实上，它从根本上存在于进化和自然选择概念本身中。“智人始终是一种社会性动物”（Masters，1989：150），因此，它也正是这样一种群体，这个群体是进化的基本单位（Masters，1989：137）。考虑到这些基本命题，我们很容易发现，正统社会科学对“方法论个体主义”（Gordon，1991；Trigg，1985：第3、5、7章）[①]的强调，错误地把本体论第一性强加于“物质”甚至是与整体性的社会实在相对立的“离散个体”概念上。

从方法论立场来看，方法论个体主义做出了两个基本论断：一是个体行为可以得到离散的分析，而且，这些行为的交互作用也就是定量叠加构成了社会结果和社会轨迹；二是把特定的行为和利益归因于集体性实体（群体、社会）是错误的，因为集体性实体代表着比其单个部分的总和更多的东西。进化生物学驳斥了这两个方法论前提，并在此过程中使社会科学获得了一种更为丰富的方法论多元主义。

正如马斯特斯（Masters，1989：16，233）关于这些命题得出的结论一样：“如果不考虑物种与其环境之间的复杂交互作用的话，社会行为就不能还原为或完全衍生于个人特质……从一种个体动机心理学中得出社会结构是不

---

① 对“方法论个体主义”的更多讨论见第十章、第十四章和第十五章。

充分的［反之亦然］。”甚至是那些为促进个体赤裸裸的私利而做出的个体行为，例如，一个个体为了获得食物以免饿死而对另外一个个体的暴力袭击，这些个体行为在经验上是显而易见的，但是，一旦从一种进化优势的视角来看，这些个体行为就都变得与社会或集体需要辩证地相关。在对具有挑战性的动态环境的适应方面，个体行为本身是动态可变的，在不同的语境下呈现出不同的功能和象征意义。因此，个体行为不具有任何普遍的属性，不受任何永恒的、语境自由的普遍规律的支配。因此，在特定历史时刻的某些特定生态龛中，“一个物种的成员之间表面上侵略性的互动可以被理解为基本的社会行为”（Masters，1989：15）。例如：

> 雌性灵长类动物常常被观察到，当幼儿同辈群体开始形成时，它们会排斥它们的那些正在成熟的幼儿。尽管在不同的物种中，具体细节可能会有所不同，但是研究者基本上可以得出这样的结论：“母亲越排斥幼儿，幼儿的依赖性就越强。”（Kaufman，1974：60）母亲对幼儿敌意的增加没有延长母亲和幼儿之间的联系，即使这样，我们也很难认为上述行为是反社会的。在灵长类动物中，排斥增加了依赖的倾向……同时，因为它逐渐否认了母亲是依赖的对象，所以就会导致对其他对 68
> 象的较多依赖，而这恰恰是一种高级的社会生活的本质要求（Kaufman，1974：59）。［16］

同样地，马古利斯（Margulis）对于细胞进化中的共生过程有以下观点：

> 入侵生物［寄生生物］和它们的寄主逐渐进化成一种相互依赖的关系，因此，以前的病原体逐渐变成了一种慢性寄生虫，即一个共生伙伴，并最终成为寄主不可或缺的一部分……［事实上］，细胞进化中绝大部分大的阶段都是由寄生虫引起的（转引自 Dyson，1988：68-69）。

从进化－适应的视角，而不是从原始的经验主义者的视角看，很多东西都不是表面看上去的那样，进化发展的世界看似充满了辩证独创性，这种辩证独创性超越了牛顿主义的受规律支配的机器边界。

同时，人类进化还采用了“反适应”，以辩证地使适应具有稳定性，适应在提供进化优势的过程中，同时也带来一些进化代价，这就再次使得对于原始的经验主义者而言，这种对进化发展的理解更加模糊不清且晦涩难懂。例如，“把社会性扩展至一个具有数十万非同类的社会带来了巨大的选择劣势，对于克服这些选择劣势而言，[群体之间和群体内部的冲突]可能是非常必要的，在一个国家[的]社会合作中一旦发生了[这些冲突]，[不管怎样都会带来]广泛的共同利益，就像与中央集权政治制度在过去一万年的传播相关联的人口的可怕增长所象征的那样”（Masters，1989：173）。覆盖数百万人的福利体系，显然滥用了每个个体的利他主义意识（税收），因为他或她永远不会认识或从遗传学角度与这个体系所覆盖的绝大多数人紧密关联起来，因此，不论是群体内还是群体外的冲突，都将永远困扰着社会福利供给的管理、经费及内容；尽管如此，如果其中一些“冲突”导致了最终的仲裁、和解和妥协的话，那么至少它们将暂时有助于把福利争论归结为某种功能系统，而且，这些“决议”很可能会很快出现，因为缓解任何可能会危及个体或社会的生存性的情况符合各方利益（不论他们是否意识到）——个体喜欢增加自己的物质资料，综合性的、复杂的、大型的社会群体也喜欢。因此，在这种语境下，社会冲突事实上适应大规模的社会合作。

因此，侵略和合作事实上是交互作用模式，即适应模式，而不是一种*在本质上*本能的、天生的性格特征。从进化的角度看，所有自然事物本身都是适应，但是它是一种无穷多变的现象，其中各种行为在不同的强度上被选择出来，以彼此之间以及与环境之间的各种不同的互动关系形式被选择出来。同样地，政治哲学中长期建立起来的传统，即在人类永恒的自然特性的基础
69 上，构造政治意识形态和政府设计的大型复杂结构，这种传统即使不被认为是不相关的，也应该受到高度怀疑。然而，出于同样的原因，在哺乳动物和人类进化中，侵略－合作之间辩证关系的长期模糊性也意味着，在文化领域中，发现这种辩证“混合”是一个具有某种强度的永恒的政治问题，它永远存在于政治议程中。因此，政治冲突既是人类进化过程的原因也是其结果，而且，这再次提醒我们，即使进化是适应性的，那也并不意味着在任何绝对意义上，它永远可以给出正确的答案，永远是“进步性的”，永远没有问题；

相反，它是辩证的。

此外，一旦我们为人类进化增加文化维度，理解人类适应行为的指令系统就会变得更加复杂，同时，也会使得原始经验主义作为社会科学的方法论基础变得不那么有效和可靠。文化对进化过程的一个重要贡献是，它把物理行为模式转换为仪式性或象征性行为模式，在这个过程中就从根本上改变了特定行为的意义和功能。正如马斯特斯（Masters，1989：75）所说，“在哺乳动物的社会行为的进化过程中，最初与［字面意思的］迁徙和逃避相关联的意向运动，被仪式化为一些社会信号，这些社会信号允许一个群体中的支配性成员与下属成员之间进行持续的互动”，因为这种生态龛与之前的生态龛存在着显著的不同。本质上，一种威胁性表现变成了其辩证的对立面，即一种促进社会连结的刺激。

因此，为了使进化论可以以一种基本的方式处理人的社会性这一现象，我们必须超越方法论个体主义，并以本质上整体关联的方式表达进化论解释。进化论必须拒绝接受极端原子论在经验上把可观察行为还原为离散的、自私的行动者，它应该至少把这种行为定位在其整体关联的语境内，同时，认真对待产生于或者由无论是社会整体还是个体全息地构成的行为、利益乃至记忆。

> 人类行为是每个个体的大脑和中枢神经系统内的一种集成产物，是由基因传输的在系统发生过程中被选择出来的信息、由语言和文化符号传输的在历史上被选择出来的信息，以及在生命周期内所需要的个体学习到的信息等的产物。“因此，每个人都是由过去各种形式的精神记忆和生物记忆合并而成的。”（Dubos，1968：100）个体和社会可以并且的确逐步形成了新的行为模式，就像每个物种，包括我们自己在内，都逐渐形成了新的物理和行为特征……（Masters，1989：135）

进化论对方法论个体主义的批判，显然还涉及我们关于“人类本质”的各种社会科学概念。政治思想史和社会科学史中的大部分（即使不是全部）内容都围绕着这个定义问题。从进化论的立场看，关于“人的本质”的争论已经浪费了太多精力。正如到目前为止我们所收集到的，“进化生物学告诉我

们‘人’并不存在。相反，在遇到各种各样的环境后，人类从自然选择所带
70 来的各种人类反应中获得了其独特属性……”（Masters，1989：236）。因此，如果“人类存在一种本质”的话，“那就是复杂的、变化的”（Masters，1989：245），适应性的，且一定不是静态的，不是牛顿－实证主义者所寻找的那种具有普遍特征的现象。但是，在此我们并不鼓吹任何极端相对主义。说某些事情需要根据语境来得到阐释，事实上就是说一种决定论形式在起作用，但是这种决定论并不是那种会带来绝对还原论的机械决定论。相反，这种决定论肯定历史轨迹的开放本质，同时认识到这种路径的解释原因在语境上限制了最终偶然决定的演变。我们再次看到了辩证过程在发挥作用，它清楚地表达了一种受规则支配的灵活性。正如克罗宁（Cronin，1991：376-377）所解释的：

> 假如我们都具有行为规则，那么我们都将被斯芬克斯式的人类本性牢牢控制，这一假定是错误的……假定行为的可塑性需要一种完全开放的、通用的思维，这也是错误的……自然选择既为我们装备了量身定做的信息处理机器，使我们可以适应性地行动，又为我们装备了特定的内容丰富的规则，这些规则会生成灵活的行为……这些行为规则不需要成为行为刚性的规则。同样地……一种空态思维或大脑将会成为一种完全非达尔文主义的装置，这种装置不仅不能把我们从刚性中解救出来，反而会使我们根本就不能良性运转……即使是一个非常普通的感应电机，如果没有预先指导，没有一些关于构成同一性、重复和模式［等］的规则的话，也不能开始运转……我们不应该把自由意志和生物学“约束”看作是位于相反方向上的力……这些“约束”恰恰是自由意志的工具（Dawkins，1976：215；Dawkins，1986：第3章）。

当然，在某些重要时刻，对人类本质的思考通常会涉及人类心灵，心灵本身常被假定为人类相较于所有其他进化而言的显著标志。尽管事实上，作为一种特殊的进化现象，像进化过程本身一样，人类心灵有点像一种浮士德式的交易，是适应成本和收益的一种混合，是增强生存能力和发展希望的一种先兆。辩证地来看，人类心灵以成功的形式把自己包含进生

命中，这在本质上与威胁生命的进化突变是一样的。进化的骄傲有可能会变成进化失败前的骄傲；生与死、繁衍与灭绝事实上都完全包含在进化的辩证法中。

从进化这个词最完全的意义上来讲，人类大脑是适应性的；它是一种具有适应性的设计，但是，为了在一个不确定的世界中有效地发挥其功能，它不得不辩证地包含上面提到的误差宽容度的有效性，不得不把无效性，即一种偶然的*自组织性*包含在其设计中。因此，人类大脑令人恐惧但也同样令人钦佩，这种二元性恰好代表着整个进化－适应过程本身的矛盾本质：适应并不是某种形式的“完美”，而是对一种复杂的、动态的、本质上不可预测的世界的“充满活力的”适应性调节。所有这些都意味着，人类大脑是一个相对易适应的实体，对于它所在的同时也是它必须面对的环境施加于它的压力而言，它具有灵活的适应性。如果人类本质至少在部分程度上存在于我们的大脑－心灵中，那么根本就不存在任何典型的人类本质。生态龛的变异性将会引起人类大脑的功能构成的变异性，而且，通过人类语言和文化的派生 71
过程，这些功能构成的变异性反过来会变成进化适应（Ornstein，1991：114，第 11 章）。

尽管在我们的生命周期内，我们以大脑为中心的灵活性的确多少会失去其重要性，但是我们永远都不会接近唯一一种自我，即具有我们自己所特有的某种本质属性的自我。“我们都有很多思维……在适当和不适当的‘位置’之间来回移动……由此产生了不同情境中不一致的人，起作用的思维‘适当地’发挥其功能，仿佛它一直存在，但是它一旦消失了，就会被另一个‘新成员’代替，这个新成员具有不同的记忆、优先级和计划……我们知道我们愁的是什么（on our mind）……但是我们不能知道我们*想的*是什么（in our mind）……因此我们的标准会不知不觉地改变。”（Ornstein，1991：204-210）我们总是习惯于把人类理性与大脑的自适应功能联系起来，尽管上述这些特征没有描述人类理性，但它们都是或者至少曾经是进化上适应的。事实上，“人类心灵不是一个逻辑工具……我们不是天生理性的”（Ornstein，1991：220）。相反，我们更多的是“感情”动物，受情感和瞬间紧急事件的支配；但是，与直觉相悖的是，一个情绪化的决策制定者比一个完全合逻辑的、理性的行动者要更加适应数十万年前的人类环境。在一个充满了直接危险的环境中，这些直接危险需要自发的安全第一反应，情绪反应使人类心灵适应了必要的“短路思考，以在生死攸关的情况下做出正确的反应，因为适应度才是最重要的”（Ornstein，1991：88）。

我们再次看到了适应性效率依赖于误差宽容度，在这种情况下，就是依赖于情绪，情绪对于环境中的直接变化极其敏感，它考虑到了对于即将到来的、近期危险的快速反应时间。“为了理解大量的外部和内部信息，这些信息是移动的和混沌的，同时为了适应世界，以*足够*好地生存，我们的进化形成的［受情绪主导的］系统简化了所发生的一切。”（Ornstein，1991：165；Harth，1990：80ff，第6章；Corballis，1991：313-314）在这种情景下，一个完全理性的心灵事实上是不利于适应的。然而，今天，我们可能实现了一种与这种进化发展相关联的完全浮士德式的交易；情绪的主导性，曾经确确实实地使我们的祖先免遭失败，现在却从根本上威胁着我们当代人。“现在我们的生活充满了长期问题而不是直接危险。而且，现在我们的集体生存依赖于那些不能在原始心灵基础上获得的判断。”（Ornstein，1991：112；Diamond，1992：190；Harth，1990：3，36，39，49）古代人在决策中强调速度优于准确性，但是这种交易现在却令我们困扰，古代进化线路的短路性，使我们对一种以不完全信息为来源的判断能力非常敏感，使我们关注与长期的前瞻性相对立的短期反应，并以集体的、整体的可持续性为代价而看重直接的自我利益。

进化过程完全可能拯救我们。虽然“生物进化根本*没有时间*推动我们心智能力的发展，提升我们应对［当代］环境挑战的能力”（Ornstein，1991：261），这有可能是正确的，但是这个结论忽视了这一事实，正如我反复指出的那样，
72 人类进化现在包含着文化进化，事实上也受到文化进化的支配，文化进化部分程度上包含着那些被*智人*用于扩张并增强物种的集体意识的技术能力，这就使得*智人*在以前情绪化的地方变得理性。正如唐纳德（Donald，1991：312）所说：“可能直到最近，大脑在其遗传构成上都没有发生改变，但是它与一种累加性的外部存储网络［计算机和其他通信技术］的联系为它提供了认知能力，而这种认知能力不可能处于孤立状态。这不只是一种隐

喻；每当大脑与外部的符号存储系统一致而执行一项操作时，它就变成了一个网络的一部分。它的存储结构被临时改变了；而且认知控制的轨迹也发生了变化。”此外，“只有在［这种］精密的外部图像系统中……思维的产物才可以在一个反复的、迭代的改进过程中得到及时的凝结，才可以在未来的某一时刻得到详细的审查，才可以被更改然后重新存储起来”（Donald，1991：316）。这就不仅超越了人类认知能力的遗传限制，而且再次破坏了离散个体的概念：“个体心灵在很久以前就不再是可以在有限的生物膜内以某种有意义的方式进行定义的了。”（Donald，1991：359）此外，*智人*的集体性的外部存储的指数级发展，同样也增强了把社会集体看作本体论现象的合法性，在社会科学方法论内部，社会集体甚至具有本体论优先性①。

在本章的其他一些地方，我们已经提到过很多次进化过程中历史的偶然性本质，但是，关于这个主题仍有一两点需要指出。第一个是，不论是在自然科学还是在社会科学中，不能过分强调历史维度的科学复兴的重要性；也不能过分强调这一维度的表面上的悖论，即历史维度既为现象和过程提供了解释精确性，同时也阐明了它们的高度偶然性本质。从这个意义上来讲，对历史的科学认证并没有使历史成为预测的“王后”，也没有证明“忽视历史的人必定要重蹈覆辙”这种说法是正确的。因为从一种进化的视角看，历史不会重演，它没有任何显露出来的前进轨迹；历史维度描绘了一个随机世界的偶然演化，在这个随机世界中，对过去的盲目的、机械式的推断不会带来任何的启迪，而只会带来消亡（Nicolis and Prigogine，1989：242）。

因此，即使历史可以通过可能最合理的方式来获得科学声望，但实际情况是，对于人类在认识论和方法论上的狂妄自大而言，虽然历史的偶然性本质具有一种（受欢迎的）发人深省的作用，但是，历史的科学地位的相应提

---

① 但是，正如唐纳德（Donald，1991：373）进一步推测的，一种“集体性的外部存储”的这种发展，可能还包含另一种浮士德式的交易，这种交易期望实现作为一种物种的智人不论是在个体层面还是在集体层面上的进化适应性：“……如果单元个体心灵发挥着一种表达或*积极解释*的作用，那么对于外部符号存储而言，就不存在任何天生无法控制的东西。［而］那些并不能保证这样一种作用的单元个体心灵……将冒着受外部媒介的绝对控制的危险，这一媒介甚至可能在偶然发生的层次上构造它们的经验。”

高，其作用远远超过了它所带给人们的清醒效果。进化的历史偶然性毫不掩饰地指责了，既作为一个物种，又作为世界的主宰，人类所具有的厚颜无耻的自信、自负及自我优越感。

73 进化的故事实际上告诉我们，如果我们（*智人*）是进化的最高成就（这个观点将会被立刻否定），那么与爱因斯坦相反，“上帝”（随机世界）仍会大规模地掷骰子。从一种进化论的视角来看，到目前为止我们是一连串幸运和偶然机会的终点，是进化史的各种串联起来并以指数形式自增强的路径的不可预测的结果，这种进化史受到一个偶然世界的无数涟漪和一些混乱的浪潮的推动和转移。奥恩斯坦用以下例子阐明了进化的意外性：

> ……由于热应力，生物体通过站立来适应环境。因为直立姿势的发展，类人猿大脑的血液流动发生了改变，这就允许大脑保持冷静，释放出更大的皮层，以“人才外流”系统的进一步改变保持这个高度活跃的细胞组冷静。机遇是，单“工程学”原因就可以扩大大脑皮层……因此这些过剩细胞就被用于获得其他功能［如提高智力、文化发展和迁移，以及最终对地球的控制］。（Ornstein，1991：64-65）

同样地，古尔德的《奇妙的生命：布尔吉斯页岩和历史的本质》（1989年），一书也包含大量生动案例，证明了人类进化的偶然进步。他总结说：“进化的‘盛会’［是］一系列不可思议的事件，回顾过去它们足够合乎情理，且服从严格的解释，但是它们又是完全不可预测和不能重复的。把生命的胶片倒回到较早的布尔吉斯页岩时期；让它从同一起点开始重放，再次进化出像人类智力这么美妙的事物的机会趋近于零。”（Gould，1989：14，51，289）因为我们的“具有自我意识的复杂性”的发展，很容易遭到扁鱼（flat-fish 没有内脏）的进化主导地位、肺鱼（用肺呼吸的祖先）的大量毁灭或者恐龙（小脑袋、大身体）统治的延续等的阻碍（Gould，1989：314，317，318）。事实上，假如“上帝”在爬行动物时代是一个赌徒，而不是一个全知全能的人，那么他可能永远都不会把赌注压在我们的哺乳类动物的祖先身上，期望进化可以带来*智人*的出现。

因此，在进化世界中，我们不能再把“进步”理解为一种线性现象，不断向前向上发展；事实上，从进化的角度讲，进步仅仅意味着适应，它包括盈和亏、繁衍和灭绝、成功和失败，不过所有这些在某种程度上都是相对论术语。在一些非常重要的方面，进化甚至看似更多的是关于*退化*而不是繁衍的。正如古尔德所说的，“生命的历史是一个大量物种发生灭绝，少量幸存物种发生变异，而得以延续的故事，它不是通常所认为的，生物在稳步地朝更优秀、更复杂和更多样性的方向演变”（Gould，1989：25）；或者说，是“一株有很多分叉的灌木，不断被死神的［大规模的，通常是灾难性的］灭绝所修剪，而不是被可预测的进步阶梯所修剪”（Gould，1989：35，47，54，56，64，208；Raup，1991）。但是，灭绝最终事实上也没有对进化成功还是失败得出确定性结论，因为“没有证据证明……［灭绝的］巨大毁火中的失败者在适应性设计上就一定系统性地次于那些幸存下来的……［事实上，它们是］适当专化的，且非常有能力”（Gould，1989：326-329）。此外，尽管*智人*获得 74
了成功，“但是地球上几乎没有动物会为了这么多智力和敏捷性而费心……［事实上，］［根据繁殖数量，］地球上真正成功的物种反而应该是不会说话且笨拙的老鼠和甲虫，它们找到了更好的方法去实现它们目前的支配性”（Diamond，1992：213；Masters，1989：237）。

因此，从广义的角度上讲，作为社会科学的一种隐喻，进化论以其内在的反机械论的、辩证的构想，提供了一种最为丰富的方法论多元主义领域，而且，一旦其基本的方法论原则和预设与量子－全息术和非线性动力学的方法论原则和预设关联起来，一门真正的整体关联主义科学就出现了。对于一种重构的后牛顿主义的社会科学来说，它充满了令人激动的可能性。若要获得对整体关联科学的更加丰富的陈述，我们接下来还要增加一些对复杂性理论和自组织临界性的讨论。

75 # 第六章 复杂性理论与自组织临界性[1]

第一节　复杂性理论

尽管根据西利亚斯（Cilliers）和其他人[2]所说，复杂性理论与混沌理论有显著不同（Cilliers，1998：ix），但事实上从一种哲学和方法论视角来看，复杂性理论与混沌理论（事实上，还有本书所涉及的所有整体关联科学）存在着很多一致，特别是关于非线性在复杂系统中所发挥的作用和产生的影响，它们有很多共同的认识，这点我们在下文可以看到。因此，我更愿意把复杂性理论连同混沌理论一起，包含在前文已经提到过的整体关联科学的科学群中。混沌和复杂性之间的哲学相似性程度和共同的方法论假定与原则，还意味着这部分将要处理的很多问题，在读者看来，是*似曾相识*的或重复的。但是，这在很大程度上是不可避免的；因为但凡人们想要提出像我在这个研究中所提出的这么多论点，一门全新的科学就正在形成，它从根本上挑战了主流观点，甚至在一些重要的方面取代了主流观点，这就意味着，支持这一主张的证据需要足够广泛，以反抗那些针对它所做出的不可避免的批判，从而得以幸存下来——因此，以下内容至少在表面上存在着一定的重复。我希望读者可以宽容我这一点；我相信付出的代价一定会物有所值。

作为一门整体关联科学，复杂性理论同样明确拒斥决定论、机械论和还

---

① 这部分主要引用的是西利亚斯1998年关于复杂性理论的主要研究。

② 例如见Bak（1996：31）。

原论。作为复杂性理论的代言人，西利亚斯反复从整体关联范式内的几个略有不同的分析和方法论角度，提出了以下这些类型的要求，它们对于牛顿－实证主义的、科学的知识产生了一些不同但相关的破坏性影响。正如西利亚斯所断定的（我对西利亚斯基本立场的评论在每个引用后面用方括号表示）：

● “不要试图根据单一或基本的原则来分析复杂现象……不可能以一种单一专有的叙述来描绘真正复杂的事情……。”（Cilliers，1998：viii）[＝反基础主义者；没有普遍的运动或行为规律] 76

● “在*复杂*系统中……系统组成部分之间的相互作用，以及系统与其环境之间的相互作用，都具有这样一种特性，即作为一个整体的系统不能仅通过分析其组成要素而得到完全理解。”（Cilliers，1998：viii）[＝反还原论者；深刻的互联性和关联主义；整体关联的；新进化论]

● “此外，在第二个引用中西利亚斯提到的关系不是固定的，而是移动和变化的，通常是进化的自组织的结果。而且，这会产生一些新奇的特征，通常被称为*突现属性*。”（Cilliers，1998：viii）[＝新进化论；突现属性（数量／质量关系]

● “如果某物真的是复杂的，那么它就不能根据一个简单的理论得到适当的描述。”（Cillicrs，1998：ix）[＝反对简化；没有普遍的运动或行为规律]

● “对复杂动态系统的研究已经揭示出分析法的一个重要缺陷。复杂系统不只由其组成部分之和构成，而且由那些组成部分之间的错综复杂的关系构成。在‘切割’一个系统时，分析法破坏了我们试图理解的东西……因为复杂性产生于一个系统的组成部分之间的交互作用，它只在系统本身这个层面上表现出来。在低一层次（一个来源）或高一层次（一种元描述）上，都不能得到复杂性的本质。”（Cilliers，1998：2-3）[＝关联主义；反还原论；交互作用论；整体论；分布式表征]

● “复杂系统不能被还原为其基本构成的一个集合，不是因为这个系统不是由这些基本构成而构成的，而是因为在还原过程中会丢失太多的相关信息。”（Cilliers，1998：10）[＝整体论；分布式表征]

● “整体论是反对实证主义的。实证主义的倾向是希望把意义还原成由一种‘认识论上更原始的’语言所阐述的定义（Putnam，1988：8），其组分能够以明确的方式（以感性的或至少是以可观察的角度）被赋予意义……整体论反对那种借*定义*而把术语的意义固定下来的倾向，因为‘大多数术语都是*不可能*被定义的——或者至少可以说，如果我们想要借由定义来意指某种永远固定的、可以绝对把握术语意义的东西，那么大多数术语是不可能被定义的［9］。”（Cilliers，1998：65）［=整体论；反对简化；辩证的多义性；没有普遍的运动或行为规律；反基础主义；反离散定义论］

- “由于复杂的相互作用模式，系统的行为不能只依据其原子构成就可以得到解释，尽管事实是，除了基本构成及其相互联系外，系统并不包含任何其他的东西。复杂特征通过系统内部的相互作用过程‘突现’出来。”
77 （Cilliers，1998：106）［=交互作用论；关联本体论；反还原论；突现属性（数量/质量关系）］

- “对抗复杂性的传统（或现代）方式是，找到一个可靠的参照点，这个参照点可以作为基础、框架和万能钥匙来起作用，从这个参照点上可以衍生出任何事物……我的观点是，遵循这样一种策略就可以*规避*复杂性。对于找到本质真理的执念，使我们对复杂性的关系本质熟视无睹，特别是对那些关系的连续变化熟视无睹。对复杂性的任何认识都必须将这些移动和变化当作复杂系统的*基本构*成而不是附带现象包含进来。”（Cilliers，1998：112）［=反基础主义；没有普遍的运动或行为规律；关联主义；自创生］

- “科学的作用传统上被理解为，把知识固定在一个固定不变的网格中……结果，［因为实在是复杂的］人类知识整体中的很大部分都因为被视为不科学的而遭到忽视……”（Cilliers，1998：118）［=反基础主义］

以上这些反复陈述证明了，相较于复杂性理论（按照定义，应该叫作辩证的整体关联科学）而言，机械-还原论科学所具有的不适当性和方法论错误，我们不禁看到了它们之间具有如此多令人吃惊的共鸣，这在前几章中就已经提到过了。关联本体论、分布式表征、突现属性及辩证的非线性交互作用，所有这些都渗透着对一种坚定的反还原论、反基础主义、反机械论和反决定论的反复不断的召唤。事实上，对于复杂性与牛顿机器的对立，以及它对辩证的整体关联世界观的接受，根本不需要过多的思考。但是，为了更加彻底地、有说服力地证实这一观点，我们需要继续对这一争论进行更为详细的阐述。

西利亚斯在演示复杂性理论时，为了避免任何类型的潜在还原论，他没有徒劳地尝试提出一种对复杂性的无懈可击的、受实证主义启发的定义，而是辩证地为我们提供了一种恰当的“对复杂系统特征的分析……以形成一种不受特定的*先验*定义束缚的一般描述”（Cilliers，1998：2）。但是，可能西利亚斯有点太过战战兢兢地对待方法论了，他的“特征”的确有助于阐明一种对复杂性的“一般描述”，但是这种描述事实上引起并形成了一种方法论分析的力量，这种力量与他的描述性语言的温和和谦逊很不相称。尽管如此，对我们来说，他在其书的一开始（Cilliers，1998：3-5）所提炼出的十个特征，是我们尝试涉足复杂性的一个最有益的地方，这十个特征提供了一种快捷的方式，来让我们对复杂性的特征和整体关联科学的特征进行比较。这十个特征是：

（1）“复杂系统由大量要素构成”，以致这些要素之间的相互作用行为难以用微分方程来描述和理解。

（2）“要构成一个复杂系统，要素之间必须有相互作用，而且这种相互作 78
用必须是动态的……（随着时间而变化）。这种相互作用，不一定必须是*物理的*；也可以设想成*信息*的转移。”

（3）“这种相互作用是相当丰富的，例如，系统中的任何要素都影响着若干其他要素，并受到其他要素的影响。”

（4）“这种相互作用是*非线性的*……很小的原因可能产生很大的结果，反之亦然。这是复杂性的一个先决条件。”

（5）“这种相互作用通常是作用于一个相当小的短程范围，例如，主要是从直接相邻来接受信息……［但是这］并不妨碍它们产生大范围的*影响*……”

（6）“在这种相互作用中存在着回路……可以是正反馈……也可以是负反馈……这两种类型都是必要的。在复杂系统中相应的技术术语叫作*归复*。”

（7）“复杂系统通常是开放系统，例如，它们与它们的环境发生相互作用……通常很难界定一个复杂系统的边界。”

（8）“复杂系统在远离平衡态的条件下运行……平衡是死亡的另一种说法。”

（9）“复杂系统有其历史。它们不仅能随时间而演化，而且它们过去的行为是其现在的行为的原因。对一个复杂系统的任何分析，如果忽视了时间维度，就是不完整的，或者说至多是一个历时过程的共时快照。”

（10）“系统中的每个要素对作为整体的系统的行为是无知的，它仅仅对于其可以获得的局部信息做出回应……我们的关注点就从系统中的个体要素转移到了系统的复杂*结构*上。复杂性作为要素之间相互作用模式的结果而突现出来。”

如果上述这些的确是复杂系统的主要特征，那么在前面对量子－全息术、混沌理论和新进化生物学的介绍中，我们应该已经见过这些特征了。

正如人们所预料的，在上面所说的所有特征中，存在着（对意义、功能和同一性的）分布式表征。在复杂系统中，关联本体论规则最为重要，正因为如此，几乎每件事物，每个现象、要素和过程，都可以相关联地得到阐述，或者换句话说就是，都可以分布式表征出来。要充分地理解任何意义、功能或同一性，整体系统必须相关联地得到理解。正如西利亚斯关于一个范型复杂系统——人类语言所说的：“意义不是由符号与某个外部概念的一一对应所赋予的，而是由系统自身的结构组分之间的关系所赋予的。”（Cilliers，1998：11，37，39）

此外，这种多维关联本体论还受到“差异”的驱动；关联主义并不总是假定或依赖于系统要素之间的合作或无摩擦的相互关系。事实上恰恰相反。差异、“斗争”或者矛盾，常常有助于使复杂系统作为一个整体单位变得更加“有效”，这就让我们联想到前面讨论过的“误差宽容度”。西利亚斯在其对语言的分析中继续讲道：“语符是由它*相异于*系统中的所有其他语符的方
79 式所确定的……（但是，尽管如此）语符是关系网络中的节点。关系不是由语符决定的；相反，语符是相互作用关系的*结果*。”（Cilliers，1998：39）因此，相关联地，在一个复杂语言系统中，差异存在着一种功能上的相关性；正是这种得到相关联的阐述的差异，不仅提供了意义，而且为创造性适应和适应性的出现提供了必要的手段。正如我们在无论是口头的还是书面的，无论是诗歌还是技术写作中看到的，我们的话语具有创造力和生动性的本质。而且，差异本身也可以得到相关联的描述：“语符的组分不仅仅属于

它自身；它不过是所有贯穿于它的其他语符的痕迹的集合……对于一个语符来说，一旦产生了一个确定的意义，那么这个意义便会在整个系统中得到反响。”（Cilliers，1998：44）正如我们在混沌理论和新进化生物学中的非线性所引起的串联影响中所看到的那样。在整体相关性和竞争、集体性和差异之间的这种真正的辩证关系网络中，我们看到了“对立统一”和“矛盾律”等马克思主义辩证法概念的提示[①]。事实上，复杂系统思维“并不害怕矛盾和对立，相反，它把它们转化为了增添系统活力的力量”。（Cilliers，1998：107，21，41）同样地，就马克思主义而言，非常清晰且重要的一点是，资本主义受到关系网中社会阶级之间的斗争和合作辩证法的推动，这种关系网可以通过特定的生产方式表现出来，同时，部分程度上正是因为进步和反应之间的辩证法，历史本身才以创造性的、动态的（尽管不一定总是仁慈的）方式呈现出来。

事实上，如果不能相关联地表达矛盾和差异，任何复杂系统都不可能运行，甚至不可能继续“存在”。产生这种现象的辩证条件只能在远离机械－还原论所渴望的系统平衡时才能存在，事实上，在远离平衡的“混沌边缘”，自组织临界（自创生）不断地干扰着系统，探索那些可以使实现连续性和挑起变革之间的张力保持平衡的系统龛位。正如我们在混沌理论和新进化论中所看到的那样，考虑到随机事件和独特环境的偶然性和不可预测性所发挥的重要作用，追求与不平衡相关联的、处于混沌边缘的易碎性和不确定性，对于适应而言绝对必要。同时，自组织临界性，即系统自创生过程，成为获得并处理复杂性的关键方法：“因为系统必须应对环境中的不可预测的变化，所以结构的发展就不可能包含在某种控制着系统行为的刚性［决定论］程序中了。系统必须是‘可塑的’。”（Cilliers，1998：12）事实上，自创生是这样一种过程，通过这个过程系统首先可以发展出一个复杂结构。因此，我们还有另一个辩证关系，即自组织临界和复杂性之间的辩证关系。处于混沌边缘的自组织临界性（SOC）是复杂系统的一个核心特征，因此，对于与复杂性理论相关联以及内在于复杂性理论本身的一些其他问题而言，这一特征具有重要意

① 对这些观点的更详尽的讨论，见我的《重申辩证法》（未出版的手稿，1999年）。

义。第一，如巴克的研究（Bak，1996）力图确立的那样，自创生是作为一门具有独立（但是实际上是错误的）身份和研究纲领的科学而出现的。在许多
80 方面，自组织临界性本身是一种系统论，但是经过全面考虑之后，它必然大量引用了混沌理论和复杂性理论。对于西利亚斯来说，自组织临界性是一个过程，在这个过程中，“结构既不是对外部因素的被动反射，也不是主动的、预定程序的内部因素的结果，而是环境、系统的现状以及系统的历史之间的复杂相互作用的结果”（Cilliers，1998：89）。分析到这里，对于自组织临界性的辩证的、整体关联的本质，我们已经表达得很清楚了；事实上，当西利亚斯列举出自组织临界性的特征时，我们得到了一个熟悉的清单：相互作用和共同进化；适应；非线性；突现属性；不断增加的复杂性；对初始条件的敏感依赖性；历史；没有总体功能；没有还原论描述（Cilliers，1998：91-93）。

第二，自组织临界性形成了周期性的“突变”事件，这些事件产生了波及整个系统范围的影响，且很大程度上是不可预测的。但是，这些事件在一定程度上又是概率性的、定时的。为了解释并理解这些事件，我们需要采用辩证的、整体关联的方法，并再次拒绝机械－还原论对撞球式的因果关系概念的归属。

> 当我们面临意外事件，特别是当这些事件具有灾难性后果时，我们倾向于把它们归咎于不大可能发生的情形的一种罕见组合。当我们必须解释股票市场的崩溃、地震的发生或者政治暴力的突然爆发时，我们力图发现一些因素，这些因素组合起来造成了这一结果，通常我们还希望这种相同的要素组合再次出现的机会少之又少。然而，这种分析试图通过对小的简单系统的行为进行**外推**，来对大的复杂系统的行为进行解释。不幸的是，这种外推是不成功的。复杂系统——其中很多因素以不同步的方式相互作用——展示出一些意外的且常常是不可预测的行为。如果忽视了复杂系统的自组织行为的可能性，任何分析都将**严重缺乏**解释力（Cilliers，1998：96）[着重号是后加的]。

对系统的任何一部分中或整体系统层面上正在发生的或已经发生的事情

进行充分解释，这是一种关系计算，这种计算并非像在机械-还原论中那样，可以全部还原为各部分的行为和因果性质的总和这种定量聚合。事实上，正如我们以前说过很多次的，严格来说，在复杂系统中，部分不能独立地凭借自身而存在；它们实际上只能*相关联地*存在和行动。对整体的辩证分析必须取代对部分的简单外推。此外，从自组织临界性的视角来看，不可预测性在某种意义上*就是*解释，而非相反。因为在复杂系统中，服从自组织临界性的预测是一种妄想、一种“虚假广告”，甚至是一种危险的误导，这种预测错误地建立在机械-还原论的基础上，然而，正如我们所看到的，机械-还原论在本质上并不适合任何形式的复杂系统。对于自组织临界性及所有辩证的整体关联科学来说，*理解*复杂系统的动力学在很大程度上完全称得上是一项真正的科学成就；不像牛顿-实证主义的（非常言过其实的）论述那样，辩证的整体关联科学不会妄图尝试去实现可预测性和确定性，以最终获得科学成功和合法性，相反，它对于一门具有有限的局限性和适度的不确定性的科学，表现得非常放心，这门科学必须永远在无知和不确定性的巨大面纱背后摸索 81
着前进，简单地说就是，当它处理具有辩证的以太之谜特征的实在时，必须保持自己是辩证的。

第三，就像在混沌理论和新进化生物学中那样，自组织临界性为相似的情况带来了多重解，因为它创造性地利用了处于混沌边缘的系统地理学的不可预测性和非线性所开辟的发展空间（Cilliers，1998：97）。这种处于混沌边缘的连续性和变化之间的敏感的、临界性的辩证法，优化了系统“吸引子”（即一个复杂系统的结构安排的变量集，这个复杂系统自创生地、动态地被吸引到这些变量集上，这些变量集对于这个系统而言至少是暂时地、具有适应性地最优化的）或解的数量，而不会在整体上导致具有破坏性的不稳定。因此，这种辩证法对于一种多模式的、适应性的“效率”（Cilliers，1998：110），而不是任何绝对或普遍意义上的一维最大化效率做出了解答。事实上，在一个包含不断进化变化的世界中，极大解将是僵化的、导致灭亡的、不适应的机制；一个复杂世界中的次优解事实上在某种程度上是极大解，我们要辩证地进行理解。鉴于自组织临界性对辩证的整体关联科学方法的清晰阐述，我们可以明确断定它是反基础主义的。

在上文中，在探讨身份、意义、功能、适应性、进化和自创生等时，我们所使用的方法当然也深刻质疑了机械－还原论对定量方法论和测量－描述的完全依赖。但是，正如我们现在所知道的，辩证的、整体关联科学在分析复杂系统时，必须要像依靠对系统特征的定量评价一样多地依靠对系统特征的定性评价，如果不是更甚的话[①]。

> 根据关系来进行思考，而不是根据决定论规则来进行思考，对于科学来说并不新奇，但是在过去这一直被视为定性描述的一部分，而不是定量描述和计算的一部分，自从开普勒坚持主张“进行测量就是进行认识”以来，定量描述和计算就被视为必要的。[然而，] 很多现象，特别是生命科学、物理学和数学中的很多现象，仅仅根据决定论的、基于规则的或统计学的过程，是不可能正确理解的（Cilliers，1998：35）。

因此，从方法论上来说，我们不仅需要保证数量和质量辩证地关联起来，我们不仅需要意识到，在一个系统轨迹的某些确定的阈值点上，定量相加的确会转变成定性的系统变革，从而告诉我们，数量和质量都是同一测量连续统的组成部分，而且我们还需要理解，相比定量测量而言，质量是对一个复杂系统的总体（即它的关联整体性）的一种更加高级的测量。我们之前已经提到的地形图和计算机模拟，就是我这里所说的数量－质量测量辩证法的很好例证。但是，除了数量－质量测量辩证法，我们还必须认识到，在民族志
82 研究中所使用的各种类型的叙事描述和分析，并不一定就是定量研究方法在方法论上的“穷亲戚”，对于统计上有障碍的，或者那些不具有容易收集的、以数字为基础的数据集的方法而言，这些叙事描述和分析并不一定就是一种次等的退路，相反，特别是就复杂系统而言，它们是具有一流科学凭证的黄金时间研究方法。

像很多其他从事复杂系统分析的人一样，西利亚斯反复使用“联结论”模型来促进这类研究。事实上，对于西利亚斯来说，联结论和复杂性是同源

① 对马克思主义和整体关联科学中的定性／定量辩证法的讨论，见我的《重申辩证法》（未出版的手稿，1999年）。

的。在区分联结论和基于规则的机械 - 还原论方法的过程中，西利亚斯提出了另一组命题，这些命题看似又一次与我们上面谈到的有关量子 - 全息术、混沌理论和新进化生物学等的很多内容产生了极大的共鸣。因此，我们用另一个量尺来评价我们所提出的它们之间的同源性。西利亚斯（Cilliers，1998：19）所阐明的联结论的六个特征包括：

（1）“鉴于形式系统把推理规则应用于*逻辑*变量，而神经网络［联结论］把进化原理应用于*数字*变量，网络不是要*计算出*一个解，而是要*达到*一种满足了强加于它之上的所有约束的条件。”要注意的是，这里所提到的进化的、交互式的、相关联的动力学，以及所寻求的满意解，都典型地以整体关联的形式分布在整个系统中。

（2）“神经网络中没有传统意义上的中心控制。处理分布在整个网络中，各组成部分的作用是……动态变化着的……功能调节……由系统的进化需要而决定。”分布式表征再次显示出其重要性，并且以一种进化的方式发展。

（3）“在一个联结网络中，个体［成分］没有预先规定的意义”，只能相关联地、整体论地获得某种意义。

（4）“联结系统倾向于动态地收敛于某个解，这通常以一种渐进的方式来实现。这个过程并不一定要终止；事实上，它通常不会得出一个单一的、最终的结论。”再一次，解以一种最优化方式被整体关联地计算出来，而且，考虑到复杂系统的不断进化的本质，对整个系统来说，它们只是临时解。非永久性还考虑到了至少随着时间的推移，多重解存在的可能性。

（5）“联结网络的内部结构通过一种自组织过程而得以形成……从这种意义上来讲，学习是网络的一种隐式特征。”对于处于混沌边缘的系统连续性和系统生命所必要的创造性适应而言，自创生必不可少。

（6）“在联结论模型中只存在一个层次，即［元件］及其权重的层次［如标识值和函数值］。你可以获得的数值权重不是一个‘主动的’程序和‘被动的’数据，而是通过相互作用被动态地调整过的。”分布式表征再一次出现在一种进化的、非决定论的语境中。

总之，如果联结论是复杂系统动力学的重要标签的话，那么我希望读者 83
明确一点，即复杂性理论和辩证的整体关联科学之间的同源性再次得到令人信服的强化。

就量子－全息术、混沌理论和新进化生物学而言，我们之前已经详细讨论过实验的问题了。正如我们所预期的，在很大程度上因为同样的原因，这些问题也存在于复杂性理论中。不仅非线性和动态进化会干扰可控实验，而且，复杂性的关联整体论也通过其本质上的“不可压缩性”，而否定了实验的还原论和简单化（“控制变量”）。对任何复杂性模型的任何实验，都将“像它所模拟的系统一样复杂”（Cilliers，1998：24），因为分布式表征以及支持分布式表征的深层关联主义，都不能进行任何必要的或基本的分析还原。如果变量，即元件是相关联地、整体论地进行定义的，那么我们如何可能为了可控实验的测试和操作而分离这些变量？显然，我们不能。如果复杂系统的基本动力学是不可压缩地复杂的、对语境和偶然性极其敏感且是典型地不可预测的话，那么我们如何可能利用实验简化来测试并生成过度简化的理论？显然，我们不能。

因此，简单地说，关于复杂性理论的本质特征，我希望在此已经提供了足够多的信息，这些特征与正在进行中的计划之目标存在着直接的联系。这个目标就是证明，复杂性理论、混沌理论、量子－全息术和新进化论之间存在着显著的方法论和认识论同源性。最后，进一步简单地介绍一下自组织临界性。

第二节　自组织临界性

当然，在上面对复杂性理论的讨论中，我们已经提到了自组织临界性，但是，哪怕只是为了进一步证实，出现了一系列“新”科学，这些科学具有相同的非还原论的、非决定论的、辩证的、整体关联本质的方法论原理，那么，做出一些评论就是符合程序的。主流科学的机械－还原论的确面临着来自这种新兴科学世界观的持续的、逐渐增加的挑战，我需要尽可能充分地论证这种基础深厚的、大规模的挑战，但是又不能太冗长。因此，我将把我的评论限制在仅仅阐明来自佩尔·巴克（Per Bak）研究中的一些选择命题，因为他可能是对自组织临界性的最重要的研究者（Bak，1996）。

巴克关于自组织临界性的讨论体现在以下这些节选出的、有代表性的话语中：

自然中［事实上，如巴克的研究所证明的那样，还有人类社会中；见第 11 章］的复杂行为，反映了由很多元件构成的大型系统进化到一种悬空的、“临界”状态的趋势，这就打破了平衡，在这种状态下，任何微小的干扰都会导致各种规模的雪崩事件。大多数变化都是因为突变事件所造成的，而不是遵循一种平稳渐进的路径所发生的。从任何外 84
部主体开始，不需要设计就可以进化到这种非常敏感的状态。这种状态只是因为系统的单个要素之间的动态相互作用所造成的：这种临界状态是*自组织的*。自组织临界性是到目前为止唯一已知的生成复杂性的一般机制。

……雪崩形成了其自有的动力学，这种动力学只能从对整体［系统］属性的整体性描述中去理解，而不是从对单个［要素］的还原论描述中去理解……（Bak，1996：1-2）。

如果事物处于平衡中，那么进化如何发生？按照定义，处于平衡或均衡状态下的系统，不会发生任何变化（Bak，1996：29）。

大雪崩，而非渐进变化[①]，在定量行为和定性行为之间建立了联系，而且形成了突现现象的基础……因为结果视过去的特定微小事件而定，我们还必须放弃任何详细的长期决定论或可预测性观点……与产生微小的日常事件的动力学相同，巨大的突变事件正是作为这些同样的动力学的结果而出现的（Bak，1996：32）。

在临界状态下，［系统］而不是单一［要素］，才是功能单位。还原论方法没有意义（Bak，1996：60）。

要预测［一个自组织临界性系统中的］事件，我们就必须以绝对精确度测量事事处处，但这是不可能实现的。然后我们不得不基于这些信

① 这是一个有争议的命题。至少从引用的第一句话来看，巴克看似认识到了非线性对于初始条件的敏感依赖性，但另一方面，他看似又否定了非线性所具有的改变系统的潜力。要记住，蝴蝶效应把缓慢的、渐进的变化与雪崩和大规模的全球变化辩证地结合了起来，因此把定量变化与定性变化辩证地结合起来。在引用的最后两个句子及下文中，巴克似乎认识到了这一切：“任何事件的任何细小变化或迟或早都会影响系统中的*每件事物*。”（Bak，1996：159）尽管巴克的描述存在着前后不一致，并且坚持认为他那个版本的蝴蝶效应不同于混沌理论中的蝴蝶效应（Bak，1996：159），但是我相信巴克对于自组织临界性的立场与我之前描述的蝴蝶效应相似。

息来完成精确计算，但这同样也是不可能的……［无论如何这个事件］都反映了这一事实，即［系统］已经发展到其整个进化史中的一个临界状态，而系统的整个进化史发生在比观察周期更长的时间标度上［因此，在这种语境下，测量完全无益于预测］（Bak，1996：61）。

生物进化可以发生在自组织临界状态下吗？［如果真是这样，那么生命］将是一个全局性的、集体性的、合作现象，在这一现象中，个体生物的复杂结构将是这种临界状态的动力学的证明［；换句话说，它们将得到整体关联的阐述］……（Bak，1996：118）

我们正在处理一个单一的动态过程，而不是处理每个［元件］的过程（Bak，1996：172）。

自组织临界状态及其所有的波动并不是可能达到的最好状态，但是它是［在混沌边缘］动态地可达到的最好状态（Bak，1996：198）。

85 到目前为止，这些从巴克的书中节选出来的话语，听起来都非常熟悉，这个时候实际上不需要我做多余的评论。尽管如此，我想指出的是，在上述引文中，以下这些术语、概念和方法论原理要么被明确提到，要么隐藏其中，而这些恰恰在我们对量子－全息术、混沌理论、新进化生物学及复杂性理论的讨论中反复遇到过。我的列表如下：

（1）系统中的多重要素；

（2）进化；

（3）远离平衡态（非均衡、混沌边缘、辩证）；

（4）对初始条件的敏感依赖性（非线性）；

（5）没有外部主体（自创生、自组织）；

（6）动态相互作用（关联主义、非线性）；

（7）复杂性；

（8）整体论；

（9）反还原论；

（10）非均衡；

（11）数量－质量辩证法；

（12）偶然性；

（13）不可预测性；

（14）反决定论、反基础主义；

（15）最优化。

因此，就我在本书中的目的而言，这完成了对整体关联科学的阐述。现在是时候转向第三部分了，也就是，转向对社会科学来说关键的特殊方法论问题，并从整体关联的方法论视角看看它们如何受到批判和表达的。

第七章

87 综合：整体关联主义科学——实现融通

作为对第二部分的简单总结和对第三、第四部分的简单引入，本章将从一种方法论视角，概述我所提出的当代“新兴的整体关联主义科学”的主要特征。在对第三到第六章中系统阐述过的整体关联科学进行一种初步的综合时，我将尽可能少地复述已经讨论过的或即将讨论到的，转而集中精力将它们对于社会科学哲学来说最重要的特征汇集起来。

基于我的阅读，以下是我所认为的整体关联科学的主要特征[1]。

- 对一系列牛顿－笛卡儿－实证主义二元论或绝对二分法的根本拒斥，并以一种辩证的关联本体论将它们调和起来，包括但不限于以下二者之间的关系：部分和整体（个人和社会）；精神和物质；隐性和显性；物质和空间；粒子和波；有序和无序；连续性和变化；机会和决定论；简单性和复杂性；稳定性和不稳定性；自由和决定论；自主性和依赖性；理性和直觉；观察者和被观察者；抽象和实在；主观主义和客观主义；偶然性和决定论；概率和决定论；灵活性和受规律支配的行为；增量式和指数级；微观世界和宏观世界；因果关系和非定域性；开放和控制；先天和后天。关联本体论具有典型的辩证性，它不仅拒斥科学还原论（把整体分解为它的部分，然后在一种原子本体论中把部分具体化），而且完全接受关系（不论是内部关系还是外部关系）的**本体论第一性**，连同整体系统层面上的基于网络化的自创生（自

① 这个列表改编自我1994年的著作中第六章中所包含的一个列表。目前它已经被大幅修改了。

我发展和自组织）、动态反馈回路及突现属性。所有这些都被压缩进一门科学 88
中，这门科学在很多方面都与传统的牛顿－笛卡儿的机械－还原论科学非常不一致。

- “抽象”（从牛顿－笛卡儿的机械－还原论视角来看）即使不比“物质”更实在或具体，至少也和“物质”一样实在或具体。本体论第一性属于关联整体的密码（如遗传密码或言语－文化编码）、信息系统及复杂网络。作为可靠且有效的知识的基础原始的、基于感觉的经验主义，被一种对变革性语法的开放意义的理解所代替。在马克思主义辩证法中，“抽象”是透视分析的延伸（Ollman，1993：第 2 章，V），随着研究层次的增加和扩大，这些层次辩证地彼此包含、彼此沟通，导致整体关联分析框架持续扩张，因此，对于适当地勾画构成有机实在的网络关系网而言，抽象绝对必要。事实上，对奥尔曼（Ollman，1993：11）来说，马克思主义辩证法明确地“把我们对于任何事物的概念扩展至该事物的方方面面，既包含该事物形成的过程，又包含发现该事物的更广泛的交互语境”[①]。

- 方法论个体主义至少做出了一些调整，以适应方法论整体主义，即整体系统如具有自我利益的行动者和意识主体（集体意识），是具有合法性的。因此，对于辩证的马克思主义和整体关联科学来说，集体，如社会阶级和其他有机单位，是具有意识、组织及参与实践的能力的具体实在，而这些并不能被严格地还原为个体（或者任何其他特定的基础性的“基本分析单位”，如作为整体系统的构成要素）行为的聚合，不论根据直接经验观察或定量测量，来明确规定这些“抽象的”单个实体的具体边界和物质实在，是多么不可能的事。

- 主观主义和一种由观察者创造出来的实在是规范；一种完全客观主义的科学立场，毫不夸张地说是不可能的。在一个整体关联的世界中，测量本身修改、塑造、动态地改变着被测量的事物。因此，人类意识既被卷入隐秩序中，又被卷入显秩序中。

- 不论是自然世界还是社会世界，都是随机的。它的“决定论”是相对

① 对马克思主义辩证理论的一种整体关联的评价，更多的讨论见我的《重申辩证法》（未出版的手稿，1999年）。

的、语境驱动的、偶然性的、在历史上和环境上易变的、不可预测的。不存在支配整体系统的普遍的运动或行为规律，尽管在复杂系统中，只要局部语境不发生变化（不论多么遥远，必然存在这么一个点），常常存在以一种持续的方式支配局部行为的局部规则——“普遍性”，在这种程度上的确存在，但是这种“普遍性”是语境（时间、空间和系统结构）依赖的，如拟泛的。如
89 果你能原谅这种明显的“矛盾修饰法”——我们在处理辩证现象时经常会这样做，那么随机系统就具有一种受规则支配的灵活性和开放性。就像在辩证分析中一样，非线性是普遍的，复杂关系的动态的、非对称的、互联网络，以复杂的自创生发展和组织模式，不断迭代和反馈自己。

● 有序和无序并不能清晰地划分界线；事实上，它们也辩证地包含或隐藏在彼此之中。即使是最湍流的状态也有其潜在的秩序；无序只不过是这样一种高度复杂的行为，相比牛顿机器习惯于描述的有序度和自由度而言，这种行为具有更高的有序度和更多的自由度。一个复杂的、高度关联的复杂系统仍然是有序的，只是因为原始的经验主义不能认识这种有序性。但是这种有序性有一个历史，而且是动态的；就这一点而言，在辩证力量的要求下，它服从不断的变化，正如上下文及贯穿整本书所描述的那样。处于辩证法的阴影下，就是处于“混沌边缘”，这样，整体系统就处于有序和无序之间的微妙平衡中，有序导致了连续性和一定程度的系统连贯性与稳定性；无序没有不可约的离心率，可以使整体系统具有创造性、新奇性、学习和发展的灵活性、适应性和开放性，如果生命系统和演化系统要继续存在和演化的话，这些特征恰恰是至关重要的。这种微妙的、充满张力的平衡做法，是处于混沌边缘的系统所需要的，也是导致“自组织临界性”（Bak，1996）所特有的有序性的动力学，它本身很可能就是“吸引子”，即对于最优（即使不是最优）条件来说，是一个“系统天生的、语境相关的”地方，它位于生命进化本身的中心位置。

● 在做出系统推测时，概率矩阵代替了线性预测。整体系统与其构成“部分”，连同它们的动态相互关系及支配它们的规律一起共同进化。因此，偶然性、系统误差、歧义性、开放性及不确定性等，都是非线性的整体系统所固有的。但是这并不意味着我们生活在无知中，或者完全不可知的系统必

然会被分解。事实上，误差宽容度、正反馈回路和负反馈回路的融合及系统开放性（微观扰动或迭代，或者对初始条件的敏感依赖性——非线性——导致了宏观适应；分叉或间断平衡为系统对发展轨迹或平行宇宙的选择带来了机会；遗传随机性有效地缩短了通往适应路径的进化过程或自然选择）考虑到了系统稳健性，并通过这些属性所带来的创造性的、革新性的、学习的可能性，形成了一种适应动态环境的能力。此外，一个整体系统最具革新性的创造常常是在系统的外围而不是中心或主流产生的。

- 对非线性的、相关的、整体关联的环境的适应，使得特定属性的功能具有一定的可塑性。在不同的语境中，不论是历史语境还是环境语境，相似的属性有时发挥着完全不同的功能。像规律的表述一样，属性定义，呈现出 90
一种相对的、动态的、开放的性质，这取决于总体的系统范围的语境。可以把功能可塑性比作数量转化成质量的辩证法，在其中，随着时间的推移，一个复杂适应系统累加性的（数量上的）增加会导致性质上的变化。例如，随着时间的推移，当货币不断积累变为资本时，资本就会具有购买劳动力这种附加性质（功能），而且在这一过程中，它还会具有占有剩余价值和购买日常商品的价值。货币在本质上是相同的事物，但当它在数量上变得足够大而成为资本时，却呈现出一种非常不同的性质，即剥削和盗用。

- 不论是开放式适应还是非线性，它们都意味着，尽管在系统范围内总是存在一定程度的决定论，但是系统状态和推测常常具有不止一个可能的解或结论——它们是辩证地开放的、动态的，这就再次使得辩证的整体关联系统具有创造性的学习潜能和选择或者不确定性。因此，决定论目的就不属于真正的马克思主义辩证法的范围了，历史包含在了特定演化语境中人类的集体性实践的自创生过程中。

- 因果关系也是整体关联的，它超越了牛顿式的“撞球”范围。因果关系还具有无限程度和距离的非局部维度，因此，它在一种深度的连通性语境下运行。这样就不存在明确的因变量和自变量了。例如，在马克思主义的关联本体论中，除非使“变量”参照密切包含它们的那些关系，否则“变量”就不能得到限定。例如，无产阶级和资产阶级只能作为他们彼此之间关系的产物（突现属性）才能得到理解，这就必然需要他们在整个资本主义（现在是全球）体系中具有一定的关系。原因和结果事实上是辩证的、复杂的、自创生的、动态的、多方向的。

● 整体系统以“部分”之间以及“部分”和“整体”之间的深度合作和共同进化为特征，同时它们也是个体竞争的温床；事实上，合作通常与竞争共同进化，一个不可能离开另一个而存在，一个通过另一个得到定义，一个因另一个而变得可能和有效。整体和部分，连同它们在其中运作和共生竞争的大环境一起，都是不可还原的生态学（整体关联）现象。因此，单个要素不是离散实体，而是隐整体的显形式。如自创生悖论所证明的那样，个体主义是一个整体的、集体性的结构。只有辩证地把个体与它们所嵌入的整体、更大的社会系统及非线性关系网关联起来，个体才能得到理解、测量和分类。这从根本上来说是一种辩证的观点。

● 在辩证的、整体关联的范式中，可重复的、经验上可证实的实验存在严重的局限性，通过计算机模拟，定性的、地形学的数学绘图和直觉系统探索代替了可重复的、经验上可证实的实验，计算机模拟在计算上逐渐变得更加有力，因此也就变得更加复杂（数量转化成质量的另一个辩证例证）。这种
91 实验把重点放在理解整体系统的运行而不只是其部分的构成或运行上。这种模拟充其量只会干扰系统，以了解整体系统潜在的、统计学上可能的运行和结果，这些运行和结果常常惊人地多。这种模拟永远都不可能完全解释系统或预测其运行，在理论简化的语境下，通过用实验方法生成并测试一些简单基本的物理和普遍规律，这些规律既可以描述系统结构，又支配着系统的轨迹和发展，这种做法当然也不能完全解释或预测其运行。此外，实验是控制特定变量的静态快照，这种方法在一种机械－还原论世界中有效，但是，在一种辩证的整体关联的世界中，这种方法几乎完全不相关，有时甚至是误导性的，在后一种世界中，著名的“*其他条件不变*”从句永远都不可能获得任何牢靠的立足点，因为“其他事情”不论是什么，通常都至少是相关联的事情，永远都不可能是“一样的”（保持不变或受控制），它们永远处于动态的、相互影响的变化中。而且，从一种很重要的意义上来讲，实验者试图控制和操纵变量，不论是自变量还是因变量，都会把他或她作为一个变量带入实验中，他或她本身成为一个因果主体；可以非常肯定地说，我们永远都不可能

保持相机足够稳定以拍到一张清晰的图片，我们从未能通过一种关键方式使相机足够稳定来获得一张清晰的图片，甚至尝试拍照都会使得世界以某种不可预测的方式对我们的尝试进行回应。

- 复杂系统内的部分、要素或个体并不是可分离的或者离散的现象。相反，它们是隐整体如旋涡、能量浓度或节点等的一些显表现。组成要素的特性、功能、意义和作用只能整体关联地或辩证地进行评价。关联主义和一种关联本体论提供了所有部分和整个系统的鲜明特征。即使是在竞争环境中，单个实体也被辩证地卷入它们的竞争对手、它们的“敌人”、它们的对立面及反面中，同时也被卷入合作中，事实上正因为这样才使得竞争得以可能且有意义。尽管如此，系统组分并非完全淹没在整体中；毕竟，辩证地来说，要素的确有其自己的时间和空间，在其中它们从根本上形成并改变着整体本身，包括整体的内部关系及其他要素，正如非线性和蝴蝶效应所证明的那样。关联本体论并不否认个体主义本身；相反，它在整体的内部或外部，即整体的关联语境中，明确地提出了个体主义。

- 一种完全客观主义的机械－还原论的科学立场实际上是不可能存在的。在一个辩证的整体关联的世界中，测量本身修正、塑造甚至是动态地改变着它所要测量的东西，这很大程度上是由于非线性作用和反馈回路。不存在一个可以观察整个世界的有效的阿基米德点。认识论错综复杂地包含在方法论中，二者都不断地遭受着进化的压力。客观主义和还原论的不可能性，也意味着可控的、可操纵的实验对于复杂系统来说是极其受限的。相反，基于模拟的建模和定性的（地形学的）探索，是“检验”和理解复杂系统的最有效 92
方法。但是，这种探索的结论是试验性的，因为它永远都不可能全面有效地模拟一个复杂系统，而这是由于上文提到的结构“不可压缩性”的方法论需要和最终精确测量的问题所造成的。

- 在尝试做出系统推测的过程中，线性预测被概率矩阵和一种“情景规划”所代替，这些系统推测常常是试验性的“最佳推测”。整体关联系统和它们的构成“部分”、这些部分之间的动态相互关系以及支配这些关系的过程共同进化。偶然性、系统误差、歧义性、开放性及不确定性等，都是非线性的整体关联系统本身所固有的，这就使得做出真实预测是不可能的。但是这并不意味着我们必然会生活在无知中；事实上，就复杂系统而言，预测这个要求显然是一个错误的承诺，甚至是一个很危险的误导性的承诺。到头来我们可能会说，意识到复杂性的不可预测性，并对复杂性的不可预测性做出判断，相比要求一种一定会成功但实际上是误导性的可预测性，来作为其对认识论合法性和霸权地位的声望和来源的科学要求来说，是一种更为“可靠”的科学。不可预测性并不意味着，复杂系统在一种功能失调或退化的意义上必然会被分解。事实上，误差宽容度、正反馈回路和负反馈回路的融合，以及系统开放性（微观扰动或迭代，或者对初始条件的敏感依赖性——非线性——导致了宏观适应；分叉或间断平衡为系统对发展轨迹或平行宇宙的选择带来了机会；遗传随机性有效地缩短了通往适应路径的进化过程或自然选择）考虑到了系统稳健性，并通过这些属性所带来的创造性的、革新性的、学习的可能性，形成了一种适应动态环境的能力。此外，一个整体系统最具革新性的创造常常是在系统的外围而不是中心或主流产生的。这就挑战了我们通常持有的一个假定，即集权和分层组织是系统最好的组织形式。恰恰相反，如果没有自下而上的革新，简单说就是自创生能力的话，复杂系统根本不可能运行，而可能会灭亡。无效或者故障常常辩证地包含在有效或良好功能内，至少在复杂的进化系统中是这样。

- 非线性的整体关联系统是时间不可逆的，因此是偶然的、不可预测的和不确定的。从这个意义上来说，时间不可逆性是复杂的进化关联系统必不可少的一部分。这就意味着，对复杂系统的描述不能还原为普遍的行为或运动规律。时间和空间、语境和偶然性、非线性和自组织临界性，都阻碍了机械-还原论的普遍规律对整体系统或者单个要素的描述。对初始条件的敏感依赖性还意味着，微小的波动会引起巨大的、全局性的差异，这就使复杂系统的发展轨迹变得路径依赖且具有偶然性，这还进一步意味着，复杂系统在
93 本质上是时间不可逆的。正如古尔德所说的，把生命的磁带倒回到一开始，然后重放一遍，我们将会得到一个完全不同的结果。

- 非线性的整体关联的系统是自我指涉的、自组织的、自我发展及自我更新的——自创生的。最终，这个概念几乎涵盖了这个列表所包括的每个特征。自创生是辩证的整体关联科学的基础。

在我看来很清晰的一点是，正如所描述和阐释的那样，辩证的整体的关联的科学，从根本上来说在范式上与牛顿－实证主义的机械－还原论科学完全不同，不论是其方法论细节还是哲学的和形而上学的世界观。事实上，辩证的整体关联科学是一门最为辩证的复杂科学，它所具有的辩证复杂性为我们提供了一组更为丰富、更有意义的方法论工具和分析工具集，通过这个工具集，我们可以检验、解释并理解世界，包括社会科学世界的本质，而这是牛顿－实证主义的理论简化和还原论所不可能提供的。此外，在新千年的开端，辩证的整体关联科学为我们提供了一种替代性的科学模型，这就意味着，作为一个多世纪以来一直向自然科学寻求方法论援助的社会科学家，我们不再被机械－还原论所传递的狭隘视野所限制甚至是引入歧途。我相信，这是一个智识最为解放的时代，假如社会科学家可以鼓起勇气，保持必要的开放和谦卑，来使范式转变为辩证的整体关联的范式，那么伴随着“行为主义危机”在近几十年的不断兴起，社会科学及所有其他科学，就可以蓬勃发展并重新获得必要的智识上的自信。

第三部分

整体关联社会科学的维度

第八章
社会系统的历史轨迹与兴衰

97 毫无疑问，人们常常会争论，历史是否是或是否应该是社会科学的一部分，但无论以哪种方式都没有得到明确的结论。但是，即使历史在社会科学内部保有一定的地位，在实证主义的霸权之下，这种地位一点也不能得到保障；事实上，一门社会科学学科变得越实证主义，它所保留的历史导向就越少，寻找普遍的运动或行为规律会忽视历史维度并将其包括在内。我觉得美国政府的大部分课程实际上都宽泛地处理历史，以理解美国的宪法基础；当代政治学的政治科学思考或解释，遗漏了殖民时代，即 19 世纪以及 20 世纪的很长一段时间，结果是，当代政治学完全从其历史和社会构成语境中脱离了出来。就像在经济学这门学科中一样，实证主义的 - 定量的计量经济学公然甚至是满怀喜悦地取代了历史的内含。如果一门经济学课程在满足计量经济学基础的需要之后，还留有一些空间，那么即使是更为抽象的“经济思想史”也比“经济史”*本身*具有优先权。不论模型实际上在多大程度上脱离了实在，模型建构都被认为比经济学大师“讲故事”要更为重要，当然也更为科学。

正因为此，在社会科学领域内，牛顿 - 实证主义霸权与这些有很大的关系。毕竟，机器并没有多变的、偶然的历史；如果它们真的有任何历史的话，那也只不过是按照决定论的、普遍的运动规律，对可预测行为周期的机械重复——历史充其量是一种寻求平衡的、稳定化的动力学，而不是一种关于非决定论、历史偶然性、适应性、可塑性、非线性和根本变化的动力学。具有讽刺意味的是，尽管牛顿－实证主义对科学声誉的要求是，要成为最严格的经验主义，但是在我看来，它在隐喻和思想上被束缚在其形而上学的机械世界观内，而不能通过其号称的归属于绝对的客观实在，而摆脱范式的狭隘性 98
或盲目性。尽管压倒性的经验证据与此相反，但固执的牛顿－实证主义者坚持机器不放，坚持他们的自诱导确定性和学科舒适性的隐喻避难所，然而，实在的湍流和非决定论盘绕在他们周围。虽然自然的某些特定部分很可能是似机器的，但人类社会中的人类显然不是；因此，从这种基本的意义上来讲，如果还坚持认为机械隐喻对社会科学来说是*最适当的*，看起来就会有点愚蠢。在我看来，经验证据迫使我们不得不同意尼科利斯和普利高津的结论（Nicolis and Prigogine，1989：36，66，238）：

> *复杂性涉及这样一类系统，在这类系统中，进化还有历史在观察行为中发挥着或者已经发挥了重要作用……*
>
> *［例如，］随着时间变化，一个现实生活中的系统永远都不可能只保持一个单一状态……大多数系统都与一个复杂的甚至是不可预测的环境相关联，这种环境连续不断地传递给系统轻微的……质量、动量或能量……［事实上，我们的］日常经验告诉我们，行为的适应性和可塑性，是那些可以在远离平衡的条件下完成转换的非线性动力系统的两个基本特征，它们属于人类社会最显著的特征。因此，我们期望那些考虑到了进化和改变的动力学模型，对社会系统来说应合是最适合的模型，就是很自然的事情了（Masters，1989：71，112-113；Jantsch，1980：255）。*

当然，相比机器隐喻而言，混沌条件下的进化和变化以及转变过程，可以得到整体关联科学的隐喻的更加合理的阐述。结果，历史和历史维度从根本上恢复成了不仅是社会科学，而且是自然科学的基本要素；活跃的、适应性的非线性系统，不论是社会系统还是自然系统（如果我们仍想坚持这种二分法），本质上都是历史现象，因此，它们的历史描述了它们的运动和它们的轨迹，而且至少在部分程度上可以得到这些运动和轨迹的解释。

不论历史是否有任何计划、意义或决定论轨迹，也不论它是开放的还是受规则支配的，大部分史料研究的影响已经蔓延开来。总之，我认为，整体关联科学既说“是”也说“不是”；或者更准确地说，从某些角度看，它们否认这种二分法，坚持认为在历史记录的演变过程中，决定论和非决定论之间存在着一种辩证的统一。正如我们在第二部分中已经看到的，在整体关联科学范式所阐释的整体性世界中，在进化论事实上还有量子－全息术和随机非线性的动力学中，“机会和决定论之间都存在着一种非凡的合作，这让我们联想到了突变（机会）和自然选择（决定论）的二元性”。正如克罗宁（Cronin，1991：16-17）在这段话中对进化论的探讨：

> 达尔文主义用累积性选择来解释适应［因此还有历史轨迹］：选择压力所传输的微小的、没有方向的变异，经过很长一段时间以后，导致
> 99 了巨大的、复杂的、多样化的，特别是适应性的变化……适应［是］对有关世界的信息的成功合并……相对于有机体的环境而言，为适应提供原材料的微小变化是没有方向的、随机的。但是，使这些变异成为适应的那些选择性力量，携带着关于那个环境的……重要信息……自然选择对随机变异实行的控制……就像是工程师的负反馈思想一样：在对世界的表征和来自世界的新信息之间不断进行比较，根据这种比较做出不断的调整和再调整。最后的结果是适应，它模拟了谨慎的、有意识的设计……［它是］没有设计师的设计。

同样，正如尼科利斯和普利高津（Nicolis and Prigogine，1989：14）关于整体关联系统的讨论一样：

> 远离平衡态……［一个整体性的］系统可以以几种不同的方式适应其环境……对同一个参数值来说，有好几个解是可能的。只有机会可以决定将会得到哪个解。事实是，只要为系统提供一个历史维度，即对发生在一个临界时刻的一个过去事件的某种“记忆”，这个临界时刻将影响这个事件的进一步演化，那么很多可能性中只有一种可能性会发生（Ruelle，1991：90）。

因此，以一种机械的方式从历史记录中做出推断，虽然在历史中那些混沌受困的喘息机会中是适用的，但从根本上来说是一件非常危险的事情，因为我们实际上不能确切地知道那些阶段什么时候将到来，它们将维持多久，或者什么时候它们会突然变得混沌。而且，虽然宏观历史可能会给我们相当多的喘息机会，事实上可能是数十年或者更长时间，但微观层面的历史轨迹通常不会这样。例如：

> 经济学家传统上想象价格会平稳地变化——或快或慢……但是是平稳的，在这个意义上，它们经历了它们从一个点到另一个点的路上所有介于中间的层次。这种运动想象是从［牛顿］物理学中借来的……但是它［是］错误的。价格会瞬间跳跃地变化，就像一条新闻通过有线电传机一闪而过，就可以使数以千计的经纪人改变他们的想法一样迅速。如果一个股票市场战略假定，一只股票在从60美元降到10美元的过程中必须在某个点上卖50美元……那么这个战略注定是失败的（Gleick，1987：93）。

尽管在从宏观历史轨迹中进行推断，很可能并不存在任何直接危险，但是，相对稳定性在那个层面上持续的时间越久，一旦根本变化出乎意料地到来时，我们对于适应这些根本变化的准备就越少。

然而，证明历史轨迹既是非线性的，又是高度偶然性的，并不是强调历史在某种意义上不是可重复的，至少以一种寓言或隐喻的方式不是可重复的。例如，分叉点事实上的确提供了多种系统解，选择其中任何一个解将会把系统推向一个与其他解相反的特定轨迹。但是，分叉点还引起了周期性的和非周期性的振动，以致尽管系统在从一种状态转换为另一种状态的过程中是非 100
决定论的，但它也将不止一次地访问每个状态，这通常依赖于复杂性的层次。此外，从随机视角来看，历史轨迹和系统状态都可以被看作“奇异吸引子”，它们是系统周期性地回到一类历史行为的引力旋涡，只不过系统永远都不会遵循完全一样的路径或者在完全相同的条件下回到这类历史行为。在这一点上，我们发现了整体关联系统的连续性－间断性辩证法：随着历史轨迹的“动态移动网络”（Briggs and Peat，1989：150）不断向前发展，历史既会重演，同时也永远不会重演（Briggs and Peat，1989：108；Ruelle，1991：88），历史事件既是独特的，又可以在某些基本方面得到语境的或与环境相关的阐释（Briggs and Peat，1989：154）；同时，有人可能会说，这种辩证法恰恰是1914年之前欧盟的可持续的、适应性的稳定性和1989年之前斯大林体系的持久的、灵活的刚性的典型特征。

分叉过程对于历史进程中的人类主体性问题也具有重要的意义。在牛顿-实证主义世界中，个体影响历史过程的作用常受到忽视，个体行为要么被归入客观主义的“理性行动”之下，要么被归入“阶级利益”之下（普遍的行为规律）。在整体关联世界中，人类主体性地位得以恢复，而不用滑向与黑格尔主义的极端主观主义相反的罪恶中。如上文已经阐明的，分叉点代表着系统变化的多重解，它们是可以从中进行选择的选择菜单，不论是作为个体行动者还是集体行动者，我们所决定的事情，实际上对历史采取哪种发展路线和历史处于何种条件下都产生了一种最为显著的影响。“我们正在做的事情通向分叉点的其中一个分支［不同于其他任何一个分支］。我们的行为正构造着未来……［同时，］因为即使是微小的波动都可能会不断发展进而改变整体的结构，所以个体行为并不必然就是不重要的。”（Briggs and Peat，1989：151）事实上，我们可能很难把希特勒、斯大林或罗斯福的行为描述为“在历史上是不重要的”，但是他们的行为只有在20世纪历史的特定轨迹上才得以可能并有意义。

因此，总而言之，包含人类历史轨迹的整体关联系统，常常最大限度地受到我们称之为“机会”的东西的影响。机会这一要素，尽管不完全是一个随机生成的现象，但也为历史记录提供了其独特性，这种独特性是由历史的、系统的发展和变化的偶然性决定的。偶然决定论是一种*事后*或*后验的*决定论，也就是，在做出系统选择之后，其他的必然跟随着而来；在我们铺好床之后，可以说，我们必然会躺在上面睡觉。一种*先验*决定论，即一种预测确定性，努力在整体关联范式中确立自身，因为系统的初始条件是一个不断变动的目标，因此它不可能完全固定下来。我们不知道我们正在哪一列火车上，或这列火车将驶向哪里，但是无论如何它会不停歇地把我们带到它所遇到的每一个轨道交叉点那里，我们对于要走哪一条路做出（有限的但相对开放的）选择。正如斯蒂芬·杰伊·古尔德（Gould，1989）所说，把生命的胶片倒回到一开始，然后重新播放，我们会得到一个完全不同的故事。当我们下一次适应一种略有不同的环境挑战时，我们会从根本上开启发展或进化可能性的一个全新领域：正如奥恩斯坦（Ornstein，1991）所说，十万年以前智人应对热 101
应力挑战和选择直立姿势，都不再具有最大适应性，因为它剥夺了我们在这一过程中对增强的大脑皮层、我们的超大号大脑，以及人类文明、文化和语言的发展等的选择。但是，在所有这些不确定性、不稳定性、意外和偶然性中，今天所存在的每件事物和在历史上曾经存在过的每件事物，都是完全可解释的，完全服从于某种决定论原因。

特别是在进化论中，机会或意外等要素，不仅是因为整体关联系统的内部动力学和非线性，而且是因为基因突变和自然选择之间的辩证法而产生的；事实上，机会的最大影响也可以是外生性的，它常常具有惊人的革命性结果。地球上的生命史已经得到了彻底的塑造和改变，“大灭绝”不论是增强了还是破坏了它的形式，外生事件或影响［如流星撞到地壳上（Raup，1991：170）］都如此重要，以致至少暂时从根本上破坏了适应和自然选择的力量和普遍性，而它们恰恰是生命进化的驱动力（Raup，1991：183，185）。在某种意义上，大灭绝的发生尽管无视了自然选择的“常规”表达，但它们的确为进化过程提供了创造性适应和创造性学习的最大潜能。正如罗普（D. M. Raup）所说：“很多适应性的突破——物种形成的大爆发以及相伴随的新家族和新秩序的出现——都发生在大灭绝之后……灭绝在进化中最重要的意义是，淘汰物种以此来减少生物多样性［或者叫种系发生限制，这是进化的自然保守主义］，这样空间——不论是生态空间还是地理空间——对于革新来说就有效。”（Raup，1991：187）灭绝孕育大规模的革新，这一趋向让我们联想到了人类历史中的一些相似的片段，例如，建立在旧时代的灰烬上的新文明（从分散化的封建主义的残骸中最终形成，一种资本主义的、多元主义的西北欧），日本和德国从第二次世界大战的废墟中迅速崛起为经济－工业超级大国——凤凰涅槃。“凤凰”的隐喻在这种语境下是最为恰当的，这一隐喻与人类对于新生命和新的可能性之“谜”的关注产生了最为深刻的共鸣，这种新的生命和新的可能性诞生于死亡和毁灭本身（Weart，1988：第 1 章）。但是，在此同样重要的是，要记住，学习、创造和革新的受益人，未必就是它们的建设者或它们的“自然的”接受者。不论是大灭绝的幸存者还是牺牲者，都是偶然现象，都同样服从于进化骰子的摇晃（Raup，1991：189-191）。

对于大灭绝的作用的讨论再次提醒我们，进化过程并不必然与一种线性进步概念相联系，而且，从任何可评价的意义上来讲，更为复杂的结构和过程并不必然比较早的、较为简单的结构和过程“更好”（Masters，1989：209）。进化和历史轨迹是没有方向的且与道德无关的；进化适应性和适应度以及历史变化和调节都是暂时的、不完全的次优解，它们服从于它们自身的意想不到的后果和生命本质上的意外发现的那些后果，它们是对生命的持续
102 不断的、意料之外的挑战和压力的拟解，是直到下一个进化难题出现之前，使生命和人类文明至少最低限度地维持下来的临时措施，直到游戏规则以某种根本的方式再次发生改变（Raup，1991：188，191）。从这个评价中至少可以得出两个主要的社会科学教训。第一，进化的幸存者（在冷战中获胜或拥有霸权），没有理由认为现状就是某种意识形态成功或绝对“得到证实的”*著名审判*；事实上，正如上文所指出的，对现状的颂扬易于使学习和适应（一种显秩序的旋涡）僵化，而这种学习和适应使任何系统或有机体更加倾向于面对进化挑战，而不是相反，否则就会灭绝。第二，正如福山（Fukuyama，1992）、马克思及其他人所愿意相信的那样，无论是革命还是霸权的胜利，永远都不会预示着“历史的终结”（Jantsch，1980：255）；它们充其量是持续的历史难题的暂时解决方法，而且它们以前的进化适应度，与它们自己的非适应性的意识形态约束的狂妄自大，二者最后常常产生冲突。

因此，幸存者不论持续存在多久，从进化的角度看，仍然不能证明其优越性或更好的适应度；无论是成功者还是失败者，活着的还是死亡的，现存的还是灭绝的，都由进化的死神一时的兴致所决定（Gould，1989：236；Masters，1989：112）。事实上，根据古尔德所说，幸存的物种甚至可能代表着生命的复杂性、丰富性和多样性的一种退化或者减少，而非增强。古尔德把这个特征称作进化的“底重标签”，它是传统的圆锥形（金字塔）生命的一种反转，在后者中，可能性和复杂性会随时间的向前推移而不断扩张。对古

尔德来说，这种底重标签是“关于进化多样化本质的一般陈述”，也就是，“前面的实验”紧跟着的是“后面的标准化”，尽管“物种的数量可能会持续增加，而且可能会在后来的历史中达到最大值……但是这些深刻的多样化发生在受限制的解剖学内——它描述了将近100万种现代昆虫种类，但现在只有3种基本的节肢动物设计，与之相比，[在大约6亿年前的寒武纪爆发时代]，则有20多种节肢动物设计”（Gould，1989：304；Masters，1989：47）。简单地说，数量上的幸存者以牺牲进化质量为代价，数量上的成功迫使适应性设计趋同和质的多样性减少，如食用作物的遗传标准化（Diamond，1992：188-190），从长远来看，这可能会使有机体或系统变得非常不利于适应，可能最终就是不适应的。

在世界资本主义体系的历史发展中，我们可以看到一条社会科学的平行线：一种根本性的资本主义霸权，它们带来了一种围绕其文明标签进行的全球融合。其中，世界早期性质上的文明－文化多样性，被越来越多具有某种变异性（国家－市场方程的不同混合）的资本主义国家（物种）在数量上的成功取代了，但是，它们受到了潜在的资本主义操作代码的严重限制和结构上的（解剖学上的）约束（Wallerstein，1974—1989）。事实上，我们可能想知道，从进化的角度看，世界资本主义体系可能会带来哪些全面实现；如果像克罗宁的“恶霸”那样，成功孕育成功，那么资本主义的胜利可能会使自
己面临下一个根本的历史－进化挑战，在那里“代价会更大并且成功更难得 103
到保障”（Cronin，1991：314）。同样地，古尔德（Gould，1989：235）补充道，进化成功常常会导致这种成功设计的创始人之间更为“严酷的竞争”，成功设计本身最终导致“大量毁灭”（越来越多的冲突不只出现在美国、德国和日本与其各自的新兴贸易集团之间，而且出现在它们与越来越多的新成员，如亚洲新兴工业化国家或“四小龙”以及那些落后的第三世界之间），因为在一个资本主义的、从生态学的观点来看受约束的世界中，全世界不可能都取得资本主义成功。事实上，资本主义很可能会进入“自相残杀”的世界，但并非完全以其最初的辩护者所假定的那种方式；灭绝而不是进步才是这种划时代的竞争的解决办法。

但是，从一种进化的视角来看，这种假定的世界资本主义体系的最终

灭亡，当然并不都是损失，因为从资本主义互相残杀的这场大灾难中，很可能会涌现出一种新的、在性质上更为多样化的、更具实验性和适应性的文明议程；正如古尔德说的，历史轨迹可能会再次回到“装桶”（Gould，1989：235），使得可以最多方面地利用大灾难造成的相对的历史白板所开辟的文明空间，而这在很大程度上妨碍了马克思主义的历史“阶段”一个接一个地发生。因此，很可能正是在这种新环境的适应性的开放性中，好像没有系统发生的 - 结构上的约束一样，具有无限多机会的多元主义和“平等主义”，将会在旧秩序的边缘而不是核心看到，适应性的创造性和革新正在形成，就像在历史、政治学和科学中那样，它们是在文明落后和边远的地方，由少数派、弱势群体、持不同意见的人和不符合惯例的人分别产生的，而不是在皇宫里，由政府的官僚政治或在制度上得到支持的实验室产生的。

但是，进化也很容易告诉我们，面对新一轮的装桶机会，或者说面对进化开放性所具有的创造性 - 革新性潜力时，我们不要太过兴奋或乐观。创造性尽管是长期生存所必需的，而且是进化过程本身所固有的，但它并不是确保只有“好”事情会发生的充分条件；正如历史反复向我们证明的，创造性所带来的罪恶像其所带来的善行一样多。进化的意外发现使革新性适应的影响高度依赖于一个本质上不可知的未来，这样，自然、历史，事实上还有*智人*，都不知道它们创造性地选择了什么；我们不断地跳进黑暗中，而且，我们的创造性到底是我们的降落伞还是我们的沉重包袱，我们无从得知。正如施穆克勒（Schmookler，1984）所写的，不论是有意为之还是形势所迫，抑或是二者都有，一旦人类踏上 20 万年以前的文明征途，本质上就把“权力”选作了发展的根底。这种对于权力的选择，可以在同时期文化促进下人类大脑的发展过程中进行语境化，它以其相对开放的创新能力，与其说把*智人*卷入一个积极自由的新领域，不如说使他们陷入一个灾难性
104 轨迹中，而这种灾难性恰恰是由生态学上具有破坏性甚至是种族灭绝性的斗争所带来的。

> 就像摆脱自然政权带给了人类一种新的权力束缚，可能性所具有的开放性同样如此，它并没有从［选择］困境中解放出来，而是［选

> 择］困境的一部分。因为文化创新的过程是无止境的，在权力最大化的过程中没有终点……权力的统治没有极限（Schmookler，1984：24；Diamond，1992：233；Harth，1990：3，36，139）。

因此，正如卡普拉（Capra，1982：299-300）所说的："［人类］意识的进化带给我们的不仅是胡夫金字塔、布兰登堡协奏曲和相对论，还有女巫的骗局、大屠杀及广岛轰炸。"事实上这是一种浮士德式的选择；但是像全球资本主义这样的选择，注定会面临自我爆炸的灭亡。

但是，从地质学的角度看，几乎是一瞬间，也就是近300年来，资本主义上升为全球霸权，尽管上文列出了各种罪状，但是我们有理由认为，自由－民主资本主义为人类文明曾经带来过且正在带来着极大程度的进化适应性（在此需要告诫我们的是，适应总是既会带来损失，也会带来利益）。自由－民主资本主义的相对开放程度有利于且平行于进化过程本身。从很重要的意义上来讲，如戴森所说，所谓的"赢得冷战"与其说与里根－布什总统的开明领导、应变及决心有关，不如说与进化适应性本身的动力学和需求有关。

> 开放的市场经济和文化上开放的社会，尽管有其失败和缺陷，但看似拥有一种稳健性，这种稳健性恰恰是中央计划经济和文化上封闭的社会［如苏联］所缺乏的。……相比开放市场和无须审查的出版所具有的复杂内稳态机制而言，中央控制的简单的内稳态机制普遍表现得更脆弱，更不能应对历史冲击。
>
> ［事实上，］误差宽容度［包含在开放性内］是自然生态群落的显著特征，也是自由市场经济和开放社会的显著特征（Dyson，1988：91-92）。

同时，马斯特斯（Masters，1989：245）补充道：

> 在政治学和伦理学中……一个人在知道某些事件和行动路线的结果之前，被迫判断个体事件并选择特定的行动路线。因此，在社会生活中，认知模式的多重性是在一个不确定的世界中获取信息的一种令人满意的

> 且必要的方式……与共和或立宪政体相关联的民主政治进程，就像狩猎－采集组合或其他面对面的群体中的非正式决策一样，对人类社会来说是“天然正确的”或健康的。

此外，

> 从一种进化的视角来看，在大规模农业发展之前，原始人类所特有
> 105 的发言权和自愿退出之间的平衡，更接近于西方的立宪民主政体，而不是独裁或集权政体。通过维护普遍的社会和政治参与的途径，并通过强制退回到具有公共性的特定法定程序，法治社会带来了高度工业文明的福利，而不用以更高程度的镇压性社会为代价。与此相反，高度独裁或极权政体看似阻碍了大部分人参与人类社会指令系统所特有的行为［退出、发言权和忠诚］……
>
> ［简单地说，］进化生物学［并非］完全与对政治自由的偏向无关，西方立宪政体正是建立在这种政治自由的基础之上。现代生物学提供了一定的根据，以理解对各种制度化的强制排斥形式的普遍敌意（Masters，1989：222-223，226）。

当然，戴森和马斯特斯的论证可能只不过是一种对政治－意识形态现状的自然科学式的、辩解性的、可能不恰当的辩护，但是，历史记录看似为他们的论证带来了不止一点好处：苏联确实失败了，而且是极其悲惨地失败了，它目前至少正尝试使自己适应一种更为自由民主的资本主义*生活方式*。此外，值得记住的是，认为某种事物在进化上是适应的，并不会必然引起对任何特定类的规范性评价；与流行的社会学信念相反，进化生物学的理论主张和经验证据并不认识任何政治工头（Degler，1991），正如我们在下文中正好要看到的。

关于进化动力学与各种制度、价值和进程构成的自由－民主资本主义之间的共生关系，即使戴森和马斯特斯的想法正确，但正如扬奇所指出的，他们仍然在某种程度上理想主义地美化了这种文明结构的当代现状。通过利用与戴森和马斯特斯完全相同的分析方法，扬奇明确有力地表达了以下这种强

有力的、富有洞察力的解释。

> 在一个控制层级［现代官僚制］中，较高层次必须以比它们所控制的较低层次更低的频率来摆动。因此，在西方民主的控制层级中，文化上限被故意保持得很稳定，处于中间或较低层次的社会结构可能会比较多变。社会变迁只允许发生在不变的“社会价值”框架内，而且，社会价值的存储地，即社会制度，被认为是永远得到维护且没有变化的。然而，在一个活跃的、多层次的实在中，这个问题恰恰应该保持对新奇性最高层次的开放（Jantsch，1980：259）。

此外，

> 与选举——一个具有最多四年或五年周期的振动——的短期导向相结合，一小步一小步的［政治］交易，导致了结构的稳定化和僵化，而不是催化了进一步的结构演化（Jantsch，1980：260）。

结果，公民

> 不能再形成自主价值，［但是］又不得不包含自主价值。这所要求的活动不断阻塞着社会系统。从某种角度来说，这种反馈会导致社会活动 106
> 的效率递减，因此，它被适当地称作“特殊的反生产性……”（Jantsch，1980：261）。

很明显，即使选择了政治民主的进化适应性，它也并不能得到保证；一旦我们上了火车并且火车离开了车站，就不可能再搭任何顺风车了。持续的适应性需要不断的工作和调节，甚至是进一步的演变。因此，在自由－民主方面，扬奇提倡如下这种适应补救方法：

> 政府首脑……不应该仅仅只是行政官员，而且还应该是具有开放性和变化性的主要主体和管理者……民主只有在其允许甚至是促进波动时才可能是创造性的。但是，这就要求一种对待多数原则的新态度，通常多数原则从根本上支持证实，它充其量是以怀疑甚至是公开的敌意来对

> 待新奇性。进化创造性常常使“大数定律”无效，且通常以一种精英主义的方式发挥作用……我们当代最深刻的政治悖论可能是，需要“精英人才”波动来把自我决定论转化为进化上的自我超越［只为公众利益而行动的开明领导力］……唯一替代选择是，精神灭亡、社会灭亡和文化灭亡……之间的平衡（Jantsch，1980：270；Rosenau，1990：288）。

就像在商业和经济活动中那样：

> 在过程导向的管理中，管理者的作用［就像一种］催化剂……他［从事］开放性计划，［这一计划］没有任何目的论的目标，而是过程本身所固有的，［同时，过程本身］并不会形成任何明确不变的解……以一种进化精神来看，过程计划终结了计划者和被计划者、有机体和环境、公司和社会、文化和自然之间的二元论（Jantsch，1980：271-273）。

总之，一个成熟的进化“不仅就其产物而言是开放的，而且就其所形成的博弈规则而言是开放的。这种开放性的结果就是，进化以一种‘元进化’，即进化机制和原则的进化，实现了进化的自我超越”（Jantsch，1980：8）。同样地，民主必须以一种极端激进主义的永久循环实现“超越民主化”。

当然，政治开放性，作为民主的同化词也为我们所熟知，它所引起的不断的政治冲突，恰恰是我们常常希望可以根除的事态；事实上，乌托邦式的政治思想的全部传统，已经使政治和谐建设成为其主要焦点之一（Kumar，1987）。然而，对于一种适应性的政治体系来说，一定程度的政治冲突不仅被视为是健康的，而且它是进化过程本身所固有的，因此是一种非常“自然的”现象，尽管它给政治稳定带来了风险甚至是社会衰败。像大多数其他适应特性一样，政治冲突是一个辩证的实体，既有优点也有缺点，既有利又有弊，这些都包含在其动力学内部。所有这些都强调了人类历史轨迹的不稳定性本质，以及它的各种类型的文明结构所具有的偏见。至于不稳定性问题，
107 马斯特斯从对美洲旱獭及其与人类社会的关联性的行为学研究中得出：“在有记载的历史中，政治共同体的短暂性特征强调了超大型社会的不稳定性，在这种超大型社会中，竞争与合作的巧妙混合——非常适合于小群体——很

容易遭到破坏……正是因为合作与竞争的歧义性［辩证法］对人类来说很自然［以这种方式］，我们永远都不可能完全清楚地知道应该如何与彼此关联起来……政治制度很少是普遍可接受的和稳定的。”（Masters，1989：21，138）关于人类文明的持续性，他主张：“只有当形势使得一个控制着大量非亲属人口的政治体系，满足了以前生活在不那么集中的群体中的人的需要时，政府和官僚政治才会出现。相似地，国家瓦解的条件是一个经验问题，它关系到在何种环境条件下，分散的、波动的政治权威适合于人类。”（Masters，1989：112）只要世界保持整体关联性和动态性，历史就不可能有终结，乌托邦式的和谐完美就不可能存在，进化之谜和历史轨迹也不可能有一个最终解决方案。

本章考察了整体关联主义科学对研究历史轨迹和社会变迁过程的一些影响，尽管它必然是不完整的且暂时性的，但在我看来，这已经大大丰富了对这些主题的“科学”研究。所有这些中最有价值的内容可能是，我觉得，没必要因为我处理的是这种动态的、有歧义性的，甚至是“模糊的”主题，就觉得它们在认识论和方法论上没那么可靠。

第九章
系统变化和稳定中的革新与学习

109 本章的主题已经简单讨论过了，特别是在第八章中就已经提到了，事实上，在本书的其他一些地方也有所提及；对进化适应过程或者对整体关联主义科学的*任何*讨论，必然至少需要既在个体层次上也在整体系统层次上，对革新、创造性和学习等问题予以讨论。然而，到目前为止，对它们的论述还远远不够详尽，因此，值得用独立的一章来专门处理这些问题。

在着手本章主要任务之前，有两点需要谨记。

第一，在上一章中已经提出，尽管革新和学习很好地描绘出整体关联系统具有进化 - 发展的动力学这一特征，但这一事实本身并没有假定这种现象必然是进步的、好的、有利的或者严格地说是积极的。从某种意义上来说，适应性革新和学习除了对系统生存和传播所做的贡献之外，它们从根本上来说在伦理和规范上是“中立的”。事实上，正如我们已经看到的，长期来看，所有的进化适应都既包含代价也包含利益，甚至与生存性有关；此外，它们从根本上来说是开放的适应，它们对不断变化的环境的适应性具有暂时性，它们对未来的系统轨迹的意义或影响是模糊的，且最终是不确定的。另外，进化论甚至不能说明生存的目的是什么，而只能对这一问题给出一个相当令人不满的同义反复的回答；为了生存而竞争，而不是为了其他宏大目标如宗教而竞争，才是“生命的意义”的典型特征，它不是根据任何宏观设计而赋予的意义，不论这种设计是天赋的、受意识形态启发的，还是受一些支配一切的普遍自然规律的限制。用一种相当有趣的口语来说就是：“世事无常！”

这种屈从的语气看似与进化论“完全”产生了共鸣，进化论不受任何人任何特定的道德或伦理主张的阻碍，不论他们是社会达尔文主义者还是南部浸教会教友，不论是自由资本主义者还是共产主义者。因此，在其最激进或最相对主义的外观下，进化论本质上把革新和学习与上面提到的试错法、适应性 110
歧义混为一谈；革新和学习并不必然是累积性的进步、知识储备的增加或者是协同作用的增强，即并不必然是系统生态完整性内的个体适应度。实际上，它们有时候特别成功，但有时候也常常徒劳地努力得到“进展”或者做出调节，我们和其他有机体所认为的那种我们发现或实际上正在经验的世界，正是这个在进化上偶然发现的世界。

第二，相关联地，我们需要记住的是，从如上文所阐释的*一般的*进化视角所理解的革新和学习概念，不同于那种*特指*人类进化发展的革新和学习概念，这些概念还对人类进化发展史做出了规范性评价。通常，这两个不同的理解和评价标准容易被混淆，所导致的容易引起争论的不和谐，只会使我们的思维更加混乱。我们再次看到，坚持认为人类是且一直是进化适应的，在这个意义上是且一直是革新性的、发展认知的，并不必然意味着，我们的历史曾经是且将要成为一种对于稳步改进和启蒙、渐增的道德纯洁性和有益的社会建构的叙述。

整体关联理论告诉我们的关于革新和学习的那些最有趣的甚至违反直觉的观点之一，涉及它们的可能来源及它们运行和相互作用的动力学。大部分正规的教育制度都试图设计相当“纯洁的”教学环境，在这种环境下，学生处于安全的、相对稳定的状态下，在这些状态下他们追求远离非学术化实在的革新创造性，他们有希望受到超然的、常常是抽象的“书呆子”式的理性锻炼的激励。基本上，我们相信教育在一种人工世界中可以得到最充分的实现，这看似假定了革新和创造性大多被阻塞在教室的围墙之外了。同时，按照这种方式，我们会进一步相信，对于人类而言“有利的”，必定也对自然有利：“二十年前，我们认为稳定的行星环境最适合于高级生命的进化［同时也最适合于对物种的保护］。”（Raup，1991：188）正如在第八章中已经证明了的，尽管对进化记录的一种更仔细的考察表明，至少对有些时候而言，系统稳定性并不必然有益于适应性成功；事实上，它很有可能适得其反，不仅会引起革新和学习本身的消失，而且在这个过程中还可能导致生命本身的消失。在很多方面，最具革新力的创造性适应依靠的是非稳定性、随机性、试错法甚至是灾难性灭亡的波浪，而不是稳定性、安全性和具有一种非破坏性本质的渐进式变革的平静海洋①。

111 进化论认可两种而不是一种基本的适应性教学模式。一种是，我们将其称为“可持续性模式”，它是一种缓慢前进的学习，它所适合的环境是，在这些环境下，一个物种以最佳方式适应其特定的生态龛，同时，这种生态龛在这些环境内也具有相对稳定性（正如美国在冷战中的行为立场那样，前提是我们相信冷战本身是一个超越政治修辞和政治宣传之外的足够基本的现实）。至少在一段时间内，这种语境下的适应性学习实际上*依赖于*这种基本的连续性：“因为达尔文进化论依赖于自然选择的*持续性*压力，生物体不能使自己适应那些它们很少有经验的环境。”（Raup，1991：183）但是这里存在一种辩证的困难，因为正是*现状*的突发性的例外情况，特别是现状的终止，必须由一种新进化而来的范式的创造性适应性来处理，而不是由关于旧秩序的累积性知识来处理。幸运的是，在这个意义上，*老政权*本身的结局（越具毁灭性越好）再次以一种辩证的方式，既带来了对这种根本上具有创造性和革新性的适应的需要，也带来了对这种根本上具有创造性和革新性的适应的解。虽然通常只有灾变事件才具有足够强大的力量去推翻“可持续性模式”，它们使得可持续性模式的适应性在湍流变化时变得不利于适应（Raup，1991：185），而且，虽然这些灾变事件在其直接后果中表现出了一系列巨大的破坏性和不确定性，但是尽管如此，它们是“适应性的突破——是伴随新的群落和秩序的起源而出现的物种大爆炸”，（Raup，1991：187）这就使得在因为灭绝而减少的生物多样性所开启的进化空间中，形成了革新性和适应性的成果。正因为如此，可持续性模式被一种同样具有适应性的认知过程，即“根本性革新模式”代替了。事实上，在今天，正如罗普所说，“美国国家航空航天局

① 事实上，可以说，在我们的“标准的”教育环境中，“净化革新和创造性”一直是一种深思熟虑的（或者说至少是无意识的）策略，这就抑制了智力发展的自由发挥，而不是促进了智力发展，我们的教育机构主要被设计成社会化的媒介，为了维持现状而不是成为激进的、不稳定的个人和集体自由意志的潜在解放者。

（NASA）［实际上］正根据［或者说正寻找］那些具有足够的环境干扰从而导致灭绝进而促进物种形成的行星来进行思考”，（Raup，1991：188）以定位可能存在于宇宙其他地方的智慧地外生命，这恰恰是借由其对灭绝在这种生命进化过程中的重要性的迟来的认可，而不是继续坚持其在地外的“稳定行星环境”中寻找这种生命的传统程序。

虽然这个消息很可能会使我们想起新纳粹主义宇航员最令人不愉快的一幕幕，他们用射线枪残杀自然界中成群的美丽后代，用一种肆意的种族灭绝的纵欲大屠杀的方式，来传播某种生物技术的千年帝国，但是，我们还是不应该忽视这样一个不那么引人注目的信息，那就是，对于革新和学习而言，挑战、不确定性、干扰及根本性的“不适”，像更为熟悉和稳定的环境那样是重要的语境，如果在某些情况下不是更甚的话。显然非常明确的一点是，冷战的结束已经为我们的政治领袖以及我们的国内社会体系和国际体系带来了其自己的不确定性和迷失方向感；但是，冷战的熟悉度和持续性包含着其自身的破坏性的种子，不论它在过去多么具有适应性，到了 20 世纪 80 年代，它的动力学很快在某种程度上导致苏联的灭亡和美国作为全球超级大国和可持续体系的相对削弱。同时，尽管向后冷战世界的过渡在很多方面都是有创伤的，但是我认为我们已经看到了，我们的社会及其领导者现在可能有能力去适应性地认识并创造性地处理那些长久以来未被认识 112
到和注意到的问题（如环境、经济、市中心区、种族关系及对少数民族的关注、艾滋病和卫生保健等），并可能会被赋予权力去革新性地使社会愿景重新参与到构造某种世界新秩序中，准确地说这恰恰是因为冷战结束所带来的不稳定动态[①]。

① 这里我当然会警惕这种“可能性”。事实上，历史看似充满了很多一出生就反复被扼杀的新生希望，我们再次需要记住，进化革新和学习即使发生，也不能保证我们所谓的“乌托邦式的”成功，即不能保证获得最终解；实际上几乎从定义上我们就可以知道它不能这样做，因为进化实际上说的是，只会发生变化，并不是说，这种发展在某种规范的意义上是内在进步性的或者更好的。尽管如此，我认为很明显的一点是，冷战的结束本身足以构成一种历史性的和系统性的变化，这种变化是*某种*适应性革新和学习，因此它是必然会发生的。简单地说，足够重要的结构变化必然会改变“游戏规则”，这样，玩家将“被迫”在行为反应、期望和规范性价值等方面对这些规则做出一些革新性的适应；一种“世界新秩序”将会出现，但这不是布什总统所设想的那种世界新秩序，不是一种必然会与自己和平共处的世界新秩序。

整体关联主义的本质上的“随机性”，也是系统性革新和学习的一种充满活力的来源。随机性打破了牛顿机器的完全决定论的参数约束，它通常是系统构成、动力学和行为中的异质性、多元论和多样性的生产者。随机过程的内在灵活性包括一种“反应能力”，这种反应能力意味着“生命系统”（如人类社会）不需要“具有预编程序来处理每一种可能性”（Barrow，1991：130）。事实上，正如中央计划经济已经证明的那样，这种牛顿式的预编程序在非线性的、复杂的、动态演化的世界中实际上是不可能起作用的，在这些世界中所有因素、它们的价值，以及它们之间可能的交互作用的本质，在任何有意义的（如可预测的）意义上全部都是不可知的。因此，给定一个整体关联的实在，随机性作为创造性的反应能力和革新性的适应的一种起源，它是一个积极的属性，而不是我们直觉上可能会认为的那样，是一种消极的属性。正如尼科利斯和普利高津（Nicolis and Prigogine，1989：233）关于随机性在蚁群中的作用所提出的，

> 在一个不可预测的环境中，一种永久性结构很可能会危害蚁群的适应性，并为蚁群带来一种次优结构。因此，对这种环境的一种可能反应是，维持一种高效率的探索，以及快速形成一种临时结构的能力，这种临时结构适合于利用任何可能会出现的机会。换句话说，在社会的组织中，随机性看似代表着一种适应值（Nicolis and Prigogin，1989：238；Gleick，1987：293）。

政治“机会主义”通常被评价为一种本质上不适当的活动，甚至是一种不道德的活动，与此相反，考虑到当下这个政治时代的不稳定性，机会主义的灵活性、开放性和对解决方案的随机搜索，很可能非常具有适应性。如前总统布什过去经常提倡的那样，“坚持这个路线”，这可能曾经是一个有效的竞选口号，但是作为一种政治上绝对可靠的教条主义主张，现在它是一个具有适应性但不可能成功的事情。唯一值得坚持的路线是一个开放的、灵活的路线，它在寻找解的过程中可以以最佳方式利用随机性这一要素。

113 然而，整体关联系统的多元论和多维度方面，虽然有助于生成随机性的革新和学习属性，但也并非是完全非结构化的。就像整体关联主义关于有

序和无序的辩证法所不断提醒我们的那样，它的不可预测性和不规则性嵌入在一个随机框架中。因此，整体关联系统的“通向复杂性的道路与解的新分支的分叉密切相关，紧随其后的是一个参考状态的*不稳定性*，这种关联性是由于作用于一个开放的［整体关联］系统的非线性和约束所造成的……［因此，］分叉［本身］成为革新和多样性的一个来源，因为它赋予一个系统以新的解”（Nicolis and Prigogine，1989：73-74）。同时，“一个非线性系统拥有多重解的可能性，提出了一个在不同结果之间进行*选择*的问题……”（Nicolis and Prigogine，1989：60）。当然，“多重新解”和“选择”至少在部分程度上，能够把革新和学习注入一种整体关联的环境中。

正如上一章所简单指出的那样，整体关联随机性也被责成存在于一个具有“误差宽容度”的革新和认知集合中。按照定义，随机性既招致了误差或错误，又对误差或错误做出了调节，但是，在一个不确定的环境中，误差可能会变得非常具有适应性，并且可以最有效地摆脱这个词在牛顿世界中通常相关联的负面内涵。让我们再次回到我们所举例论证的蚁群。在这样一种环境中，“当食物分布在一些不同的位置，存在一个误差的最优值可以使寻找的时间最小化。这就规定了随机性的层次，它可以通过增加发现的可能性而变得有利……”（Nicolis and Prigogine，1989：236；Dyson，1988：92-96）。这种可能是“企业家式的”对机会的未知命运的不认真对待，以其大无畏精神，事实上可能会招致严重的损失；但是它的替代选择，即一种对相关行为的综合性的预编程序，在一个具有有限时间、稀缺资源及遗传和系统发生约束的世界中，不仅是不可能的、无效的，而且对于革新、创造性、发现及学习来说也是内在不适应的。事实上，如果一个有机体或系统的一切都是预先程序化的，那么，这对于我们实际生活世界中的那些最佳自适应的属性，至少施加了一些严重的限制。

相比革新和学习而言，预编程序的次优性也可以在牛顿主义的这一假定中看到，即对*现状*的机械论推断，总是最可能为进化的难题和挑战提供最优解。正如到目前为止我们可能理解到的，这样一种假定在一个整体关联的、充满活力的世界中是大错特错的。按照定义，外推法不能打破机器的各种参数，但是整体关联系统知道没有这样的静态边界，而且就这一点而言，我们必须准备好并能够挣脱牛顿主义万有引力的束缚。那种基于对*现状*及其历史的直接推断的计划，是一种短期的、关注点狭隘的计划，“因为其僵化，或者从长远来看，因为其失败，会威胁到社会。[整体关联的]动力学建模的宗旨……是，社会的自适应可能性是允许它们长期存在、允许它们革新自我并形成独创性的主要来源”（Nicolis and Prigogine，1989：242）。

但是，一种辩证的甚至多少有点自相矛盾的情况是，当条件合适时，整
114 体关联系统中的一种特定类型和程度的持续连续性或稳定性，同样可以大大有助于革新和学习。在此我所提出的连续性是*动态*连续性，也可以说是迭代过程的动态连续性，尽管乍看起来这种连续性好像只不过是牛顿式的外推法，但动态连续性实际上不仅仅是基本的重复，而是一种以指数方式累加的、连续的反馈过程，涉及一个系统的历史发展或轨迹的不断再吸收或环绕。这样，在一定的临界值或分叉点上，一个看似简单的系统，其隐藏的复杂性就会释放出原来未被发现的创造性和革新性的适应潜力（Briggs and Peat，1989：104）。因此，迭代的显式稳定性，将一个整体关联系统的隐式的重大革新和学习能力隐藏了起来，因为迭代过程本身的路径陷入整体关联系统的相互关联的网络——非线性层级（Briggs and Peat，1989：178）中了，它们像是一系列以一种并行方式被连接在一起的超级计算机一样，以它们的集体事业的协同模式，同样指数级地增强了革新和学习（Briggs and Peat，1989：179）。

在整体关联系统中，认知创造性的另一个意想不到的来源是“细微差别”现象，它像随机世界中的很多其他实体一样，存在于有序和混沌之间的边界线上。

> 一旦一个包含细微差别的“胚芽”落在了一个对其敏感的精神“地面”上，结果就是，创造者的思想成为好奇、不确定性和整体性的一种非均衡变迁，它允许质料一起作用——不论它是科学数据、一道风景或者一幅油画，抑或是一部小说中的一系列人物角色——来将细微差别放大，进而分叉为新的参考面，并在一个过程的不同参考面之间形成反馈回路，这个过程的自组织化形式包含着这种细微差别。

> 我们通常的思维模式是把它们围绕它们的极限环［显旋涡］组织起来。如果要求思维从一堆复杂的材料中组成一个形式或者解决一个问题，思维的典型回应是，构造出一种还原论的或者组织上闭合的结构，而不是让物质像创造者那样，从细微差别的分形维数中自我演化（Briggs and Peat，1989：195）。

就像在第八章中历史被恢复为一项合法的科学事业一样，因此就这一点而言，直觉思维、艺术创造力和非线性思维同样也具有科学凭证，并应当获得重要的认识论地位。因此，至少实证主义政策学的“理性主义”可以并且应该伴有细微差别和直觉所形成的解，或者得到这些解的限定和认识。正如塔尔博特（Talbot，1991：29-30）所说：“我们［甚至］不用通过煞费苦心地熟记［预编程序］这一过程的每个细微特征，来学会骑自行车。我们通过掌握［直觉上的细微差别］整套连贯动作就可以学会骑自行车。这种连贯整体性代表着我们如何学会这么多身体活动，如果我们的大脑是以一种逐位的方式来存储信息，那么就很难解释这种连贯整体性。但是，如果大脑按照傅里叶所倡导的方法来分解这些任务，并把它们当作一个整体合并起来，那么这种连贯整体性就很容易理解了。”

在本章一开始我就指出，需要区分作为一种*一般*理论的进化和具有人类进化本身的*特殊性*的进化；现在我们的注意力要转向后者。虽然这本书的主 115
要目标明确地集中于一般的科学理论，但是，假如我们要研究它们可能会如何影响社会科学的话，那么我们至少需要在某一时刻处理人类环境的相对独特性，这就显得义不容辞了。人类发展史及其当代表现的独特性，不仅在某种程度上削弱了“自然科学”理论的“正统”，而且，当其应用于人类社会和个人行为中时，它们还形成了社会科学自身的核心和主旨。尽管人类现象和过程一点也不能脱离自然世界*本身*，但是无论什么时候，当非人类科学的方法论应用于社会科学中时，这种传递必须考虑到人类独特性这个非常重要的要素。在此，整体关联主义科学也不例外；事实上，正是因为它包含着这样一种考虑，它成为一个最有价值的方法论优点，这是其方法论*存在理由*的一个基本组成部分。

如第八章所指出的，从人类历史的角度看，进化在很多方面表现得一点也不讨人喜欢；在人类进化的戏剧性的、令人敬畏的但最终是灾难性的暴力演变的长征中，总的来说存在太多有利的方面，这点很难让人相信。虽然从一般的进化意义上来讲，人类进化记录中的很多都是适应性的，这点是正确的；虽然进化论承认适应既有利也有弊这点也的确符合人类适应行为的不规则遗产。但是尽管如此，对一些人来说，人类历史事业的独特性远远超出了可以合理地并入一般进化论的参数的范围。

对人类历史记录最为狠毒的批评者之一是安德鲁·巴德·施穆克勒，他的《部落的寓言》（1984 年）一书讨论了一长列人类的非适应性行为——违反自己和违反自然的罪行——这些行为之所以会出现，本质上是因为过去几十万年左右的人类进化已经不规则地摆脱了其过去的生态约束，这些约束更加自然、缓慢、谨慎，更加受到遗传学的调节和控制。结果是，我们中的很多人所认为的我们所取得的最伟大的适应性成功，我们的语言的发展以及与之相关联的文化和文明的发展，对施穆克勒来说则代表着悲剧性的非适应性，一种能量和震级都远远超过核毁灭和环境毁灭的末日机器。

虽然施穆克勒赞成，对于生活在复杂多样的环境中的生物体而言，学习是一种适当的进化适应，正如我们的人类祖先在其开始把物种扩展为地球整个生物圈的异质性时所遭遇到的那样，不幸的是进化的故事并没有就此停下来；它超越了它的遗传基础，变得服从于“*一种全新的进化原理*”（Schmookler，1984：19；Harth，1990：49）。

> 随着学习的出现，通过基因蓝图实现对生物体行为的控制不再是绝对的……［学习最终］会转化为一种更强有力的能力，这种能力可以创造对我们来说可能的［因为学习使其得以可能］文化，这样就可以把我
> 116 们的学习全部集合起来，并将其成果一代代传递下去……
>
> 30 亿年之后，文化所创造出来的差距第一次允许一种不可预测的动物进入世界中……［其］选择的自由［一直］很危险——对他自身、对其同类乃至对所有生命来说都是如此……
>
> 因为表面上来看，一切都有可能，因此，要弄清楚事实上到底什么

获得了发展就显得令人困扰。在沿着走出狩猎－采集生活方式第一步的五千年之后，出现了一种全面的文明，而且它表现出令人恐惧的一面。原始人的社会平等让位于严格的阶层划分，很多人被迫服务于少数人。战争变得更为重要、更加持久，且更加残忍和具有破坏性。同时，人类对自然的新统治已经开始把覆盖在文明发源地上的绿色地幔变成了一个粗糙的岩质沙漠……

一旦人类跨越临界点进入文明，他们就会不经意地卷入一种以前从未存在的混沌中。社会之间的关系变得不受控制，事实上也不可控制。这样一种不受支配的系统强加了一些未经选择的必然性：文明人被迫进入权力斗争中……

在一个被权力斗争所包围的世界中，什么实际可行什么就会盛行。但盛行的可能并不是最能满足人类需要的。因此，对权力的持续选择不断地封锁了人们可能更喜欢的很多人文文化选择。因此，权力支配着人类命运（Schmookler，1984：14-23）。

因此，对施穆克勒来说，从一种非常重要的意义上来讲，进化－适应的动力学已经让我们失望了，它使我们悲剧性地具有一种能力，可以超越生态学上合理的进化约束，进而在这一过程中变得典型地不适应。从革新和学习以及与之相关联的自由来看，我们开始变得受制于一种新的在生态学上危险的统治，在当代，为破坏力而斗争已经达到了病理学上成瘾的程度。同样地，即使是立宪民主和市场经济，戴森和马斯特斯认为它们对人类社会进化来说是适应性的选择，在施穆克勒的观点所投射的光芒（或阴影）下也显得不那么具有吸引力。他坚持认为，尽管这两种选择在某种意义上比目前可能的任何其他替代选择都“更好”，但是，它们都是权力的结构和追求权力的结构，因此必然会受到权力斗争的影响，这一观点是正确的。关于资本主义，施穆克勒说道：

市场经济一直被描述为一种分散系统，而且在结构上它的确是分散的。但是，资本主义的心理维度描绘了一幅内在化权威的图景……如雇主和雇员之间关系的内在化……一种心理结构被创造出来，且被迫发

> 挥作用……反抗从政治冲突转换成了［个人的］心理冲突。亚当·斯密的“看不见的手”看似一直受助于一只看不见的铁拳。中央集权不再需要强迫人们做出牺牲，因为内在化权威需要个人自愿地做出牺牲（Schmookler，1984：107）。

进化表面上给予我们的自由，即学习的能力，实际上被进化的其他“礼物”，也就是对权力的选择和争夺悲剧性地带走了。按照类似的心理学形式，立宪民主同样也是进化的“来意不善的礼物”的另一个表现。就像在市场中，

> 社会秩序需要一种行为准则和自我控制的心理结构。［在立宪民主
> 117 中］我们很少需要受到强迫，是因为我们已经把这种强制力内化到我们自身内部了……刚开始权力以其原始的形式出现，紧接着就被内在化了……我们再次成为我们自己的“主人”。同时，我们应该认识到，使我们“自由”的那种内在化原则，在另一种类型的自由中恰恰蕴含着某种代价……这种类型的内在化在某种程度上是一种对中央控制的逃离，但是在某种程度上也是一种对中央控制的扩展。像官僚化一样，内在化代表着这样一种方法，它使对权力的需要更接近于必须服从某种命令（Schmookler，1984：108）。

此外，对权力的选择和争夺，对于大灭绝在进化发展过程中的作用产生了一些影响。在这章的早些时候就已经指出，对于不断增加的多样性、革新、创造性和学习而言，这样一种现象带来了重要的进化利益。但是，再次从施穆克勒的视角来看，人类环境已经使这种进化“原理”越走越远且越来越危险。从罗普的观点来看，即从一般的进化论视角来看，虽然灭绝事实上的确具有上面提到的进化“优势”，但灭绝本身是“外部”事件，从根本上来说，它不是进化过程本身的一部分。然而，在施穆克勒的构造中，自从文明和对权力的选择出现以来，人类进化就已经内在地包含一种朝向灭绝的*内趋力*（乃至选择）（Harth，1990：36）；这是一种内在于人类文明进化的动力学的倾向，它是人类文明进化的动力学演变过程所固有的。正如施穆克勒后来所说的：“把自然选择想象成一个关于人类本质的基本原理，它具有一种

破坏生命的本能……这没有任何进化意义。然而，在生命脱离了自然价值的那种*文明*中，死亡的吸引力的确有意义（Schmookler，1984：153）。”“人类一旦吃了知识之果，他就会像上帝一样；死亡进入了花园——这不是个体生物的死亡，而是花园本身的死亡，个体生物总是存在于此。（Schmookler，1984：249）”

通过歪曲进化适应，对权力的选择戏剧性地推动了灭绝的发生，进化适应一不小心使自己处于支配地位——它赋予我们语言和智力。那些得到解放的权力会变得极其危险，它们会因为我们的自我欺骗式的政治宣传语言而被放大，甚至变得不可控，这些宣传语言通常是关于我们自己以及我们对所寻求的权力的使用等方面的内容。

> 自我指涉，即*递归*，其本质意味着，我们很容易被我们自己的语言引入歧途。偏见和愤怒被放大，同时，我们自己的动机被洗白。我们坚信我们自己在做正确的事情，而我们的对手出于最原始的本能而行动。我们是易受骗的生物，并且我们可以说服自己做几乎任何事情。当我们既是说话者也是听话人时，我们对怀疑论的本能警惕会逐渐减少，作为结果的正反馈就会产生一种遥遥领先的错觉……
>
> [因此，] 欺人之谈变成了*橡胶之谈*（rubberspeak），在那里语言可以被扩展到具有几乎任何意义……
>
> 我们可以反对关于国际法的所有公认原则，可以为那些反对合法的外国政府的叛乱提供经费并精心策划那些叛乱，包括安排国家元首被暗
> 杀。一旦在这种所谓去稳定化的过程前面加上适当的雄辩，这一过程通 118
> 常就会得到赞同，而我们只需要具有最敷衍了事的矢口否认的本领。
>
> 奇妙的是，我们多么容易为话语所左右。煽动行为很少是强加于我们之上的。我们寻找并崇拜我们的诱骗者，他们胡言乱语地闯入我们的内心。他们让我们愉悦是因为他们证明了我们的恐惧是合理的，并助长了我们的恐惧，他们支持我们最为邪恶的信念，并恭维我们的正义感……
>
> 我们的现代野蛮人已经丧失了理性语言，并把它转化成了垃圾艺术。它可以像出售谷物一样容易地推动国外冒险活动（Harth，1990：124-132）。

当然，哈斯（Harth）在此所提到的语言的进化问题，与人类大脑的特殊进化及其可能会引起的任何“问题”直接相关。增大的大脑和增强的思维能力当然是人类进化发展过程中的关键要素，但是，正如奥恩斯坦（Ornstein，1991）所说，这并不一定就是说，它们永远具有适应性，或者说，它们像我们愿意认为的那样令人振奋。语言的非理性和自欺欺人性远远超越了人类思维的非理性和自欺欺人性，前者得到了后者的加强。“理性仅仅是［思维中］众多可能性中的一个小能力，而不是其顶点，它很少得到使用，且处于一个非常有限的区域……［既然］没有时间完成大量的检验替代选择的活动，那么无论如何，理性都是不可能的……思维不会为了认识世界或认识我们自己而演化。”（Ornstein，1991：3）事实上，如之前的报道那样，在*智人*对生死攸关的环境的早期适应中，情绪反应与人类大脑中为了生存而预先获得的理性“连通起来”，而且，心理素质现在几乎已经成为我们后来的进化发展的一个不可挽回的遗产，这样，“动情时刻成为思维的特征……将［它］组织起来……使它成为思维”（Ornstein，1991：89）。

此外，思维中情绪的支配权还意味着，我们本能地赞成根据直接私利来处理短期戏剧性事件，这与有意关注那些存在于情绪背景中的长期趋势截然相反。“未预料到的或不寻常的事件看似可以很快进入意识中，然而，一个不变的背景噪声或一个恒定的重量，抑或一个长期存在的问题，却很快被纳入到背景中……因此，最近的事件歪曲了判断……”（Ornstein，1991：106-107）所以，自从思维“进化到可以挑选一些信号然后虚构出一个类似物，*不论什么东西，一旦进入我们的意识，就都会受到过分的强调*……我们忽视了其他的、更令人信服的证据，过分强调眼前的信息，并以偏概全，生成了一个简陋的实在”（Ornstein，1991：258）。我们再次发现，随着时间的推移，进化适应变成了进化不适应，同时，我们需要再次面对施穆克勒式的质疑：“这种不适应是‘自然的’进化过程*本身*的一部分，还是‘一种全新的、独特的人类进化原理’的一部分？”

毫无疑问，不论是把进化论作为一种一般理论，把社会系统视为进化系统的合理个案，还是把这一理论更加独特地应用于人类的特殊进化发展中，进化论都适用于对社会科学现象进行分析，尽管这种分析释放出一些模糊不

清的信息，也没有清晰地指出，对人类行为和社会系统进行进化分析的结果 119
是什么。革新和学习的确是人类进化发展的一部分，但我们学到了什么，它有多大用处，我们的知识、创造性和学习会把我们带向何处，所有这些都仍然是开放性问题，如果我们可以真正了解这些问题的答案的话，这些答案也将是不断变化的、自相矛盾的、辩证交错的、内在的语境特殊的和高度偶然性的。在这点上我们至少可以说，尽管进化论存在这些明显的问题，但是，社会科学哲学和社会科学方法论所能做的最糟糕的事情也就是忽视它。社会不能还原为自然，而且，只要进化论从根本上来说提到了后者，那么，按照定义，它就必须同样明确显著地提到了前者。

第十章
方法论个体主义、微观－宏观问题与整体系统行为

121 在本章的语境下，牛顿－实证主义满怀希望地支持其方法论教义的三个独特原理：第一，即使在整个系统层面上，基本实在及其表达也可以还原为其运行的基本构件，即粒子、要素或社会科学中的个体，同时，基本实在及其表达从根本上来说也是由这些基本构件形成的；第二，微观层次和宏观层次在分析上是不同的，且二者是可分离的，事实上，它们就其本身而言是不同的分析层次；第三，前面提到的原子本体论，在科学研究中把整体系统层次降低到一种派生的、抽象的、次要的地位上。简单地说就是，部分支配着整体，部分的运动构成了整体；一般来说，社会、群体、国家及社会集体本质上都是抽象概念，同样只是由那些我们可以在经验上（表面上）认识的具体现象，以及那些真实的、直接可观察的个体行动者构成的。事实上，在牛顿－实证主义世界内，这种原子论观点享有一种方法论上的霸权地位，在整体关联科学出现以前，它很少受到挑战。正如巴罗（Barrow，1991：3）所说，“世界上的每一所大学都教授着它。但是，早期希腊人却把［它］当作一种哲学的，甚至是神秘主义的宗教信仰，而不需要任何支持性的可观察证据……作为一种哲学理念的原子论，事实上经不起任何当代的‘科学’试验的考验；但是，最终它却成为物理学［引申开来，还有社会科学］的基石”。具有讽刺意味的是，那种为我们带来经验观察的杰出有用性的科学，它把经验观察作为一种对关于实在之本质的哲学思辨的“检验”，但是，它也与其自身关于原子论的形而上学教条相冲突，即使原子论本身可能就是根据一种严

格的经验论推断出来的！此外，原子论在牛顿－实证主义世界中上升至霸权地位，也颇具讽刺意味地暗示着，在处理围绕存在主义“实在”、我们周围的世界、物质，以及其他一些东西的谜团时，方法论霸权主义者与其说在经验启示中找到它们自己的起源，不如说在思维的推测性的创造物中找到其自己的起源。

正如原子论这个词本身所表达的意思，它最初是在物理学中提出的，但 122
是尽管如此，如在第一章中就已经使我们意识到的，在社会科学内发现其同样具有一个辉煌的历史和职业生涯，这本身并不奇怪，在社会科学中原子论主要是在方法论个体主义的伪装下发挥作用的。“现代”政治学和社会科学对方法论个体主义的承诺，很容易可以追溯到自由主义的创始人之一托马斯·霍布斯。他认为方法论原子论显然最得益于伽利略的科学机制。特别是，在他拜访并与伽利略做朋友的过程中，霍布斯变得彻底信服伽利略的“分解－合成法”并受到其全面训练。

> 通过思考伽利略在弹道学研究中对这种方法的著名应用，可以很容易理解这种方法。一个弹体，一旦从枪中射出，就会形成一条曲线。这个曲线……可以被分解或“解析”为两个线性运动：枪筒所指向的那个方向的运动和垂直向下的朝向地面的运动，前者是由爆破力造成的。伽利略通过一个特定的方程式来合并或“合成”这两个力，这个方程式可以准确描述一个弹体的轨道。因此“分解－合成法”就是，通过把一个现象分解为其简单构成，然后通过某种聚合再对这些简单构成进行重组，来分析这个现象……
>
> ［对霍布斯来说，同样地，］社会现象可以被分解为单个人的行为。合成现象［整体］只不过是个体行为［部分］的总和……
>
> ［于是，因为］分解－合成法要求通过把一个社会现象还原为其组件，来开始对这个社会现象进行研究，因此，霍布斯通过研究个体心理学来开始其对政治学的分析［《利维坦》的第一部分］（Gordon，1991：72-73）。

当然，社会科学后来的发展仍然非常热情地、教条主义地坚持霍布斯所开创的东西。特别是经济学，大体上已经使自己牢牢地与霍布斯的方法和更为一般的机械－原子论的束缚密切结合了起来："……好的经济学主要包含从一些直觉上自明的初始前提进行的逻辑推理，例如，每个人［个体］都是为'改善其环境'而行动（Gordon，1991：202）这一命题。"此外，这种"自明的初始前提"据说"在经验上"衍生于"内省"这个子方法论，这主要是因为一个附加的原子论假定，这一假定认为所有个体在经济行为方面都彼此类似（要注意这里的同义反复），所以，通过内省地考察一个人的经济动机和行为来，获得关于一般的经济人的经验知识，就是有效的。因此，正如戈登所得出的结论：

> 古典经济学采用"方法论个体主义"原则——把社会现象还原为个体的活动——的原因之一是，它使用内省把自己束缚在个体层次上［与复合的社会实体相反］。现代主流经济学仍然接受方法论个体主义，很大程度上是因为，它所涉及的理论依赖于对一些基本的事实命题的内省（Gordon，1991：207）。

123 然后，他以一种个人的评价性的旁白补充道：

> 然而，即使一个人准备好接受"突现属性"理论，他认为社会整体如"国家"或"阶级"视为，在某种意义上比构成整体的个体的聚合多得多，他也提防着为了某种形式的"整体论"而放弃方法论个体主义，因为内省虽然可能是获得知识的一种钝的工具，但它也比一些其他工具要*好得多*。整体论者却声称，他们不会这样做，他们拥有关于"国家""资本主义""帝国主义"等事物的本质的直接、直觉知识，他们不会诉诸内省，而是会依靠*直觉*，这是一种完全不同的事物（Gordon，1991：207）。

一旦戈登做出进一步的评价，即在社会科学史和社会科学的发展过程中，"到目前为止，在构造社会组织模型中，设想人类本质受［个体的］私利的主导，［相比任何其他的方法论体系而言，］一直具有更多的启发式价值"（Gordon，1991：544），那么至少在他的理解中，相比整体论的直觉而言，他认为内省是社会科学知识一个更为可靠的来源，这点是明确的。然而，正如我下面将要提出的，这点在本书之前也已经讨论过了，整体关联科学的整体主义方法论，提供了一种比戈登更为丰富的直觉和知识生成概念。戈登看似被一种既是方法论上的也是意识形态上的盲区蒙蔽了，我怀疑，这是由对机械－原子论和古典自由主义的一种教条主义承诺所造成的。

除了经济学之外，主流社会科学对方法论个体主义的承诺几乎一样严苛。例如，民族方法学家相当明显地把他们的注意力集中于微观的分析单位；结构论者假定宏观结构只有在人类主体理解、揭示和复制它们时才会存在；理性选择论者把所有的社会因果关系都定位在自主个体的理性能力中，在此仅列举几例社会科学学科或子学科的实践者的例证。可能只有像实在论者或还原论的马克思主义者这样的社会科学家，才会避开方法论个体主义，以支持一种相对立的宏观层次分析的支配权；但是在这个过程中，他们只是犯了不同的还原论方法论错误，那就是，要么把微观层次归入宏观层次的决定论之下（如马克思主义的“基础－上层建筑”构想），要么通过把个体还原到一个典型的、非自主主体的层次上，认为它们嵌入在更大的社会集体，如国家或特定经济阶层中。与此不同的是，整体关联主义的辩证主义科学，试图寻找由一种微观和宏观的方法论综合（简单地说，就是一种关联本体论）所提供的“赦免”，它承认本体论第一性既不能被还原为微观层次，也不能被还原为宏观层次，而只能被还原为二者之间的交互作用，以及由此形成的动态解。

但是，除了实在论和某些形式的马克思主义所犯的还原论错误之外，还存在另外一种方法，通过这种方法，整体论的可靠性和合法性被从根本上破坏了，因此，现代社会科学拒绝给予整体关联主义任何方法论地位，包括科学地位。例如，牛顿－实证主义上升到范式统治地位，作为对其反应的一个 124
代表，某些形式的整体论在试图削弱机械论对于科学方法论系谱的控制时，屈从于黑格尔式的或者浪漫主义式的整体论的理想主义诱惑；它们把洗澡水和婴儿一起倒掉了，既拒斥了一种严格还原论的机械论，也放弃了微观层次的分析。整体关联主义科学提倡微观和宏观、具体和抽象、客观和主观、可预测的和不确定的、理性和非理性、实在和虚构等之间的辩证统一，与此不同，黑格尔式的或者浪漫主义式的整体论提高了这些“二元性”中的后一种要素的地位，而几乎完全拒斥前一种要素。同样地，因为牛顿－实证主义*的确*获得了科学方法论的霸权，整体关联主义基本上失去了对科学认证的所有要求，它充其量被归入合法的科学论述的边线内，变成了一种被大家认为毫无希望的神秘主义声音，而不是一种可靠的科学知识的有效存储器。但是，随着今天整体关联主义科学从物理学或自然科学中突现出来，其实也就是从以前牛顿－实证主义自己的领域中突现出来，一种重构的整体关联主义有机会既摆脱唯心主义和机械论－还原论，又避免牛顿科学共同体的认识论和方法论怀疑主义。

如果方法论个体主义本身享有任何科学地位的话，那么“个体”概念无疑在理论上是一致的，且在经验上是可行的。但是，正如奥恩斯坦（Ornstein，1991）指出的，在对人类认知心理学的进化发展的研究中，一些最新成果，即各种各样的进化理论，已经使我们认识到，至少在牛顿－实证主义的伪装下，方法论个体主义的一致性和可行性是存在问题的。“因为思维发生了转变，‘我们’不再时刻都是同一个人，根本不是相同的‘自我’。”（Ornstein，1991：11）相反，主流经济学理论中的原子论的、具体的、理性的、自我利益最大化的、离散的个体，充其量是“我们的个人同一性和稳定性的一种常见错觉……”（Ornstein，1991：152）。此外，个体记忆，也就是个人私利的储藏室，“并非是一致的……在不同的日子［是］不同的”（Ornstein，1991：182），是“选择性的……解释性的……综合性的……［而且依赖］于语境……”（Ornstein，1991：186）。“所有判断都是根据当前思维中的事态来做出的……我们不断地改变着我们的思维……［但是］没有意识到……”（Ornstein，1991：190）

> 像其他思维一样，记忆不能为我们提供一种由世界内容构成的客观、综合的数据库。相反，我们的普遍关注正改变着我们的行为……
>
> 思维转变产生了不同情境中不一致的人，起作用的思维“适当地”发挥其功能，仿佛它一直存在。但是它一旦消失了，就会被另一个“新成员”代替，这个新成员具有不同的记忆、优先级和计划。同时，“我

> 们”、我们的意识本身，几乎没有注意到发生了什么。我们知道我们愁的是什么（on our mind）……但是我们不能知道我们想的是什么（in our mind）——在任何特定的时间点上，哪一个思维“程序”代表我们。因此我们的标准会不知不觉地改变（Ornstein，1991：190，210）。

假如个体的思维和记忆具有这种可塑性、无意识性和不确定性，那么*经济人*就不可能像很多主流的经济学理论所假定的那样起作用，不论这种假定是否建立在内省的基础之上，我们都不可能像自由民主理论的辩护者 125
所假定的那样，在投票站遇到一个理性行动的*政治人*，为选举制度的代表性和负责任性的功能辩护。在最好的情况下，方法论个体主义没有成为一般社会理论的本体论基石，相反，在个体心理状态的不稳定性和短期的、生存导向的、适应性认知反应中，方法论个体主义失去了其所谓的经验锚定。

当然，在一种从遗传学角度进行阐释的进化论中，按照定义，方法论个体主义必须至少为一种更为整体关联的本体论发挥一种次要作用。种群和物种所代表的基因库，而不是特定的个体或一般意义上的个体，是整个系统动力学和适应性变化的发展原动力。从这种意义上来讲，正如在全息理论中那样，集体性的“思维”或“遗传设计”比个体*本身*的思维或遗传设计要更重要。正如马斯特斯（Masters，1989：16）所说：

> 社会行为不能还原为个人特质，或者完全从个人特质中推断出来，而不用提及物种和其环境之间的复杂交互作用……从一种个人动机心理学中，并不足以引申出社会结构［反之亦然］。

此外，

> 个体行为的原因和功能性结果，不能简单地推广到群体中，在群体或种群中发现的现象，也不能简单地等同于作为一个整体的智人这个物种……我们人类应该被视为一个基因库，作为适应不同环境的表型物种，随时间进行自我复制……
>
> ［因此，存在这样一个］趋势，即过高估计我们自己有意识的目的、

> 计划和合理化的重要性……因此，像社会科学一样，生物学也处理历史发展和集体性进程这样的问题，这些问题不能还原为它们的单个组件的总和（Masters，1989：130-131）。

另外，在面对自然选择的持续性压力时，进化论的适应原则还意味着，离散且确定的人类本质、构造和特性，在理论上和经验上都站不住脚。对马斯特斯来说，以下这个结果相当突然，但尽管如此，它仍然是结论性的：“进化生物学告诉我们，‘人’并不存在。相反，人类种群遭遇各种各样环境，从自然选择所形成的一系列人类反应中引申出独特属性……生物过程可以……被描述为大量变异体的形成，其中一些变异体依赖于环境和既往史而被挑选出来。”（Masters，1989：236）我们再次看到了，在一个整体关联的世界内，人类个体的定义及对这个定义的阐释，具有一种可塑性和高度偶然性的本质，这就从根本上破坏了社会科学哲学内一种受进化论启示的方法论个体主义的第一性、相关性和有用性。要注意的是，此处方法论个体主义的不相关性和不适用性，不仅是因为恰巧没有这样的“人”，更重要的是还因为，从进化论
126 的视角来看，人类个体特性的模糊性和隐晦性，事实上是一种适应特性。如果可塑性是个体定义的标志的话，那么，牛顿–实证主义的方法论个体主义，如果它要在方法论上有用的话，至少需要在一个整体关联范式内进行重构和重新阐释。

现代技术的发展，特别是电子媒介、无线电通信，以及电子信息存储、检索和处理等的发展，已经使人类进化的故事发展得非常庞大，进一步把个体归入到了集体中，同时，以个体思维为代价，来寻求集体思维的发展。尽管迅速发展的信息时代可能为个体提供了更多的分析能力、计算能力和对信息来源的更多选择，同时有权使用更多的信息周期，因此，它至少潜在地增强了个体的自主性和主体性，但是，同样是带来这些“改进”的技术，它越好地发挥这些功能，就越会减少人类个体的可靠性。因为，这些被增强的能力并不是个体的能力或者人类*本身*的能力，而是存在于一个巨大的外部存储器（如计算机程序和文件）中，这就意味着，“个体思维早已不再是按照一种有意义的方式，在其受限的生物膜内就可以定义的了”（Donald，

1991：359）。即使人类个体被赋予这种外部存储器，这也将是一种越来越具有依赖性的赋权，它将再次带来离散个体的地位这样的问题，随之而来的是对方法论个体主义的地位的质疑。思考计算机终端的个体投资者，并提问："到底是谁在做投资决策，盯着屏幕的动物还是操纵数据输出的程序？"

如果离散个体越来越难以定位，那么同样地，个体私利概念的表达也将变得更加难懂，或者至少更加微妙和复杂。主流经济学理论因为接受方法论个体主义，几乎无一例外地把个体描述为一个自我本位的、目标最大化的、利己主义的实体。社会达尔文主义进一步把这种特性描述定位在一种生物学上被赋予的个体倾向内，个体会参与到一种注定的人吃人的竞争中，以确保在一个"红牙红爪"的自然环境中适者生存。但是，一种具有资本主义和帝国主义本质的意识形态倾向，连同对一种方法论派别的教条主义坚持，共同从根本上令人震惊地曲解了，对于有关个体私利的定义和动力学的争论而言，进化生物学贡献的重要性，特别是在其"利他主义"概念的语境之下。生物学适应性非常精巧且微妙，正因为如此它容易受到歪曲。作为一种适应性反应，利己主义常常以很多方式来伪装和显示自己，有些方式简单直接，有些方式则隐藏在表面上通往灭绝的路径中。

> 即使从最简单的自然选择的视角来看，它也涉及在面对约束条件时谋生的方式、资源的利用，以及生存和繁衍的策略；实现这些目的的手段不需要表现得……残忍和自私。竞争是关于如何最充分地利用资源而
> 不是如何垄断资源的问题……或者说，竞争主要不是由武装遭遇战或强 127
> 制占有表现出来的，而是由巧妙的伪装、夜间摄食或只是低调蛰伏表现出来的。因此自私自利不需要看起来残忍无情，它可以以多种方式表现出来……（Cronin，1991：267-268；Capra，1983：279-280）。

此外，作为一种适应性反应，利己主义意味着，随着它的基因库适应它所经受的环境压力，它总是被理解为进化的自然选择过程的一部分，从而位于一个种群或物种的集体性生存需要中。因此，从一种进化的视角来看，利己主义辩证地蕴含在公共利益中，而且，追求私利所需要的个体自主性，其

本身依赖于对微观－宏观协同演化的整体关联评价，或与后者辩证地相关。正如布里格斯和皮特（Briggs and Peat，1989：165）所说，“这就是自生悖论”，它意味着，从某种意义上来讲，“个体［再次］成为一种错觉”；因为“一个有机体的自主性越强，系统内部以及系统与环境之间的关系内，所需要的反馈回路就越多”。正如一些马克思主义者所说的，要理解个体在经济上的成功，我们需要把个体的经济活动和主体性定位在社会生产关系中，这些关系越复杂，实现个体成就的自由度就越高。资本主义圣徒传中的成功企业家，不是孤独的、自力更生的（在此不考虑星期五的有力贡献）鲁滨孙；相反，他完全嵌入在社会生产关系整体中，这种关系在资本主义后期变成了一个真正的全球网络，它包含资本积累，法律、信息及很多其他形式的国家支持的基础设施，以及自我辩白的资本主义世界观的越来越不受争议的文化霸权。

进化生物学的“利他主义”和“内含适应度”概念也从一种更为复杂的角度重塑了个体主义和利己主义。它们都包含两个相关的命题：“自然选择支持个体把其基因传递给后代的能力（而不是根据健康、力量、美貌［等］来判断其适应度）”；同时，“生物体繁衍的成功有时候可以因为帮助其他物种而不是与［同类物种］交配而得到推动”（Masters，1989：155-156）。从这一点来看，利他行为并不一定就是不适应的，尽管在某些情况下可能是不适应的，但是它是个体的自我毁灭或自我限制行为，如何可能有利于基因库的存在、有利于集体利益的一个例证，事实上，根据它对物种成功的不朽贡献，它还有利于个体。我们再次看到，个体的私利辩证地包含在公共完整性中，同时，为了集体利益，个体人类行为充满了这种利他主义努力[①]。这两个观点都强调并重申了整体关联主义提倡一种建立在远远超过原子论的方法论个体主义基础之上的社会科学哲学。有趣的是，在这种语境下，根据国家的自我利益和
128 自主权（狭隘的抽象理解）所构想的国家主权，其在当代的不断缩减，有利于一种“主权共储和共享概念”。借此，通过减少一个国家在权力－政治方面发展为一种完全非利他主义的、自私的外交政策的能力，国家的自我利益和

① 对进化的这种基本的“合作”（与竞争相反）动力学的更多讨论，见马古利斯（Margulis，1998）。

权力被认为得到了增强，而不是削弱。尽管我们仍然可以清晰地看到，欧盟中的所有成员国都在狭隘地表达其各自的国家利益，但是仍然存在一个越来越明显的趋势，那就是，至少公共关系暗中远离了某种政治修辞，正是借由这种政治修辞，政治学家感觉被迫去表现出平民主义的-沙文主义的仇外（对于发源于布鲁塞尔的议会主权所带来的各种压迫和颠覆，前首相撒切尔表达了一些激昂的言辞，令人讨厌的欧洲共同体委员会，特别是法国人雅克·德洛尔（Jacques Delors'）领导下的欧洲共同体委员会，其总部就位于布鲁塞尔）。转向主权共储与共享不仅可以使欧盟发挥作用，还可以更有效地促进国家利益，而国家利益已经非常合乎逻辑地、合乎期望地在本质上变得更加具有公共性（例如，通用货币、统一市场，在不久的将来还有共同防御和对外姿态）。

此外，方法论个体主义不能解释社会科学的，事实上也是进化生物学的最为根本的难题之一：人的社会性和人类在巨大的群体中共同生活的能力。即使我们在市场这个经典场所中考虑到了对激进的、个体主义私利的表达，也总是能通过难以捉摸的"看不见的手"，把尖锐的利己主义转换成和谐的共同掌权（这点我不赞成；Bowles and Gintis，1987）。市场力量凭借自身仍旧不能适当地解释各种各样的人类行为或人类群体所表现出的团结一致，这已经超越了"纯粹的"经济领域。正如马斯特斯（Masters，1989：157）得出的结论那样："只要新达尔文理论完全根据个体来衡量利益（或适应度），就很难理解超越*互惠互利*层面的社会合作如何得以存在。"相反：

> 只有接受这一风险，即作为社会契约的实施者，那些拥有权力的人将从其角色中不成比例地获益，那么公民才能得益于政治共同体。因此，政府被描述为，它提供的是协调社会行为、征收"劳支付"以保护集体财产等服务。一旦开始，这种制度就会为所有成员创造出相当多的共同利益，只要遵守社会规则就可以阻止公地悲剧。在这种情况下，对于利己主义的个体来说，形成一种政治社会是合乎情理的，即使它将……需要自我牺牲或善行，包括纳税、服兵役甚至是在保卫群体时死亡（Masters，1989：172；Axelrod，1980a，1980b，1981，1983）。

尽管在此，根据马斯特斯在一个等级森严的、划分阶级的社会中对顺从和剥削所带来的好处的赞美，我们能够察觉到一定程度的霍布斯式的保守主义，但是尽管如此，马斯特斯证明了，对追求个人私利的一种自然主义的理解，根植于一种进化框架内，它必然需要鉴别这种主体性所具有的多方面的、微妙的表现及其与利他主义的集体行为和利益的辩证关联。结果，如果方法论个体主义要在一个整体关联范式中继续存在下去，那么它必将以一种更为广泛和丰富的、辩证且复杂的方式继续存在下去。

129 有趣的是，马斯特斯在一个进化框架中对国家起源的阐释，不仅重新考虑并批判了原子论的方法论个体主义，而且还批判性地重新评价了研究现代国家形成的大部分政治思想史。与方法论个体主义饱受对人类本质的一维定义——自我本位的自利——之苦一样，各种国家政治理论也是如此，无论它们接受的是激进的个体占有欲还是大规模的、毫无悔意的社会性。从一种进化的视角来看，尽管国家形成具有自然主义基础，但是，它不是建立在对一种一维人类特性的推断的基础上。因为像很多其他社会现象一样，国家形成只有就它适应人类种群来说，才是自然主义的，同时，因为适应是环境敏感的，而且，作为一种人类构造，国家是内在动态的且不断变化的。所以，任何特定的国家制度的适应性和*智人*对这种国家制度的适应，都是典型多变的，它们形成了人类本质的表现形式，这使国家变得更加多维、复杂且神秘。结果，社会契约理论家所坚守的“国家的自然地位，[并不能]通过断言人类生来是社会的和政治的，就可以得到确立……国家的起源必须被证明对于相互矛盾的个体来说具有适应性利益，这些相互矛盾的个体不需要为了生存和繁衍而与陌生人合作，或者支持政府”（Masters，1989：151）。更具体地说：“霍布斯把自然状态定义为自私个体之间的一种天生有害的‘所有人对所有人的战争’，像卢梭关于人类的无社会性主张或康德对一种纯粹普遍的道德责任的构想一样，都不能充分描述国家的起源。”（Masters，1989：179）此外，随着对国家起源可能建立在其基础上的一维人类本质的驳斥，国家可能会保护的那种狭义的、普遍的“自然权利”同样会遭到拒斥，因为我们避开了“自然状态”的变迁，而这些“自然权利”恰恰会保护个体自由，使其免遭来自独裁主义国家的新的潜在威胁。从人类进化的视角来看，这样一种典型的自由主义的自然权利，如私有财产，并不是普遍存在的，充其量只是资本主义自由主义国家的构成要素："个人财产所有制……在那些亲属制度并不是按照现代国家的一夫一妻制的核心家庭组织起来的社会中，以一种不同的形式存在，或者根本就不存在。国家建立在那些长久以来看似是'自然权利'或'人权'的东西的基础之上……「如隐私和个人财产」……社会制度的当前形式受到集权制国家的影响并依赖于集权制国家。"（Masters，1989：181）

在国际关系领域，方法论个体主义不是根据利己主义的、目标最大化的个体来表达的，而是根据实在论，把民族国家呈现为一个"个体"行动者，它以一种无政府主义的、全球性的"自然状态"，不懈地追求所谓的国家"利益"（因此，很多主流国际关系，不论它是否是由实在论或新实在论来表达的，这些关系都建立在霍布斯的基础上）。在民族国家主权的标题之下，聚集所有的权力，这种特殊的方法论个体主义形式，明显过度简化了国际关系的那种更为广阔、深刻和更为复杂、动态的特征。不仅民族国家的权力受到了过分夸大，而且州内政治学和决策动力学，以及所有聚合层次上的非国家行为 130
者和过程的作用与重要性，也被系统地轻描淡写甚至是忽视了。总之，在这章的语境下，整个微观 - 宏观问题都只得到了相当粗糙的处理或概略地简化，甚至是被完全摒弃了。

然而，对整体关联理论来说，微观 - 宏观辩证法不是一个方法论问题，而是一个方法论优点；它正面处理实在的复杂性，并因实在的复杂性而感到高兴，这更像戴森的"多元论者"（Dyson，1988：44-45）。正如罗斯诺在其关于国际关系的开拓性著作《世界政治的动荡》（Rosenau，1990：151）一书中写到的那样，"后国际政治学既靠宏观动力学也靠微观动力学而维持下来"，这二者越来越被辩证地联系起来，因为国际体系在过去十年左右的时间里，分叉为两个主要但相关的组件，即国家中心秩序和多中心秩序。在后冷战全局分叉所引起的动荡时期内，这两种秩序都可以用集中化和分散化的动力学来表达，这些动力学可以快速地从微观层次向宏观层次传递信息，反之亦然。

这种不稳定的微观–宏观辩证法可以得到波兰工会，即*团结工会*的简短历史的极好说明，在20世纪80年代期间，它既引导着波兰斯大林主义的瓦解和后共产主义秩序的出现这个微观–宏观、集中化–分散化、聚集–分解的发展演变，同时也受到这种发展演变的引导。

> 随着其中心从1980年格但斯克的少数核心工人开始扩展，工会变成了波兰的一个政治力量，远比其正式会员这个规模表现得更强有力。随着工会不断扩大，波兰政府和共产党变得越来越无能，它们的分裂揭示了它们作为集体要大大低于其部分的总和。同时，在其他东欧国家也能感受到这种影响，这些国家的政府害怕这种雪崩效应可能会波及它们，并揭露出它们自身的聚集非常脆弱，而它们的子系统的聚集不断增加。因此，当1981年波兰政府强制执行戒严令之后，这种雪崩效应的方向颠倒了，相关总和在另一个不确定和再聚集阶段产生了波动。另一个逆转发生在1989年，当时波兰政府和共产党发现自己仍然不具有实现有效统治所需要的合法性，它们制定了宪政改革，允许团结工会在选举中为国家立法机关提供候选人，这就导致工会候选人的全面胜利，并再次揭示了工会获得的支持的总和远远超过了其正式会员（Rosenau，1990：168-169）。

而且，

> 20世纪80年代的波兰史戏剧性地阐明了，微观层次的学习如何维持着钟摆的摆动［如上文］。1980年，在格但斯克的造船厂里，工人之间的小团体主义导致工会的产生，即团结工会，它充当工人的核心方向，并获得了共产党政权的批准。1981年，政府强制执行戒严令并公开宣布团结工会是非法的。在经过相当长时间的沉默之后，一大部分人带着对子系统的忠诚，消失在了大众视野之外，直到1988年在广泛的罢工中他们再次浮出了水面，这次罢工削弱了本来就已经脆弱的波兰经济。在这种情况下，政府许诺，如果罢工停止的话，它将恢复团结工会的合法地
> 131 位。工会的领导人，莱赫·瓦文萨（Lech Walesa）劝说大家相信，子系统的命运依赖于经济复兴，他到波兰的各个地方进行活动，让罢工者回

去工作。他恳求工人把目光从子系统层次提升到系统层次，虽然遭到了抱怨和阻力，但最终罢工者的确回去工作了，此后不久，团结工会再次被给予一种合法地位。1989 年，新宪法允许公开选举一个国民议会机构，但要保证由共产党来组织政府，子系统在微观层次上获胜这种导向导致了团结工会在投票中大获全胜。这个结果看似是一种僵持，团结工会的当选官员可以阻止一个共产党主席就职，但是不可以组织一个他们自己的政府。在这种情况下，很多团结工会的代表，想起了他们如何被剥夺公民权、监禁和长达十年的沉默，他们优先考虑的是子系统导向；但是，随着瓦文萨声明他将支持任何一个共产党候选人来当主席，人们再一次认识到了整体系统的优点，或者至少理解了如果没有一个发挥作用的整体系统的话，大部分工人都不能得到改善，这种认识主导着争论，因此，团结工会的代表参与了一些议会策略，这些议会策略允许一个共产党主席当选，即使他们并没有投票支持他……这段历史告诉我们，波兰人民的分析技巧已经细化到一个点上，在这个点上他们理解了，钟摆朝向中央集权和远离中央集权，这二者之间的周期性摆动，如何可以满足他们的需要（Rosenau，1990：455-456）。

事实上，罗斯诺给人留下的最深刻的印象是，他提高了个体的能力和作用（微观层次的迭代串联起来可以达到宏观层次，并对宏观层次产生指数级影响），这来源于后国际政治时代微观－宏观生机勃勃的交替（通信和计算机技术的巨大进步也推动了这种交替）；但是，这不是对原子论的方法论个体主义的回归，而是对一种新的个体主义的认可，它是由其与最新分叉的宏观层次之间的辩证关系所产生的，并存在于这种情况下。“过去在每个地区、团体和世界角落中，微观层次的动态从来不会对政治生活产生宏观影响……［正因为如此］人们的分析技术和心力贯注能力总是在持续地变化。”（Rosenau，1990：334）这让我们再次想起了自生悖论，其中，个体与其环境之间不断增强的联系和交互作用（反馈回路），并不会导致其依赖性的增强，而是会形成一个互相依赖的矩阵或网络，在这种情况下，个体的自主性和主体性事实上得到了增强。

在扬奇（Jantsch，1980）的协同进化论中，微观－宏观辩证法也找到了一个安乐窝，如以下引文所阐明的。

> 微观进化……本身因为其连续性而生成了宏观条件，同时，宏观进化本身生成了微观自催化要素，这些要素保持宏观进化过程运行。这种互补性标志着一种开放的进化，这种开放的进化揭示了新的新奇性维度并与环境发生交换。它不是一种标志着统一的整体性进化的对特定环境的适应，而是系统和环境在所有层次上的共同进化，即微观世界和宏观世界的共同进化。这样一种整体性进化是不确定的、不完全的，相比形态学标准而言，它更愿意选择动态标准作为其策略。它是自洽的且具有创造性的（Jantsch，1980：75）。

132 我已经讲清楚了共同进化理论在社会学领域中的一个非常令人信服的运用（除了罗斯诺有关国际关系的研究），尽管我并不能完全确信，作者们自己已经意识到或者承认这种表面上的联系。在过去十年左右的时间里，格伦·埃尔德（Glen Elder）以及其他人，都提倡在个体发展中使用与传统的“生命周期”形成鲜明对照的“生命历程”这一视角（Elder and Caspi，1988；Rabin，1989）。鉴于生命周期这个概念表现了生命过程一代代有节奏的重复，埃尔德的生命历程概念，指的则是一些完全不同的东西，它类似于杨奇（Jantsch）的系统论中的共同进化概念，或者类似于混沌理论中的不可重复性和不可预测性。对埃尔德来说，一个人的生命历程至少是一个特定队列的、独特的生命体验。社会－环境的历史轨迹和人的生物性衰老过程的共同进化，创造出了独特的、本质上不可重复和非周期性的生命历程。宏观世界（社会－环境语境）和微观世界（个体的老化）之间的辩证交互作用和相互影响的，进一步增强了生命历程的独特性。在非线性动态系统常见的正反馈回路中，宏观世界影响微观世界，微观世界对于这种影响的反应“创造出”一个新的宏观世界，这个新的宏观世界反过来预示着一个新的微观队列，以此类推。例如，“60年代人”，作为一种微观队列，其生命体验一直受到那十年的宏观气氛和环境，以及他们的父母和祖父母那代人的内容和经历的影响；但是，随着60年代人的成熟，他们对社会系统提出了新的要求，并产生了新的影响，60 年代人的生命体验不仅影响着那十年宏观世界的发展轨迹，而且影响着后续几十年及新的微观世代队列，其影响方式是，要么通过迫使新队列以某种方式对“60 年代的教训”做出反应，要么通过 60 年代人所具有的社会、政治、经济及公共政策影响对整个美国社会产生影响。

因此，协同进化“以一种相互因果关系的无缝循环，连接着大规模和小规模”（Briggs and Peat，1989：164）。但是，微观尺度和宏观尺度的共同进化也是“一种分形观点，这种观点认为，大尺度和小尺度都是作为一个完全的互联系统的一方面而出现的”（Briggs and Peat，1989：164）。这种“分形观点”在社会科学中也找到了一种隐喻性的、方法论上的位置，在我看来，它主要是在国际政治经济中的依附论领域中找到了这样一个位置。特别是，分形几何很好地映射了弗兰克（Frank，1967）关于所有分析层次上剥削者和被剥削者之间的宗主国－卫星国经济关系思想，这些分析层次涉及从作为新帝国主义统治者的美国面对其附属的任何一个第三世界国家，到作为一个区域剥削者的圣保罗对其附属的乡村腹地的统治，再到拉丁美洲家长制权威对其附属的妻儿的控制。

在对方法论个体主义和宏观－微观辩证法的讨论中，本章中已经有好几个地方强烈地暗示着，社会整体可以凭借自身成为行动者和主体，并且它们的确是行动者和主体，在一门“科学的”社会科学哲学内，它们至少拥有与方法论个体主义一样的本体论地位。正是这种观点，长久以来受到“主流”牛顿－实证主义社会科学的抵制，因此，在这个时候它需要得到进一步的阐 133
释和说明。

在牛顿时代一直存在着各种各样的社会科学，它们当然都倡导集体性实体作为社会行动者的方法论重要性：荣格心理学强调集体无意识，马克思主义关注社会阶级，认为适当的阶级意识是历史的驱动力，这些只是关于这点我们可以提及的很多例子中的两个。但是，通常这些对原始－整体论社会科学的尝试，要么变成一维的、还原论的宏观理论，这就彻底地打乱了宏观－微观辩证法的平衡或者完全取代了微观层次，要么把微观层次的行为降低到仅仅是宏观层次现象和力量的表达或密码的地位。例如，在一些版本的马克思主义中，个体及其行为和意识只不过是社会阶级的表达，而社会阶级本身只不过是结构性力量的主体，它们在一种注定的历史轨迹的目的论演化方向上运转。另外，真正科学的整体关联主义，当提升集体性主体性和集体性意识的重要性时，最希望维持宏观－微观辩证法的完整性和相对对称性。

整体关联主义坚持认为，整体比其部分之和要多得多，部分的聚合和支配部分之间交互作用和发展的规则，在进化上是自我超越的；使用黑格尔－马克思式的措辞来说就是，数量在某一时刻会辩证地转化为质量，并伴随一种新的结构的形成；借用非线性科学来说也就是，分叉点上微观层次现象的迭代串联起来，会动态地形成重大但不可预测的宏观层次转变，这些都丰富了我们对实在的深刻理解，在自然科学和社会科学内，实在都可以找到其表达，同时它们也使我们可以正面面对复杂性，并减少人类在其面前的科学上的和认识论上的狂妄自大所带来的危险。

例如，在神经科学中，最近的研究已经揭示出对人类大脑活动和人类意识形成的如下这种整体形成分析：

> 大脑活动很可能会以一种自然的方式引起思维、意识、感觉等，尽管事实是，大脑活动的组成部分——脑细胞、电流、神经传递素等——并不具有思维、意识等。思想、感觉……可能是*作为一个整体*的大脑的综合活动的实现［突现属性］，尽管不能把它们归因于这种综合活动的任何一个要素（Rosen，1991：38）……

在物理学中同样也可以发现这种分析：

> 体积、压强和温度等宏观概念，对于一个由很多分子构成的整体来说是相关的、有意义的，但是对于这个整体所包含的每个单个分子来说则是无关的、无意义的（Rosen，1991：39）。

同样地，在生物学中也有类似结论：

> 134 一个昆虫群，可以被适当地描述为一个较高层次的或者高级的生物体，它具有生存意志、适应天气、预见……生生不息……等特征。然而，

> 群体中每个成员的行为都具有一种对有限范围的触觉的、化学的、听觉的和视觉的刺激……做出自动反应的特征。群体的宏观特征中没有一个是其任何一个成员所具有的（Rosen，1991：39）……

要注意的是，在以上三个例子中，虽然都既提到了宏观层次又提到了微观层次，虽然特定的属性都被分别归因于这两个层次，但是，这两个层次的属性和功能具有一种协同关系，都可以通过彼此以及它们之间的交互作用来得到辩证的阐释和了解。还要注意这个观念，即整体的突现属性不需要在部分中表现出来，事实上，从那些词的牛顿意义上来说，即使部分的特征是物质的，整体的特征也很可能是非物质的。因此，即使一门科学在其方法论中包含唯物主义成分，它也能合理地超越唯物主义的约束，或者辩证地整合唯物主义，这样，就可以给予以下这种观念一种真正的科学地位，即集体性实体或整体能够体现出诸如思维、意识、感觉和思想等“神秘主义”特性。事实上，无论是对自然科学还是社会科学来说，这都是一个突破性进展。

正如唐纳德对*智人*“外部存储器”的进化所做的研究那样，这在上文中有所提及，它证明了整体关联主义的“突现属性”过程，事实上已经开始戏剧性地鼓舞着社会科学。唐纳德（Donald，1991：310-311）利用来自计算机科学世界中的一个模拟说道：

> 假如一个计算机被嵌入一个计算机网络中，也就是说，假如它与一个由其他计算机构成的“社会”相互作用，那么它并不必然会保持相同的“认知能力”……在一个［此类］真实的网络中，系统的资源是共享的，同时［它］作为一个比其任何一个独立组件都要更大的单位运行……就像在扩展计算机的能力中，硬盘存储器的发明是一个经济的、灵活的、事实上是本质的特征一样，外部存储器是人类认知史上的一个极其重要的、有效的革新……［因为，］一旦与现实紧密联系，［个体的］技能就既由这个网络也由它们自己的生物遗传来决定。

“个体的”行动、动机和意识的当代表达，再次被定位于一种扩展了的且

强化了的宏观 - 微观辩证法中。一方面，计算机技术在数据操作和信息采集领域向个体赋权；另一方面，它把这种增强的自主性定位在一种扩展了的依赖性中，也就是，依赖于我们现代外部存储能力的“集体心理”，并得到这种集体心理的阐明。例如：

> 支持［人类认知发展的］第三次转移的理论装置最近刚实现，它严重依赖于外部存储器，并由大脑使用模式所决定，这些模式看似是*由外部存储器媒介本身设定的*。例如，不存在内部接线图，来通过一种科学图表使得这种综合得以可能；综合*就在那里*，存在于这个图表本身中。
> 135 理论家严重依赖于大量外部认知道具——数学符号、曲线、图表、柱状图、模拟测量及技术术语——来得出一个理论。如果没有这些东西，这种思想根本就不可能实现，因为思维所达到的最终状态或“结论”是由外部表征本身直接推动的。因此，诸如理论综合这样的过程，其轨迹很难归因于组成这样一个系统的内部 - 外部网络中的任何一个单一部分（Donald，1991：378-379）。

罗斯诺也再次在国际关系领域，就这一问题加入了整体关联争论。全球政治中的一个相对新的力量，已经从第二次世界大战后的分支中显露出来，他假定这是一种“无领导的公众”现象，这种现象表现出整体关联主义的“突现属性”的所有特点，表现出拥有思想和主体性的集体的所有特点，表现出大于它们的单个组成部分的自组织和自生成。按照罗斯诺所说，无领导的公众非常自发地联合起来，形成它们的自组织的集体意识，而不用将报纸故事和民意测验的出版物或交流聚合起来。与外部存储器一样，公共意识是由公众对各种各样问题的态度之间的信息共享而形成的，因此，个体对特定公共政策的不满，通常在无组织的个体思想内是沉寂的且无效的，但是会在数量上和质量上聚合成具有空前规模的强有力的集体性社会力量。事实上，最近的世界史已经被这些新的集体或社会运动淹没了：菲律宾的人民权力，波兰的团结工会，捷克斯洛伐克的公民论坛，甚至是 1992 年美国总统选举活动中佩罗的支持者（Rosenau，1990：125，304）。罗斯诺把无领导的公众的出现，归因于现代技术（通过外部存储器）对个体分析能力和心力贯注能力的增强（Rosenau，1990：368），他声称，这就允许人们“*理解*集体行动的急迫性以及他们在哪儿和如何适应集体行动”（Rosenau，1990：372）。例如，在里根总统任职期间，“对于美国的哪个派别支持萨尔瓦多和尼加拉瓜，可能美国人并不了解一些相关实情，但是，他们却在一个较高的抽象层次上清楚，如果美国停止介入的话，剧情会如何发展”（Rosenau，1990：373）。事实上，毫不夸张地说，20 世纪 80 年代期间，美国对中美洲的直接公开的军事干涉，很大程度上受到一种抗衡力量的限制，这种力量来自美国民众关于可能会卷入另一个“越南”的这种广泛传播的舆论。

不论我们是否相信这章中已经讨论和考察过的那些方法论“修正”或“见解”，毫无疑问，我认为整体关联科学为社会科学带来了强有力的、理论上丰富的隐喻。至少，此处的这种基本的辩证主义，虽然有其黑格尔－马克思主义的弦外之音，但是它的确是一个重要的改进，它超越了任何方法论还原论，不论是牛顿－实证主义还原论还是其他形式的还原论。毕竟，冷战已经结束了；同时，就像在一种多极的或多中心的全球政体中，摩尼教的二分法不再有意义一样，它们也不再可以对一种整体关联的语境内包含的社 136
会科学哲学做出卓越贡献，这种社会科学哲学包含着理论复杂性和方法论多元主义。

第十一章
物质与唯物主义

137 正如在上一章中所假定的那样，物理学的原子论，支持社会科学的方法论个体主义，并为其提供了隐喻，同时，在 20 世纪以来反对物质的本体论第一性和唯物主义的哲学和形而上学霸权这种持续的科学攻击下，这种原子论也逐渐遭到了削弱。直到最近，在一本有着恰当标题的著作《物质神话》（1992 年）中，两个非常著名的物理学家，戴维斯和格里宾，沿着之前海森堡（Heisenberg，1958）、卡普拉（Capra，1975，1983，1991）和霍金（Hawking，1988）所做出的相似评价，并在这些评价的基础之上，公然宣布“唯物主义已死”（Davies and Gribbin，1992：13）。他们的结论不仅引人注目，事实上也象征着朝向整体关联主义的一种范式转移，这种范式转移“像科学史上的任何范式转移一样意义深远”（Davies and Gribbin，1992：29），而且这个结论还强调了以下这一事实的讽刺性和重要性，即物质和唯物主义即使不是彻底灭亡，其合理性也主要来自物理学同行自身内。一旦物理学开始着手拆卸其自身的唯物主义的牛顿基础，以支持一种整体关联的形而上学，那么它就既解放了一种涉及复杂性的方法论多元主义，又赋予了认识世界的更广泛的方法以“科学上的”凭证，这反过来恢复了这些方法作为重要且合法的“科学”认识论来源的地位。

但是，情况比这还要复杂；戴维斯和格里宾的结论有些太过傲慢和肤浅。相反，我们所看到的是，量子力学、非线性和进化动力学以及复杂性，的确代替了牛顿机械唯物主义，但这并不是物质和唯物主义的彻底灭亡，而是在一个辩证的、整体关联的框架中重构和重新解释它们，这个框架证实了机械唯物主义作为“深刻实在”和动态复杂性之模型的严重局限性。正如戴森（Dyson，1988：8）所说：

> 我不知道“唯物主义”这个词的意思是什么……我认为物质是一个不太精确且相当过时的概念……当我们在粒子物理学实验中详细地考察物质时，我们看到它像一个活性剂而不是惰性物质一样活动。从严格意义上来讲它的行动是不可预测的。它似乎在可选择的可能性之间任意地进行选择。我们在实验室中观察物质时的物质与我们在自己的意识中观 138
> 察精神时的精神，这二者之间看似只存在度的差异而不是质的差异……物质是超自然的东西。

在牛顿世界中，那些通常与物质相关联的属性，在一个整体关联框架中被它们的辩证对立面代替了，或者事实上，如下面将要看到的那样，这些属性将通过其对立面辩证地得到表达：物质具有主体性和意识，以一种不确定的方式行动并做出选择；同时，精神和物质之间的牛顿主义的笛卡儿二元论，在它们的辩证统一中瓦解了。即使我们中有些人多少会被“神秘主义”要素所困扰，这里神秘主义看似是在辩证主义的伪装下悄悄混进来的［事实上，卡普拉（Capra，1991）在其对量子力学和东方宗教的比较中，慎重地研究了辩证主义的隐喻局限］，因为它威胁着我们追求“更健全”、更简单、更熟悉的世界这种牛顿倾向，这是一种客观主义的、原子论的唯物主义的存在主义经验论，但是，马斯特斯不那么激进的唯物主义立场，可能多少会使我们轻松一点，这种立场具有深刻的方法论意义：“把基因库看作生命形式的一个构成要素，这实际上不是神秘主义，但它限制了传统唯物主义者所强调的机械因果关系的范围。”（Masters，1989：143-144；参见本书第五章、第八章和第九章）

整体关联主义以一些方式攻击并重构了牛顿式的物质概念。首先，到目前为止，在量子力学中有非常著名的波粒辩证法这个例子。从牛顿主义的视角来看，粒子和波显示出完全对立的属性。一方面，粒子“必须存在于空间中，不能被分裂，在与其他粒子的碰撞中保持其同一性”；另一方面，波“遍布于空间的广阔区域，可以以无穷多的方式进行分割，与它偶然遇到的其他波完全融合”（Herbert，1985：63-64）。但是，量子世界中的电子，既是粒子又是波，同时，“它可以以一种和谐的方式将这些对立属性结合起来”（Herbert，1985：38；Capra，1991：60）。

> 量子稀释试验证明了，尽管电子在屏幕上看起来是个粒子，但每个电子独自移动……就好像它是一个波一样。电子通过一次呈现一个方面来管理其对立的方面。不论什么时候观察电子，它都像粒子一样……在观察之间，同一个电子像波一样伸展开来……（Capra，1991：66）。

量子稀释试验不仅严重质疑了经验观察理解和测量任何“客观实在”概念的能力，而且它还质疑了“价值中立”科学这种观念，下文将要更详细地进行讨论，对自然的经验揭露依赖于观察者，依赖于他想要看到什么和他试图测量什么。毫不夸张地说，这两个结论都逐渐破坏了牛顿－实证主义世界观的两个最为根本的原则；“物质神话”不仅挑战了物质的本体论第一性，而且作为一个逻辑上不可避免的结果，它还挑战了牛顿－实证主义建基于其上的整个方法论大厦。

139 以同样的方式，这种辩证法在全息宇宙中也起作用，正如在第三章中充分证实了的那样，全息宇宙与量子实在存在紧密关联。正如塔尔博特（Talbot，1991：55）所阐明了的，“一个瓷杯的存在涉及两个完全不同的方面。当它被我们大脑的透镜过滤时，它表现为一个［物质的］杯子。但是假如我们可以除去我们的透镜，那么我们可能会感觉它是一个干涉图样［一个波］……这两个［方面］都是实在的……或者说……都不［是］实在的”。实在以各种不同的媒介把它自己呈现给我们，可以说，它跨越了整个范式性的波长谱系；不论我们转向哪个频道，或者说，不论我们可以收听哪个波长，都改变着我们可以获得的实在图像。图形介质给我们图形实在，粒子通道提供粒子图像，等等，它们要么都是实在的要么都不是。

但是，在量子世界中，波粒辩证法常常进一步被定位在甚至是溶解在一种新的本体论第一性中，即“能量场”。物质或者离散的原子粒子，以及输送它们的波形，都被重构成这些量子能量场的近似沉淀物，这些沉淀物是由能量场的无形的动力流衍生出来的。卡普拉（Capra，1991：210）以以下这种方式描述了这种情形：“量子场被视为基本的物理实体；它是一个在空间中无处不在的连续介质。粒子只是场的局部凝结；能量的浓缩变化不定，从而失去了其个体特征并被溶入潜在场中。”同样，在戴维斯和格里宾看来：“量子场论……描绘出了这样一幅图景，其中，固体物质溶解掉了，被无形的能量激发和振动取代了……物质实体和表面真空之间几乎不存在任何区别，表面真空本身充满了瞬息的量子活动”（Davies and Gribbin，1992：14）；“[量子论假定] 抽象实体即所谓的‘虚拟’粒子。这些短暂的物体从无到有开始存在，几乎立即又逐渐消失。尽管它们转瞬即逝的变迁的模糊痕迹会出现在普通物质中，但是虚拟粒子本身*永远都不能*被直接观察到”（Davies and Gribbin，1992：20）；同时，“亚原子粒子事实上是更小的弦循环的激发或者振动”（Davies and Gribbin，1992：21），这类似于卡普拉的“能量共舞”（Capra，1991：244）。因此，正如卡普拉所得出的结论，与牛顿主义把物质视为一个静态的、惰性的、离散的、具体的实体形成了鲜明的对照，“亚原子粒子的属性只能在一种动态的语境下，根据运动、交互作用和转化来理解”（Capra，1991：192）。

如在上一段中顺便提到过的那样，因为量子世界中的物质包含在能量场中，所以，相关联地，它也包含在了其辩证的对立面即空间中，这对牛顿主义来说在范式上是反直觉的。

> 因此，物质和空间被视为一个单一整体的不可分割的、相互依赖的部分。
>
> 物质对象不仅决定着周围空间的结构，而且反过来在本质上受到它们的环境的影响……物质对象的惯性……不是物质的一个固有特性，而是对它与世界的其他部分交互作用的一个测量……假如……恒星突然消失了，那么旋转天体的惯性和离心力将随着它们一并消失（Capra，1991：208-209）。

这就再次证明了，表面的经验现象从根本上是误导性的，要充分理解任 140
何一个实体的属性和行为，我们必须以一种相关联的方式，把这个实体定位在其环境背景下，并与支配这个实体活动的动力学和规则保持一致。例如，在马克思主义理论中，“阶级”范畴也具有一种关联本体论的特征，它只能在资本主义社会关系和生产力的语境和规律内来进行理解；同样地，消除阶级的话，资本的“运动规律”也会消失。因此，最重要的是，对马克思主义来说和对量子实在来说一样，“抽象”关系或相互联系就像阶级甚至是阶级中的个体成员一样实在和具体。在这个意义上，显然实证主义包含着“原始经验主义”，这种观点认为，只有那些经验上可以通过直接感觉来观察并能得到“理性”推理证实的事物，才可以得到合理科学地利用，因此，这种实证主义对于分析划分阶级的社会以及很多其他社会科学现象而言，仍然是远远不够的且肤浅的。

此外，作为量子能量场的局部凝结，亚原子粒子表现得既是可破坏的，又是不可破坏的，能量流在显节点之间转移，且服从一种连续性 - 非连续性辩证法，其中“力和物质只是同一现象的不同方面”（Capra，1991，149，78）。另外，这种总体上的量子不确定性和相对不可预测性，是场或波环境的不确定性的结果，它们意味着牛顿世界的线性机制的可预测性被“概率模式”取代了，后者“不是代表事物的概率，而是代表相互联系的概率”（Capra，1991：138）。

> 我们永远都不能说，原子粒子存在于一个确定的位置，我们也不能说，原子粒子不存在。作为一种概率模式，粒子具有存在于各个不同位置的倾向，因此它表现为一种位于存在与非存在之间的奇怪的物理实在……粒子既不存在……也没有消失。它不改变它的位置，也不保持静止。改变的只是概率模式……（Capra，1991：153-154；Capra，1991：203；Herbert，1985：26-27，181）。

与量子场论的概率模式相关联的这种预测不确定性，也体现在量子实验和测量，简单地说就是，量子观测法中存在的不确定性这个要素中，且在一定程度上是这个要素的结果。与牛顿 - 笛卡儿主义的主体 - 客体二分法相比，量子实在的关联本体论，即其整体关联主义，必然引起了观察者和被观察者对于彼此的影响：“……亚原子粒子作为孤立实体没有任何意义，它们只能被理解为实验准备和随后的测量之间的相互联系。”（Capra，1991：68；Herbert，1985：18，66-67）正如海森堡所写的：“自然科学不仅仅是描述和解释自然；它是自然和我们之间相互作用的一部分……我们所观察的不是自然本身，而是暴露于我们的提问方法的那个自然。”（Herbert，1958：81）事实上，对于“哥本哈根－诠释第二部分”的最为坚定的拥护者而言，人类观察、人类意识，甚至*创造了*实在。按照惠勒所说，“一个基本现象除非是已经 141
被观察到的，否则就不是一个真实的现象”（转引自 Herbert，1985：164）；同时，“大卫·慕尔明（N. David Mermin）相信，所有实体——猫、橙子、彩虹——的属性……都不是真实的，除非某人在一种特定的计量器的帮助下看到了它们”（Herbert，1985：167）。这些来自量子世界的结论，事实上敲响了牛顿－实证主义的价值中立的科学这一理想的丧钟。

然而，量子观察者的意识，并不是意识影响量子实在的唯一方法。像非线性系统和进化系统一样，量子“物质”具有意识、思考和选择等力量，从而再次使得笛卡儿的心物二元论无效，而支持一种心物辩证法。意识和思维很明显既有物质的一面（神经、化学及物理位置与活动），又有并存的、补充性的精神的一面（信息、概念和观念）。此外，“电子信息的积极作用，事实上是所有亚原子粒子的信息的积极作用，都表明了，对意义做出反应的能力不仅是意识的一个特征，而且是所有物质的一个特征”（Talbot，1991：122）。同时，当“意识像粒子一样时，它就会定位在我们的头脑中，但是，当它像波一样时，意识……就会引起遥远的影响效应……实在是……意识像波一样的那些方面和物质的波形之间相互作用的结果……是意识和物理实在之间信息交换的结果……是这二者之间的*共振*”（Talbot，1991：125）。因此，正如魏格纳得出的结论那样：“不论我们未来的概念以何种方式发展，仍然需要注意的是，对外部世界的研究都会形成这一结论，即意识的内容是一个终极实在。”（转引自 Herbert，1985：26）尽管相比传统的“诠释社会科学”想要表达的内容而言，这可能是一种更强有力的论述，但是，对于一种长期受实证主义者批判的社会研究形式，魏格纳的观点明确地赋予了其科学合法性，因为这种社会研究形式在分析个体和社会行动、行为和结构时，过分强调了主体意义（意识）[①]。

正如在本章一开始的时候所阐明的，“物质神话”的证实，对一门原子论科学来说具有最为根本性的影响，对于社会科学的方法论个体主义而言亦是如此。牛顿－实证主义认为它已经永远驱除了的所有形而上学的和方法论的“幽灵”，随着“唯物主义的死亡”，再次回到了生活中。事实上，正是牛顿－实证主义的基础，即其本体论上*存在的理由*的终结，变成了整体关联主义科学的优势的生命力，特别是在社会科学中，人类意识和主体性现象在牛顿机制的范围内总是多少具有一种去人性化的地位，但是现在，这些现象在整体关联范式内找到了一种更为舒适的方法论位置[②]。

① 对诠释社会科学的阐述和批判，见温奇（Winch，1958）、费伊（Fay，1975：第4章）和特里格（Trigg，1985）。

② 社会科学中作为主观主义的意识问题在本书第十五章中将会再次得到讨论。

第十二章
理性、客观主义与经验规律

当然，如果任何一门科学的本体论前提受到严重质疑，那么它所衍生出来的任何方法论属性当然也会受到严重质疑。例如，就牛顿原子论－机械论唯物主义来说，合理性或理性、客观主义及普遍经验规律等都会受到质疑。如果机器的唯物主义完整性遭到了破坏，那么其运转的受规律限制的可预测性就会变得不太确定，在某些情况下甚至是完全不切实际的。同时，作为*牛顿式的*观察者－实验者，我们客观地观察我们理性地设计出的那些实验所展示给我们的东西的能力，合理地假定可检验的假设的能力，以及合理地得到实验结论的能力，都消失在了我们眼前。尽管一门绝对全知全能的社会科学这种牛顿－孔德式的科学社会主义理想，遭到了整体关联主义科学的全盘否定，但是，某种程度上得到再阐述且受限定的理性、客观主义和规律支配的可预测性仍然存在下来。整体关联主义科学尽管有其非机械论特征，并包含着根本的不确定性，但它仍试图理解世界，试图确定世界的形式和动力学。并且，当我们无论是以个体还是集体的形式进行生存斗争时，它都帮助我们保护自己，并驾驭完全不可知的未来浪潮。但是，为了以一种“能被理解的”方式来做这一切，我们不得不相应缩减我们的实证主义抱负，在一个完全没有任何保证的世界中，满足于一种更为丰富但相对不那么确定的生活。 143

机械论世界观必然会带来理性、客观主义和普遍经验规律等方法论属性，这一点并不难理解。如果世界在其典型的钟表装置的伪装下，的确是一个巨大的机器，那么无论是在过去、现在还是在未来，它的运转都可以以一种理性－逻辑的方式，在某一参数集内得到思考，这一参数集是由世界所具有的普遍的、用规律来表达的、一致且可预测的运转等的确定规则来设定的；在一个钟表装置的世界中，我们总是知道分针曾经在哪儿、现在在哪儿及未来将会在哪儿。此外，如果用机械论术语来认识这个机器，那么对它的运转的观察和描述，以及用因果关系对这些运转的解释等，就可以以一种客观的
144 （一种人类的、普遍主体间的）方式来得到阐释。因此，按照机械论自己的主张，作为一种科学方法论，理性、客观性和普遍经验规律是内在一致的，所以它们本质上必然会彼此联系、彼此依赖。

可是，除了那些像亨普尔之类的人之外，大多数牛顿实证主义者，很早就知道，上面简要描述的机械论方法论的理想型版本，在整体上是无法实现的，亨普尔的“逻辑经验主义”（覆盖律模型）的确试图提出可以通过直接经验观察来试验的逻辑推理假设（Gordon，1991：594）。不仅这些实证主义者自己的经验观察，而且还有其他人的经验观察（其中最重要的当然是整体关联主义科学），都证明了牛顿世界观的严格公理化的、欧几里得式的特征是错误的（Gordon，1991：591），同时，具有讽刺意味的是，他们做出了这样一种“错配”，他们认为这是一种所谓的方法论优点。一种“精致的”实证主义，虽然被迫承认真实世界的经验上的或真实的非机械论混乱性，但尽管如此仍然主张，其“本质的”机制足够真实，至少在几个方面具有启发性和科学性价值。

第一，在上面提到的“错配”中存在的理论简化，也是我们有限的智力所必需的，因为我们的智力不能容纳实在的所有复杂性。因此，这种观点并不是说，把世界视为机器的牛顿观点是错误的，而是说，我们最终不能从总体上观察并理解这样一个巨大莫测的奇妙装置（Gordon，1991：602-603）。

第二，相关联地，从一种科学“实用主义”的观点看，我们必须假定，我们所拥有的关于世界的不完备知识，在一种普遍主义的意义上本质上是正确的，这样我们就可以做一切科学（Gordon，1991：603）。

第三，实证主义的经验规律实际上建立在合理的概率确定性的基础之上，这种概率确定性来源于一组必然不完全的经验观察。但是，需要注意的是，即使是对概率本身的评价，也深刻地扎根于关于世界的机械论假定中。

第四，即使我们不能获得对世界的全部理解，因为世界被假定为是机械论的，我们仍然可以说清楚，什么构成了一个普遍有效的科学研究模式的理想认知原则（Gordon，1991：592-593）；即使我们不可能到达我们的目的地，地图也可以给我们指明正确的道路。

第五，在一个真正机械论的世界里，并不需要直接用经验数据去证实每个前提、假定或结论，因为机械论需要一种因果逻辑并使其成为可能，这种因果逻辑可以从有限的经过经验确证的参数中，推断出一些客观普遍的真理——所谓的演绎－律则模型（Gordon，1991：598）。

第六，因此，正如波普尔（曾经）争辩道，尽管实证主义理论从来都不能得到演绎－律则方法的绝对证实，但其错误据说可以得到证实，因此，这就允许通过排除法来形成普遍有效知识的累积。

第七，从一种启发式视角来看，如韦伯所主张的那样，理论强度几乎与它所包含的简化抽象程度成反比。自相矛盾的是，我们了解的实在的细节越少，我们的科学理论作为启发式设计就越好。

> 例如，为经济理论的目的而构造出来的这种理想型的社会行动模型 145
> 是……“不切实际的”，因为它总是探寻，如果人类在追求其纯粹的经济目标时是理想地理性的话，那么人类会如何行动。它之所以这样做是为了：①能够理解人类的真实行动，因为人类行动至少在一定程度上是由传统约束条件、情绪冲动、差错以及非经济目的和考虑的影响等而形成的，但是这些都同样受到理性追求经济目标的影响……②通过利用真实的事件经过与理想型之间的偏差，来促进对他们的真实动机的了解……理想型被构造得越明确清晰——在这个意义上换句话说就是，它们越不切实际——它们就越能更好地发挥其功能，这种功能既是术语上的、类别上的，又是启发式的……［而且］是科学上更可取的（Runciman，1978：24-25）。

另外，理想型模型还通过清理实在的“混乱性”来获得科学方法论价值。正如戈登所说，“即使是在最严密的模式化科学如物理学中，当规律开始解释或预测经验现象时，它也不见得就被解释为普遍的。万有引力定律……描述了一种普遍作用力，但是，它对于特定经验事件的适用性依赖于一定附加条件的满足，如一个［完全是假设性的］真空的存在”（Gordon，1991：380）。

尽管就牛顿－实证主义世界观到底是什么来说，上述所有“限定性条件”都是关于方法论和认识论的，但最终钟表装置的隐喻及其特定的方法论衍生物，即理性、客观性和普遍经验规律仍然有效，只不过可能建立在不太稳固的基础之上。显然，到目前为止，从关于整体关联主义科学所谈论的东西很容易看出，牛顿－实证主义的机械论本体论不再具有对实在本质的任何霸权主张，同样地，其整个方法论作为*唯一的*科学范式的地位也被降低了。此外，上文关于理想型方法的第七点，虽然从某种意义上讲包含真正的方法论价值，但是尽管如此，它代表着一个裂缝，这个裂缝恰好把整体关联主义的戏剧性的、范式转移的挑战放了进来。因为，但凡使科学方法基于控制，排除或者忽视实在的混乱性、噪声、不必要的复杂化次要构成、不重要的细节乃至异常，实在的非线性或复杂性这一重要维度或量子“怪事”，就注定不能得到解释。机器的原理必然失败。

显然，至少从方法论视角来看，牛顿－实证主义非常重视理性和合理性，同时，正如我所主张的，这样一种高度接受必然是一种机械论的本体论立场所隐含的，并在逻辑上是由其引起的。牛顿实证主义者通常认为，只要科学理性和合理性可以在世界中盛行起来，那么通过社会和环境控制，这些条件会为我们提供一个更加健康、安全、有效的世界。但是，正如我在第二章中所指出的，机械论世界所固有的合理性是一种特殊类型的合理性——工具理性，我们可以非常有说服力地说，它对人类环境有害而不是有利。例如，正如施穆克勒（Schmookler，1984：197-198）所说：

146 现代理性规则是一块具有更大权力范围的封地……

今天我们的“理性”仅仅是一个工学院，一个操作信息和关系的“价值中立”的模式。它摆脱了对特定基本价值的根本性承诺，而这些基本价值被老一代哲学家们视为是不能与理性相分离的。直到17和18世纪，理性的概念仍然保有一种实质性内容。对那个时代的理性哲学家们来说，“诸如正义、平等、幸福、民主及自由等观念，都建立在理性、自然规律及深思熟虑过的自明*真理*的基础之上”（Weisskopf，1971：39）。自那以后，世界的“合理化”……就开始失去这种实质性维度。如果没有把人类意义加入逻辑清晰性中的这一要素，留下的一切就都是“功能”合理性，也就是符合逻辑和科学的特定组织原则，它们增加了对政府、工业以及生活的方方面面的控制（Harrington，1965：164）……

因此，[牛顿－实证主义类型的] 现代功能合理性摆脱了价值这个妨碍性包袱，而保留了强有力的逻辑客观性工具。

然而，工具理性作为机器世界的技术力量，可能仅仅有助于权力精英和技术专家对其余的人类和自然世界的空洞的、冷酷算计的、像机器一样的统治，而不是促成了一种*在本质上*了解并寻求社会公正、平等和自由的真正的民主共同体。哈斯（Harth，1990：120）赞成这一结论，“援引客观性就是在取消责任”，但对于我们中的大多数人来说，像他一直讽刺的那样，这恰恰是工具合理性和客观性如此受欢迎的原因，然而，它们变得越受欢迎，“知识的爆炸性增长加于我们所有人之上的一种几乎承受不了的责任”就越多。

此外，牛顿－实证主义对工具理性和合理性的强调，可能过分相信了它们在整个世界中以及在人类个体和集体内的流行性。本书第二部分应该已经使我们中那些最顽固的实证主义者相信，世界不再可以被假定为一个典型的牛顿机器，并伴随着机械唯物主义；工具理性并没有在世界上蔓延，像很久以前恐龙曾经在侏罗纪湿地中主宰一切那样。本书之前的一些地方已经开始了对奥恩斯坦关于认知心理学研究的讨论，这些讨论应该同样对韦伯的这一理想型假定产生了深刻怀疑，即要获得对经济行为的动力学的有效理解，假定一个经济人的工具主义理性行动者模型，在科学上非常合理有效。对奥恩斯坦来说，就理性这个词本身的任何意义来讲，人类思维最多只有 1% ～ 2% 适合于理性思维（Ornstein，1991：132），相反，人类思维受到一种具有进化适应性的生存计划的极大控制，这种生存计划强调了情绪反应和信息选择是处理直接存在的威胁和不可预测的危险的最有益的方式（Ornstein，1991：105-110，153），同时，它推进了对经验实在的彻底简化 [甚至是教条化（Harth，1990：96）] 这一智力过程，这样就可以在一个用其数百万特征填满我们的认知和感觉视野的复杂背景下，专注于那些危险的表现（Ornstein，1991：165，169，173，177-178；Harth，1990：80；Rosen，1991：100；Slobodkin，1992：20；Talbot，1991：163），另外，它还把人类认知和理性行
147 动相对地定位于特定语境整体中，当我们在一个进化环境中进行适应并表达不同需求时，这些语境整体会发生显著改变（Ornstein，1991：186，190）。

而且，相对于我们理性地行动的微弱能力而言，我们的情感性的反动主义所具有的优势，尽管在这种情况下具有适应性，但是它还意味着，对那些出于任何理由都不值得关注或调节的状况，不论这些理由是与生存相关的还是其他的我们所做出的过度回应，会进一步影响我们的理性能力："思维实时计算意味着，我们使自己适应新信息，即使我们并不需要这样做。"（Ornstein，1991：223，Ornstein，1991：258-260）总之，奥恩斯坦得出结论："合理性是一个伟大的想法和理想，但我们永远都没有时间这样做；我们现在没有时间这样做，因此我们现在对它没有想法。"（Ornstein，1991：262）同时，正如戴蒙德（Diamond，1992：337）所说："过去仍然是黄金时代，特色是无知，而现在是铁器时代，一厢情愿的视而不见。"

此外，人类的所谓理性的能力，常常被认为是智力提高的结果，而智力的提高有助于语言能力以及对符号和符号编码的使用，同时，语言能力以及对符号和符号编码的使用，也对智力的提高起到促进作用。如本书前面已经描述过的，虽然这些主张事实上具有大量的有效性，但这些技能本身也有其非理性成分存在。特别是，自我指涉的理性思维，只要它存在，就非常容易变成一种教条主义的自大，一种自我陶醉的爱上自己的（自我欺骗式的）知识建构，无论这些知识建构是复杂的科学理论、陈腐的政治意识形态，还是妄自尊大的、过度智能化的哲学图式。正如哈斯（Harth，1990：124-132）所说：

> 但是独白有其陷阱。成为自我指涉的、*递归的*，其本质意味着，我们很容易被我们自己的语言引入歧途。偏见和愤怒被放大，同时，我们自己的动机被洗白。我们坚信我们自己在做正确的事情，而我们的对手则出于最原始的本能而行动。我们是易受骗的生物，并且我们可以说服

> 自己做几乎任何事情。当我们既是说话者也是听话人［无论是作为个体还是集体］时，我们对怀疑论的本能警惕会逐渐减少，作为结果的正反馈就会产生一种遥遥领先的错觉……
>
> 奇妙的是，我们多么容易为话语所左右。煽动行为很少是强加于我们之上的。我们寻找并崇拜我们的诱骗者，他们胡言乱语地闯入我们的内心。他们让我们愉悦是因为他们证明了我们的恐惧是合理的，并助长了我们的恐惧，他们支持我们最为邪恶的信念，并恭维我们的正义感……
>
> 我们的现代野蛮人已经丧失了理性的语言，并把它转化成了垃圾艺术。

因此，例如，当美国搁置冷战并使自己投入到了1991年的海湾战争时，布什政府关于在那个地区什么正处于危险中以及为什么会首先出现这种危机的言论，与一种腐败的合理化更一致，而不是人类实际上可以使用并从中获利的一种合理性实践。①

退一步说，假如整体关联主义科学为牛顿－实证主义的理性世界和理性 148
地形成的人类等概念蒙上了一层巨大的阴影，那么这种阴影进一步覆盖了牛顿 实证主义所谓的客观性属性。显然，这恰恰是牛顿 实证主义所宣称的方法论声望之一，即它是一门价值中立的科学，可以以一种即使不是绝对客观，但也是非常客观的方式来观察和测量世界。但是，上面的理性和合理性限制，加上客观性的严重局限性，使得牛顿－实证主义方法论在一个整体关联范式内遭到批判性自我反思，其世界得到深刻的经验观察和重新评估。

在第三章及本书其他一些地方我对量子实在的分析中，已经不止一次地评

① 随着时间的推移，自从海湾战争结束后，越来越多的证据证明，布什政府使用了一组普遍客观的条件或标准，以证实其发动这场战争是有效或合法的；事实上，隐藏在整个计划背后的“理由”在很大程度上是欺骗性的、自我服务的、虚伪的及情绪化的。此外，这场战争期间所谓的“同盟国”对破坏性力量的惊人使用，其中大部分都不利于无辜平民，这几乎不能说是对手段和目的之间关系的人类理性评价；但是，这完全可能是“机器式”合理性的表现，即第二章所提到的牛顿-实证主义式的社会工程“技术”或“工具合理性”。

价过笛卡儿式的观察者－被观察者二元性在量子－全息宇宙中的瓦解。正如卡普拉（Capra，1991）、赫伯特（Herbert，1985）和塔尔博特（Talbot，1991）一再坚持认为的那样，量子－全息的观察者不能还原地牵涉进量子－全息的实验和测量中。观察者决策和想要的测量属性及期望，既决定着量子－全息现象的表现和特征，又与量子－全息现象的表现和特征辩证地相关。在实验者、测量者和观察者的要求之外，不存在绝对客观的实在；人类主体性给量子－全息宇宙带来了生命，且一旦这种主体性消失，那么量子－全息宇宙也就不复存在了。

同样地，无论是在非线性系统还是在进化系统中，实在的内涵都要比牛顿－实证主义意义上的客观可观察要丰富得多。如本书之前已经提到的那样，在这些系统中，实在的一些最为重要的方面，根本不是客观的、直接可观察的经验实体，充其量只是间接可观察的、抽象的信息结构，像遗传密码（Masters，1989：128）或非线性动态反馈回路（Briggs and Peat1989；Gleick，1987；Nicolis and Prigogine，1989）一样。

在这章中要考虑的第三个也是最后一个牛顿－实证主义方法论的要素是，运动或行为的普遍经验规律这一概念。机制概念，也就是机器概念，必然会形成一种受规律支配的世界概念，即一种线性世界概念，因此，这一概念可以为科学家提供预测力及最终的控制力。但是，普遍认为是牛顿科学开始了对宗教和神学的攻击，罢黜了它们作为世界运行和意义的终极解释来源的地位，但是，牛顿实证主义对普遍自然规律概念的理解，受到了犹太－基督教的神学隐喻的影响，并在本质上得到其阐释，然而，它本意是想要用其基于经验主义者的世俗主义，来代替犹太－基督教的神学隐喻的，因此，这在某种意义上构成了一种莫大的讽刺。正如巴罗（Barrow，1991：15-16）所解释的：

149 我们的一神论传统强化了这一假定，即世界本质上是一个统一体，它不是由不同地方的不同立法所支配的，它既不是努力把其专断意志强加于万物之本质的某种诸神之战的残留，也不是某种宇宙委员会的妥协。我们西方的宗教传统也赋予我们一种假定，即万物都是由一种独立于那些事物而存在的逻辑所支配的，规律是从外部强加上的，就好像它们是一个先验的神圣立法者的法令一样。

尽管这种知识传统有其悠久的历史和影响力，但是，就像机器隐喻在文中一些地方受到非常彻底地批判，且它所派生出的假定和特征的局限性也已经被证明非常严重，在一个非线性的、整体关联的世界中，行为的普遍的、线性的经验规律这一概念缺乏有效的方法论精确性和合法性。因为，尽管大多数物理学家，事实上还有大多数社会科学家，都已经习惯于并愿意继续处理“原始的对称性和基本的自然规律……［，］但是生活世界不是一个大理石宫。它是自然选择和很多相互作用的要素之间竞争的混乱结果……［事实上，它］既不是精确的也不是对称的”（Barrow，1991：16-17）。

基本的、对称的自然规律所具有的局限性，可以通过一些方式得到阐明，在不同情况下，这些限制条件都是通过世界本来就具有的整体关联本质突显出来的。事实上，牛顿－实证主义的自然规律概念包括对变化的解释，如围绕太阳运转的行星的轨道等。但是，行星的运动受到一种*不变的*运动规律的支配，这是一种在所有实在层次上都保持不变的对称性，从亚原子世界到外层空间边缘，始终如此。这种假定的不变性“是我们对世界中的因果关系规则以及把自然规律表征为微分方程或算法的［牛顿］信念的一个遗产，在微分方程或算法中，输出是由输入唯一决定的。微分方程是［线性的］数学‘机器’，允许我们由现在来预测未来……［同时］允许我们用现在来重现过去”（Barrow，1991：31）。但是，即使我们确信我们知道这些运动规律事实上是什么，要完全理解现在，我们还必须以最大精确性了解这些规律开始运行的“初始条件”。当然，牛顿主义以其机械隐喻假定了，我们今天所发现的“机器”与在那些初始条件下存在的机器完全一样，因此，以一种相当同义反复的方式来说，非线性“对初始条件的敏感依赖性”这一问题在理论上就成为无效的了。牛顿主义本身的机械论原理或假定实际上恰恰是它自己的初始条件，在这些初始条件的基础上，其运动规律的逻辑的、线性的微分方程开始运行；随着今天的条件变为初始条件，在这种自我封闭的世界中预测和对称大获成功，同时我们可以从整体上重构我们的世界，即使我们只可以在一个有限的当代时间范围内利用观察、实验和数据收集。

但是，正如在本书之前相当详细地讨论过的那样，确切地说，要阻止对初始条件的敏感依赖性所具有的非线性效应撕裂牛顿对称性，阻止牛顿规律 150

的线性变得完全不适当，以及阻止从根本上破坏牛顿微分学，因为它是我们科学地占用世界的数学基础，我们不可能以达到这些目的所必要的精确度来测量任何系统的初始条件。此外，如我在上文中详细指出的那样，充满活力的、进化的整体关联系统都有其历史，这些历史在任何意义上都完全不是线性的。生命系统的历史轨迹没有一种包罗万象的对称性，它们高度偶然性的非线性演变不利于线性推测或时间可逆性。因此，今天的条件不可能与系统的初始坐标完全一致，而且，我们不能在一种不完全的历史数据集的基础上，完全理解现在或重现过去。普遍经验规律充其量被限制在任意分离的时间周期或组成部分内，因此，只可能获得高度受限制的、有限的解释成功。但是，可悲之处在于，尽管关于牛顿－实证主义的局限性的知识越来越多，但是很多“寻求社会行为的数学模型的社会科学家还是求助于线性模型，因为它们是最简单的模型，同时也是他们被教授的唯一一种模型”（Barrow，1991：194）。因此，从最为适当的意义上来讲，对社会科学家来说，本书是一本有关整体关联主义科学的著作。

然而，在为我们解释世界并带来其技术应用的很多奇迹方面，物理学成功的原因之一是，*在某一层次上*，世界可能是且实际上是“在算法上广泛可压缩的”（Barrow，1991：200）。这就相当于说，尽管在面对合理性和信息处理时，我们的思维具有局限性，但是，我们可以通过“用包含相同信息内容的简略陈述来替代事实序列和可观察数据……［例如，通过数学］‘自然规律’，来使世界对我们自己来说是可理解的”（Barrow，1991：199）。但是，我们会再次发现，算法可压缩性是以牛顿机械论*格式塔*为基础的，这种格式塔显然与一种整体关联的世界概念不一致，我们现在“知道”，在实在的很多其他的非线性层次上，这种整体关联的世界概念从根本上来说在算法上是不可压缩的。事实上，正如罗森（Rosen，1991：77-78）所说，*只有当*我们能够在概念上合理地把自然过程分离成“初始状态”和“进化规律”（如我们所看到的，在整体关联系统中这是不可能成功的）*时*，我们才能“找到再现性、秩序、规律及可预测性”（Cilliers，1998：第5章）。但是，作为科学家——观察者、实验者和测量者——我们既被我们自己作为“自然的”算法压缩者的认知进化所祝福，同时也受到其诅咒，这些压缩者将“对世界进行一种算法压缩，而不论世界本质上是否可压缩”（Rosen，1991：201）。牛顿式的客观性、理性以及对普遍规律的寻求，再一次因为我们的认知局限性、我们知觉的狭隘性以及我们坚持迫使实在整体挤进一种机械隐喻的范围而陷入困境。

根据生物学和进化科学，一种对称的、受规律支配的世界概念在以下几个方面受到了批判。首先，在自然中很少能够找到普遍规律在某种程度上所依靠的这种对称性。例如，正如罗普（Raup，1991：57）所主张的，“偏态变异在自然中非常普遍［而且，通过“自然”扩张，在人类社会中也非常普遍］……大多数情况都降到平均水平以下［因此使得很多基于正态分布的统计技术变得不适当］”。其次，正如马斯特斯（Masters，1989：234）所说，“当代生物学证明了，不同的物种……会以完全不同的方式对一种给定刺激进行回应”，正如我在第五章和第九章中多次提到的，这也使得普遍的行为规律变得不适当且完全是误导性的，这些规律可以预测任何生物体以一种可重复的方式对于特定刺激的反应。最后，正如在第五章和第九章中对古尔德（Gould，1989）的研究的讨论所证明的那样，整个系统变化的历史轨迹不能还原为任何普遍的运动规律，因为系统变化具有高度偶然性本质。 151

尽管我们对牛顿－实证主义的理性、客观性和普遍经验规律等特征的批判一直持续下来，并相对来说是一种严重打击，但这并不意味着在这一点上我们必须把孩子和洗澡水一起倒掉。从一种整体关联的科学视角来看，牛顿科学的很多属性仍然可以保留下来，只要它们以一种不那么决定论的、还原论的和绝对的方式得到阐释，只要它们从绝无错误、确定性、全知及整体性的操作控制那里后退一两步。例如，从一种整体关联的视角来看，科学模型概述了如下策略，这种策略与线性模型存在显著不同。

> ［整体的非线性］建模者不要试图找出所有的因果链，而要寻找连接反馈回路的节点，并在系统“图景”中获得尽可能多的重要回路。非线性建模者不要试图通过塑造模型，来实现对未来事件的预测或获得某种集中控制，而要愿意去干扰模型，试验不同的变量以了解系统的临界点及其内稳态（变化的阻力）。建模者不要试图通过量化复杂系统并掌

> 握其因果关系来控制复杂系统；他（她）只需要增加其对系统如何运行的“直觉”，这样他（她）就能够更和谐地与系统相互作用……［参与到］一种对动力学的定性的整体理解中（Briggs and Peat，1989：175-176）。

在整体关联的科学方法中，这种衰减的建模版本也平行于所谓的“自然规律”实际上以一种直接的一对一的方式描绘客观实在的程度。在这方面，这种观点与卡普拉的意见相一致，在研究量子力学二十几年之后，卡普拉得出以下结论：“物理学家已经开始注意到，他们关于自然现象的所有理论，包括他们所描述的‘规律’，都是人类思维的创造物；属性是我们关于实在的概念地图的属性，而不是实在本身的属性。这种概念图式必然是有限的、近似的，它所包含的所有科学理论和‘自然规律’也是一样。”（Capra，1991：287）因此，与整体关联主义科学一起，我们以这样的方式从“真理走向了近似描述”（Capra，1991：333），即地形图为我们展示了我们存在于世界中的方式，并给予我们一种关于世界的可靠的概念形象，而不用接近于在实在的所有维度、细节和动态上来描绘实在。整体关联主义事实上是关于整体的科学，但它并不试图去模仿任何绝对主义，以全力以赴地获得这种总体性；而是正如我之前所
152 说的，它强调了作为一个整体系统的实在的关联本体论、非线性动力学和复杂性。

上述内容再次证实了之前提出的一个论点，即与其说整体关联主义的“规律”类似于牛顿－实证主义的机械论的运动规律，它们更像是“概率模式”或“概率网络”。此外，作为结果，这些“规律”“根本不是在一开始就‘给定的’或者是逻辑上蕴含的。它们演化的方式与物种演化的方式不同。随着事物变得越来越复杂，分叉和放大就会出现，新规律也会突现……［因此，］自然被视为一个动态的移动网络，而不是一个机械的分层金字塔”（Prigogine，1989；转引自 Briggs and Peat，1989：149-150）。因此，在这种情况下我们所拥有的是“似规律”或“辩证规律”，这些规律就像它们所决定的那样受到其他事物的决定，它们得到系统的阐释就像它们阐释系统一样，它们更像是时间和情境特殊的，而不是永恒的和普遍的。正如马斯特斯（Masters，1989：244）得出的结论一样，“无论是在科学中还是在伦理学中……真理的最近似的值，

都根据原理［或规律］所适用的领域和表达它们的视角，预先假定了它们的限定性条件”。

在古尔德对进化历史过程的分析和阐释中，自然规律的这种“相对性”多少得到了改进，但同样是令人关注的且有意义的。虽然古尔德保持很多“一般的物质和运动原理”（Gould，1989：278）不变，但是他认识到了，在特定的物种的进化－历史轨迹中，不存在这种普遍的机械规律。

> “科学方法”的陈词滥调没有为不可还原的历史留出位置。解析历史必须基于对过去事件本身的重构——按照它们自己的方式——基于它们这些独特现象的叙事证据。没有规律能够保证威瓦西亚虫灭亡必然会发生，而是一些复杂的事件共同导致了这一结果的发生……当然，历史事件并没有违反任何一般的物质和运动原理，但是它们存在于一个偶然的细节当中……我们可以在一个事件发生之后解释这个事件，但是偶然性妨碍了其重复发生，即使是从一个完全相同的起点开始……
>
> 但是，历史科学并非更糟糕的、更受限制，或者更不能得到确定的结论，因为恒定的自然规律下的实验、预测和归类并不代表历史科学常用的研究方法。历史科学使用一种不同的解释模式（Gould，1989：277-279）。

用古尔德的方法，我们得出了我之前称作的*后设*或*后验*“规律”，但是即使是这个标签，也歪曲了他试图表达的内容的真正意义。因为，“事件的阴谋”是一种一次性事件，它只能通过对僵化的结构变化的一种事后认识和一种相当完整的地质记录来得到充分解释。如果存在支配这场“阴谋”的任何“规律”的话，那么它们就是自然选择和进化适应规律；但是，这些过程是开放的，它们取决于偶然情况，是死神的消灭镰刀的任意清扫，是偶然发生的突变，是环境和生态背景的现实状况的具体化，因此，它们只能以最松散的方式（随机地）是决定论地似规律的，这就为形形色色的进化结果留下了相当大的调节空间。我们实际上与一种牛顿式的、受规律支配的世界相距甚远。153
事实上，我们抢了还在前面等着我们的一章的风头，并在当下语境中，在自然科学和社会科学之间建立了最后一个联系，在这样一个世界中，“辩证开放性维持了相对和绝对、历史和普遍之间的张力，并阻止了退化到无知庸俗的相对主义……它描绘了很多历史主义和相对主义思想［和科学］的典型特征”（Warren，1984：5）。同时我坚信，它是一种更为健康的空间，有益于这样一种科学的形成，这种科学虽然不能带来确定性，虽然以一种复杂的方式处理实在的复杂性，但是它促进了一种谦逊的科学的发展，这与长久以来主导西方思想和实践的狂妄、控制和权力最大化的科学截然相反。

因此，整体关联科学明确了一种完全成熟的、没有任何限制的牛顿主义的终极目标，即绝对知识和自然的大统一理论（GUT）[①]等目标——这些目标在当今的某些圈子里仍然存在，但它们很可能不会实现，而且，考虑到第二章所概述的科学哲学和社会科学哲学与政治实践和公共政策制定之间通常所存在的联系，这两个目标没有哪个是更可取的。万物统一理论建立在一种绝对有效的认识论的基础之上，以牺牲任何类型的民主为代价，无论是不完美的还是完美的，它冒着重新使用极权主义的巨大政治风险，同时通过更加尖锐地、教条主义地应用社会工程，为人类自由、主体性和真实性蒙上了一层可怕的阴影（Warren，1984：195）；因为，正如历史已经呈现给我们的那样，我们越觉得我们可以像上帝一样全知全能，对我们自己乃至整个自然界来说，我们就会变得越具毁灭性和危险性。以一种最为复杂矛盾的方式来说，有关世界本质的机械论的科学确定性不断增长，我们从这种自诱导的（但实际是错误的）认识中获得的狂妄自大，（直到最近可能）更多是为我们提供了自以为是的（但实际是破坏性的）力量去操纵我们的世界，而不是给我们一种与整个自然的持续的多产性有关的智慧和谦逊。这种“大欺骗”可以说导致我们的能力超越了我们对世界的真实理解（Schmookler，1984：5）；我们变得*非常聪明*而不是*在整体上变得智慧*。

因此，就这一点而言，整体关联主义科学的优点之一是，它可能（如果

① 至少从一种整体关联的视角来看，自然的大统一理论与融通不同。大统一理论是还原论的，因为它渴望寻求自然中的一种绝对对称，但是整体关联主义努力寻求一种以辩证的、开放的方法论为核心的融通，以及一种充满了偶然性、非线性和不确定性的世界观，我希望本书可以把这点解释清楚。具体见第一章、第二章和第十八章。

整体关联主义是一种假定的绝对无误的整体论的话，它甚至会与认识论上的自大产生冲突）使我们悬崖勒马，在自然包括我们自己的本质上的莫测高深面前，催生出一种认识论和方法论上的谦卑感。整体关联主义科学为我们提供的知识和理解事实上是令人印象深刻的，在某种意义上比牛顿机械论的认识论成果更为丰富，它们赋予我们约束、调节，以及处理持续存在的歧义性、 154
不确定性、不断的变化及延展性等的能力，但是，这其中没有一个必然会支持侵略和自私自利的操纵，没有一个必然会诱使对致命控制的渴望。因为，正如巴罗（Barrow，1991：8-11）所说：

> ［尽管牛顿式］科学建立在这一信念的基础之上，即世界在算法上是可压缩的，对万用理论的现代寻找是这一信念的最终表达，这种信念［，“是一神论宗教的遗产，｛这种宗教假定了｝一种对世界的单一的支配性解释”，］对隐藏在世界的性质背后的逻辑的简单表示，被人类以有限的形式写了下来，对于为什么世界不应该包含与其他无关的无理数或任意元素，并不存在合乎逻辑的理由……寻找我们的思维和外部世界事物存在的方式之间的任何平行，更像是一种极具信念的行动。自然界的巨大的非人力量绝非明显经得起讨论或解释的，更谈不上预测了。

当然，像牛顿－实证主义那样，整体关联主义科学不得不假定，其人类构造在其智能化方法论和实在的真正本质之间进行了很好的比较，其论述可以与实在的动力学关联起来，另外，这种任意性以某种方式与实在的整体关联的总体性相关；因为毕竟按照定义，整体关联主义也使自然对人类来说可理解，使自然经得起人类思维和意识的检验。但是，总的来说，与牛顿－实证主义不同，整体关联主义既不僵硬地也不教条主义地执行这些功能，因为正如本书所试图证明的，实在的歧义性、不确定性、任意性及不可预测性恰恰反映着整体关联主义自身的这些特征。

正如上文所提到的，辩证的整体关联世界观的本质上的开放性及其动力学的进化的、自我发展的本质（Warren，1984：75）意味着，整体关联主义不仅愿意从一种僵硬的方法论决定论显著地退后一步，而且作为结果，可以说它们也提倡促进一种方法论多元主义。正如我们所看到的，这种多元主义的典型特征是，整体关联主义拒斥一种独立于我们对其理解和测量的一维世界，拒斥一种普遍地由规律支配的客观实在（Warren，1984：76），拒斥线性进化过程，以及拒斥机械论的全部细节，事实上，正是整体关联主义所拒斥的这些东西，使得大统一理论的绝对主义在逻辑上成为可能。当然，整体关联主义必然辩证地包含歧义性和不确定性（Warren，1984：85），它考虑到了通往“知识”的路径的多元化，同时，因为我们不知道在未来的进化发展中世界会呈现出什么样子，所以我们不知道将来某一天哪些方法论会变得适当。在我看来，整体关联主义科学已经充分准备好，让自然参与到决定哪些科学方法论与人类对自然的认知移用有关这一过程中来，而不让科学方法论受到牛顿－实证主义的机械约束。正如迪辛（Diesing，1991：77）所说：
155 “一个好的研究设计的标准应该来自主题和问题，而不是来自一种完美知识的理想。”

整体关联主义科学是典型地辩证的，就像上面所阐明的它的各种属性一样。科学的整体关联主义和辩证主义在当代的这种聚合，且不说在方法论上并不意外，因为每一个都深刻地蕴含在另一个之中，更重要的是，在我看来这是非常有启发作用的，因为对如此之多的评论者来说，在我们结束第二个千年，开始第三个千年之时，一种真正的范式转移看似正在发生；科学哲学和社会科学哲学得到了一种“新”的方法论一元论的重新阐释，这是一种对跨越学科边界的确定的方法论原则的共同承诺。卡普拉、马斯特斯、格雷克、普利高津、赫伯特、布里格斯及皮特等人已经开始在所谓的自然科学中描绘当代范式转移的整体关联本质，与他们一样，沃伦（Warren）也开始在社会科学的政治理论中阐明一种类似的辩证主义的复兴。对于沃伦所认为的真正的辩证理论，他提出一个简单列表，并将其称为“未来的序幕”（Warren，1984：第 7 章），这个列表将很容易说明整体关联主义和辩证主义之间共同的方法论特征：

（1）自我批评；

（2）总体性和关联本体论；

（3）超越因果关系，共同决定和共同创造；

（4）预反射性和知觉；

（5）对客观主义的批判但不是激进的主观主义；

（6）人类意识在创造实在中的创造性活动；

（7）知识的历史性；

（8）历史尽管有其偶然性，但也具有可辨识的意义；

（9）作为非预测性实践的前瞻性哲学；

（10）作为生活的哲学；

（11）理论和实践的统一；

（12）得到矫正的辩证法：避免极端，永恒的辩证张力，没有绝对的相对主义；

（13）根本的开放性；

（14）歧义性和承诺（Warren，1984：190-194）。

然而，对这种新的方法论一元论或融通的全面叙述，像上文中简略提到的那样对读者而言印象深刻，但这超出了本书的范围[①]。但是，最有趣的是，在此我们所拥有的这种充分认可辩证思维、理论和方法的当代科学，却被当作一种最为神秘、变幻莫测的非科学的黑格尔－马克思主义劣迹而遭到诽谤。如果能够得到统一，那么整体关联主义科学和辩证法之间的融通将会是一种
完全意想不到的结果，在人类智力和科学追求领域将会是一种“革命性”的 156
结果。

① 对整体关联科学与辩证思维之间的关系的充分讨论，见我的《重申辩证法》（未出版的手稿，1999年）。

第十三章
简单性、线性与可预测性

157 简单性、线性与可预测性当然是牛顿－实证主义世界观的典型特征，它们都从根本上建立在牛顿－实证主义的机械本体论和形而上学的基础上，并牵涉其中。因此，考虑到到目前为止本书所涉及的那些内容，我们应该能充分预料到，在一个整体关联的世界中，这些牛顿式特征要么被整体关联主义的动态的关联本体论和形而上学内辩证搭档所代替，要么被它们的辩证搭档从根本上给予重新阐释。在牛顿－实证主义世界中：

> 我们已经开始认为线性的、可预测的简单现象在自然中普遍存在，因为我们本来就偏向于把它们挑选出来进行研究。它们最容易得到理解[基于一种机械论隐喻]。但是，现在我们必须转而认为，自然中存在这么多的线性简单现象，这应该是一个谜。实际上，这正是世界对我们来说可理解的原因。简单线性现象可以进行碎片化分析。整体只不过是其部分的总和。因此，我们可以理解一个系统的某一方面而不用理解它的全部。非线性混沌系统则不同：它们需要认识整体以便理解部分，因为整体实际上大于部分之和（Barrow，1991：125）。

巴罗赞同在整体关联系统中，相比在机器世界中而言，简单性、线性和可预测性具有完全不同的功能和特征，除了这一事实，这里还有两个评论是恰当的。第一，他对一种流行的但是回顾过去又非常盲目幼稚的牛顿－实证主义假定进行了必要的修正，即机器隐喻非常合理，且完全建立在具体的经验实在的基础上，而整体关联主义科学则并非如此，它们是理论上的浮想联翩，几乎没有任何实质性的经验内容。正如巴罗所说，现在，随着我们越来越多地通过量子－全息的、非线性的、复杂的及新进化论的理论和观察镜头来观察世界，我们发现世界表现得越来越不像机器，而是相当难以置信的，但是，尽管如此，牛顿－实证主义以前的范式霸权仍然在一定程度上存在，西方科学仍然能说善道甚至是自鸣得意地假定，世界毫无疑问是且一直是一个完全机械的世界。随着新近发现的非线性的、新进化论的、复杂的及量子－ 158
全息的图景展现在我们面前，我认为我们被迫得出结论，即*如果*夸克是超自然的且与存在主义实在无多大关系，那么在同等程度上，机械论解释同样如此，它们歪曲了实在，描绘出的世界图景至少在细节上越来越难察觉，且同样“远离”我们对其的经验观察。

第二，要注意巴罗表达理论或范式与经验观察之间的关系时所使用的方法。鉴于牛顿－实证主义长期以来坚持认为，其理论解释至少建立在经验观察的基础之*上*，从根本上来说，这些解释是以一种价值中立的方式由实在的客观本质所形成的，巴罗则恰好相反，他指出，牛顿－实证主义的机械本体论，连同其相关联的牛顿数学微积分一起（Barrow，1991：194），迫使世界被假定为，经验形状在理论上是由其机械简单性和线性决定的。因此，基于这重要的两点，牛顿－实证主义所大力宣扬和珍视的“经验主义”，被证明是建立在非常不可靠的基础之上，是理论上自欺欺人的一座纪念碑，而不是其所宣扬的科学方法论的和经验的完整性。

然而，就像所有理论假定和方法论假定那样，这种方法论上的自欺欺人远不只是指出了牛顿－实证主义的内在不一致性，它还从根本上掩盖了我们科学地评价和利用世界的方法。特别是，机械论对简单性的强调在其多重伪装下，要么忽视或遮蔽了复杂性，要么在方法论上使复杂性靠边。复杂性这个签名常常被认为是“噪声”或反常、微小的几乎没有任何实质重要性的行为怪癖，或者被认为是“本质上简单的对象的集体行为的人工产物”（Nicolis and Prigogine，1989：214）。例如，尽管微观经济学家很可能认识到了一个社会的经济行为是复杂的，但是，尽管如此，他们对这种复杂性的分析也是从一个过分简单化和还原论的前提开始的，即经济行为从根本上说建立在经济上利己主义的、理性活动的个体的机械模型的基础之上。

此外，这种对复杂性的方法论上的轻视，悲剧性地导致低估或者完全忽视了，复杂性在世界的运作动态中的战略重要性，它们适应和发展（“学习”）的能力，以及它们增加生命多样性的倾向。事实上，正统的牛顿主义必然习惯于把复杂性的随机性视为，既是超出系统之外的，又是非本质性的，它更像是系统衰退和不完整的一个标志，而不是系统发展、生命力及认知和适应灵活性的一个标志。正如我们在前几章的充分讨论和证明中所看到的那样，复杂性的随机性从根本上来说有助于随机环境中的进化适应、学习和多样性，以及生命系统中的灵活性和有效性。因此，忽视或轻视复杂性，将会悲剧性地肆意践踏自然最为本质的特征之一。尽管在处理复杂性和整体关联主义的整体性时，存在着方法论上的和分析上的困难，但是如果不能努力去阻止这些困难的话，就会带来存在主义的、实实在在的危险，而不只是对于方法论不完整性的学术上的不满。

159 但是，事物的整体关联图示并没有因为热烈拥抱复杂性而摒弃简单性本身。实际上，简单性问题比它看起来要更加复杂，这多少有点“聪明”。从一种整体关联的视角来看，我们可能会期望，简单性可以在一种简单性–复杂性的辩证法中，用其表面上的对立面，即复杂性来得到阐释。这种辩证法可以用很多方法来表现自己。

简单性和复杂性是可分离的、不同的现象，这一点并不清晰；事实上，正如对整体关联主义科学的讨论所表明的那样，在很多系统中，“一个层次上的简单性和另一个层次上的复杂性之间常常存在一种互补性”（Slobodkin，1992：5）。如果我们用互补性的术语，如有序和无序，来重构我们的简单性和复杂性术语，就可以阐明在这里起作用的辩证关系，同时，如博姆（Bohm）得出的结论那样，我们因此可以认识到，就像无序很可能只是一种具有“无限高度”的有序那样，复杂性可能也只是以一种同样被强化的方式得到阐释的简单性。

……博姆在 BBC 的一个电视节目中看到了一个装置，帮助他进一步

> 发展了自己的思想。这个装置是一个专门设计的瓶子，里面有一个巨大的旋转圆柱体。圆柱体和瓶子之间的狭窄空间被填满了甘油——这是一种很黏稠的透明液体，甘油中静止地漂浮着一滴墨水。让博姆感兴趣的是，当圆柱体上的把手旋转时，这滴墨水就通过糖浆状的甘油散了开来，看似消失了。但是一旦把手在相反的方向上旋转回来，墨水微弱的痕迹就会慢慢地叠加起来，并再次形成一小滴……
>
> 博姆写道，“这使我立即想到了有关秩序的问题，因为，当墨水滴散开时，它仍然有一种‘隐藏的’（即不明显的）秩序，当墨水滴被重新组合起来时，这种秩序就会显露出来。另外，用我们的日常语言来说，我们可以说，当墨水通过甘油扩散开来时，它处于一种‘无序的’状态。这使我看到此处必定包含新的有序概念”（转引自 Talbot，1991：44-45）。

同样地，用一组不同的互补性术语来代替简单性和复杂性，这次分别用决定论和机会来代替，那么简单性－复杂性辩证法“就与长期的不可预测性调和起来……‘一个我们未察觉到的非常小的原因，决定着我们不能忽视的一个重大影响，因此我们会把这种影响归因于机会’”（Poincaré 转引自 Ruelle，1991：48）。在整体关联系统中，简单性和复杂性、有序和无序、决定论和机会等的程度都是相对测量，依赖于在任一特定时间我们在哪里和我们在寻找什么；即便如此，我们的有利位置还是可以为这些现象赋任意值，总的来说，这些任意值本质上既不是一件事也不是另一件事。正如布里格斯和皮特（Briggs and Peat，1989：43）得出的结论那样，“随机性与有序之间是相互交错的……简单性包含着复杂性，复杂性隐藏着简单性……有序和混沌可以在越来越小的尺度上重复……”，事实上，随机系统本身就是“一种微妙的有序形式”（Briggs and Peat，1989：45），它的“稳定性和可预测性周期在随机波动当中被称为‘间歇性’”，在这些区域内“旧秩序（或混沌）随时会被再次发现”，以致“生成混沌（或有序）的迭代会带来短暂的规则 160
性（或混沌）”（Briggs and Peat，1989：62）。“间歇性展示了，在从简单震荡到完全混沌的复杂性这整个范围内，秩序如何出现在一个系统中，每一个极端都会交替地显现出来……有序和混沌都［是］一个不可分割的过程的特征……我们可以把我们所熟知的有序想象成，一个世界那么大的奇异吸引子或混沌吸引子当中的一座间歇现象构成的岛屿 。”（Briggs and Peat，1989：62-63）

分形几何是混沌的定性映射技术，它在最漂亮的图形显示中表现出了相同的辩证法，在这些图形显示中，简单的重复或迭代被合成为最丰富、最复杂的视觉画面，这着实震惊了艺术生产领域，它们在其多层次复杂性中掩盖了它们的同样基本的简单性。正如著名的分形几何的创始人曼德尔布罗特（Mandelbrot，1982）所说的：“拥有巨大复杂性的分形形状，仅通过重复一种简单的几何变换就可以获得，而且，这种几何变换的参数的任何微小变化都会引起全局变换。这就意味着，少数遗传信息会引起复杂形状，同时，微小的遗传变化会导致形状上的巨大改变。”（转引自 Dawkins，1986：第 3 章）因此，通过迭代过程，简单性实际上释放出了隐藏在系统内部的复杂性，而且用这种方式，简单性 - 复杂性辩证法激发并打开了系统的创造性潜能，这种创造性潜能考虑到了系统发展、适应和演化（Masters，1989：79），这些对于生命系统的存在来说至关重要。

整体关联主义的关联本体论需要一种简单性 - 复杂性辩证法的存在，因为所有“部分”之间的复杂关联性这一概念意味着，尽管对于外行人来说是难以捉摸的，但是，某种微妙的秩序总是存在的，因为表面的无序或复杂性包含着一种隐秩序或一种概率模式，抑或一种高度的隐式相关性。因此，就像简单的、有序的系统成为一种吸引混沌的受害者，从而揭示出它们的隐式复杂性一样，混沌的、整体关联的系统也能够在它们之间的交互作用中，发现一种吸引秩序（奇异吸引子）存在的可能性，从而揭露出它们的内在一致性（Briggs and Peat，1989：127）。通过社会科学领域中的实例来说明，简单性 - 复杂性辩证法可能以这样的方式表现出来，即“在美国宪法中发现的相对简单的原则性主张，是表面上乱七八糟的法律的基础，[而且在某种程度上有助于了解] 这些法律”（Slobodkin，1992：4）。总之，整体关联主义的简单性 - 复杂性辩证法坚持认为，在与牛顿 - 实证主义的对比中，“ 实际上不存在任何逻辑上的必然性，[更不用说一种绝对的机械论必然性]，例如，无序［复杂性］只会引起无序，违法只会导致违法”（Rosen，1991：90）。事实上，罗森进一步提出这个问题：“无序为什么不应该具有有序的［简单的］方面……［反之亦然］？”（Rosen，1991：90），对于这个问题，整体关联主义的回答是，显然根本不存在理性、逻辑或其他什么东西。

在非线性的混沌系统的分叉点上，简单性也与复杂性辩证地相互作用。正如读者将从前面对非线性的讨论中回想起来的那样，非周期性的分叉点和模式在远离平衡态的条件下突现出来，“系统可以以一些不同的方式使自己适应其环境”，“对于*相同的参数值*来说可能……*存在几个解*”（Nicolis and Prigogine，1989：14，73-74，241）。因此，在这个意义上，就系统解的多重性而言，简单迭代通过分叉过程导致了混沌复杂性，同时，因为系统随机或偶然选择其中任何一个或多个解，对未来系统的发展轨迹来说，这又构成了一种更高程度的复杂性，系统的发展轨迹本身会在一个更深层次的复杂性中被语境化，表现为系统的多样性、革新、创造性和信息传输能力的整体性增加。 161

如本书经常指出的那样，进化论也包含一种基本的简单性－复杂性辩证法，同样，这种辩证法对机械论的线性和可预测性等概念来说也具有重要的意义。正如马斯特斯（Masters，1989：118-119）所指出的：

> 一方面，进化有助于解释当较简单的形式转换使得不可能回到较早的生态系统时，复杂性如何突现出来，同时，发展序列如何变得不可逆。生命的出现本身恰恰代表着地球物理系统的这样一种转换，事实上就像智人的出现那样……另一方面，进化不再被视为一种朝向更好的形式或适应的发展：就像试错过程一样，基因突变和自然选择会产生变化，但是不会沿着一个单一的方向，这个方向产生于一种有意识的目的或计划……

事实上，科尔巴里斯（Corballis，1991：15）直截了当地补充道：“进化依赖于随机事件。”除了再次重复简单性－复杂性辩证法之外，进化过程证明了，进化复杂性并不一定就预示着系统发展轨迹的方向。也就是说，进化的简单性－复杂性辩证法只会在它以不论何种方式恰巧发生时才会显露出来，这是偶然的，且我们对它的理解是*因果颠倒的*或*后验的*，本质上是非决定论的，因此也是不可预测的。此外，正如科尔巴里斯的陈述所表明的那样，进化的不可预测性至少在部分程度上发挥着一个关键的系统功能，因为创造性适应和系统生存都依赖于随机性和机会，来为成功的进化发展本身提供具有革新性的火花。按照定义，机械论预测并不会产生适应性的系统变化，而且，这种预测与一种完全绝对的机械论世界同步，因此，它在非机械论的、整体关联的、充满活力的世界中是毁灭性的。

但是，就像前文所提出的那样，就像一个复杂世界不可能没有某种意义上的简单性一样，一个随机的或不可预测的世界，也不可能没有某种层次或程度的预测能力。正如卡普拉（Capra，1991：247）所说，尽管“亚原子世界是一个包含节奏、运动和持续变化的世界”，“但是，它并不是任意的和混沌的［就这个词的字面的、非随机的意义而言］，而是遵循非常明确清晰的模式（着重是后加的）”。在量子－全息世界中，概率模式几乎没有与一个完全的机械论范式的严格线性因果方程理想上所支持的那种预测能力而言，量子－全息宇宙中的概率模式显然不具备这种预测能力；相反，在一个整体关联世界中，预测能力是一种更加适中的事情，它意识到了这样一种世界以其可预测性和机会的
162 结合而强加于我们的知识局限，这种情形不能通过任何“补充细节”或“非线性方程式的迭代本质”所给予的精确性来得到改进（Briggs and Peat，1989：69）。当然，所有这些为我们提供了一种有益的提醒，即通过仔细应用从过去事件和先前原因机械的外推到未来所学到的经验教训，实证主义的政策科学尝试解决社会问题，这一理想，在整体关联的社会系统条件下是不可能成功的；相反，正如我在第四部分中将要指出的，一种“有远见的”政策科学同样也必须在其预测、希望和目标上变得更加适度，必须保持开放性，进行灵活的计划、动态的建模、直觉的评价及对概率的测量，而不是试图根据任何纯粹的机械论命令来塑造社会世界。

第十四章 决定论与自由

最为持久和永恒的哲学争论之一，一直是关于人类的自由意志和决定论的争论，即自由与几乎完全失去自由之间的对抗 。事实上，对于人类自由的拥护者来说，机器时代使这一争论成为一个更加紧迫的争论，因为机器机制很难激发关于自由运动、自由思想、创造性和自主性的任何思想。相应地，自由意志和决定论的争论史也以笛卡儿二元论或二分法的方式得到了表达，至少在牛顿－实证主义时代是那样：人类要么有自由意志，要么没有。但是，正如人们所预料到的，从一种整体关联的视角来看，自由意志和决定论不是被视为彼此对立的，而是被视为辩证地彼此牵连，互为补充，互为对方的必要条件，它们被视为两个紧密相关的、动态的构成要素，使得生命系统的生存、发展和演化得以可能。在政治哲学领域，莫里斯·梅洛－庞蒂（Maurice Merleau-Ponty）在几年前就已经有先见之明地预见到了这个新近的“科学”运动，他发现自由意志和决定论之间的困境是不必要的：

> 理性主义者的困境是：自由行动要么是可能的，要么不是——事件要么起源于我，要么是从外部强加于我之上的，这并不适用于我们与世界之间的关系以及我们与我们的过去之间的关系。我们的自由不会破坏我们的环境，相反，它使自己适应我们的环境：只要我们活着，我们的环境就是开放的，这既意味着它呼唤一些特别喜欢的解决模式，又意味着它自己没有能力形成一种解决模式（Merleau-Ponty，1962：442）。

因此，用辩证的、整体关联的术语来重述自由意志和决定论之间的争论，对于民主和任何其他关注人类自由和一般意义上的人类个体主体性的政治意识形态而言，也都具有重要的影响。

正如我们在上文对非线性动力系统（混沌理论）的讨论中所看到的，自由意志和决定论之间的辩证法，实际上是混沌的整体特征的一个不可或缺的、必要的组成部分，而不仅仅是其逻辑上的派生物。混沌的定义——“完全受规律支配的无规律行为”（Stewart，1989：17）——在此充分地证明了这一点；
164 当代物理学整个分支的发展，非线性动力系统的发展，以及对一般意义上的“复杂性科学”不断增长的跨学科兴趣，都从根本上强调了，无论是对特定的整体关联主义科学还是对当代人类知识的总的构成而言，这种辩证法的核心重要性。事实上，自由意志和决定论之间的辩证法在非线性动力系统中非常重要和有力，以致扬奇（Jantsch，1980：40）得出了一个相当令人吃惊但仍然正确的结论：“自组织中的自由越多，秩序就越多！”因此，正如法梅尔（Farmer）所说，“在哲学层面上，[混沌理论]让我觉得是一种定义自由意志的操作性方式，这种方法允许你调和自由意志和决定论。系统虽然是决定论的，但是你不能说出接下来会发生什么”（转引自 Gleick，1987：251）。因此，那些在几年前还被“硬核”科学家当作哲学上不切实际的而不予考虑的东西，现在却变成了整体关联主义科学的方法论教义的一部分，就像牛顿机械唯物主义所宣称的那样，我们也可以断言，整体关联主义科学根植于“实在的具体性”。

对自由意志和决定论之间的辩证法的阐释，最好在混沌世界中由一种我们之前遇到的现象，即“自生悖论”来获得，它假定了“有机体的自主性越强，系统内部以及系统与环境之间的关系中的反馈回路就越多……[因此，离散的]个体是一种错觉……个体性……从根本上是一种合作性的事业……整体论将解决个体自由与集体性需要之间的表面上的矛盾……”（Briggs and Peat，1989：165）。此外，

> 因为自创生结构是自我更新的，所以它们是高度自主的……但是……[它们]也密不可分地嵌入和融入在它们的环境中——这必然是

> 一个具有高能流动的远离平衡的［结构］……每个自创生结构都有一个独特的历史，但是它的历史与更大的环境和其他自创生结构的历史相关……（Briggs and Peat，1989：154；Jantsch，1980：7-8）。

表面上看来，历史学家可以忽左忽右：他们可以赞美历史中伟大的女人和男人的个体主体性，而不用必须摒弃无法控制的历史轨迹，不用否定历史进程本身的任何一种“逻辑”。有趣的是，这种关于人类历史本质的混沌陈述，与法国马克思主义－存在主义哲学家莫里斯·梅洛－庞蒂产生了很好的共鸣，它恰好阐明了我之前提出的一个观点，即直到此时受到科学嘲讽的历史开始被“恢复”第一流的科学凭证。梅洛－庞蒂对历史偶然性的强调并没有使他拒斥任何关于历史逻辑的观念。对他而言，“历史的逻辑”首先意味着，“任何有序的事件——特别是经济事件——都具有一种人的意义，历史在各个方面都是必不可少的且组成了一个单一的剧本”；其次它还意味着“这个剧本的各个阶段并不是一个接一个无序地发生，而是朝向一种完成和结局发展”。但是，尽管如此，历史的偶然性还意味着，形成一个单一剧本的秩序的这些相同事件“并不是被严格地（机械地）连在一起的，在系统中存在一定量的自由发挥”（Merleau-Ponty，1964：121）。正如沃伦（Warren， 165
1984：84）所做出的评论：“如果没有偶然性，历史就不会呈现出任何人类特性或灵活性。但是，如果没有逻辑或意义，历史也将不会展现出任何结构……”

> 辩证的马克思主义通过反对一种封闭的、决定论的历史观，支持一种开放的、偶然的历史观，来对抗实证主义的马克思主义。尽管历史是开放的，但也不是完全开放的。我们的主观性的自由只有在与意义和客观性的具体联系中才会产生。尽管如此，历史中的意义并不会形成一个铁板一块的统一体，而是会因为不同时期我们与它的主观冲突而不断地发生改变：
>
> 我们并不是主张历史从头到尾都只有一个意义，仅仅是具有一种个体生命的［东西］。我们只不过想要证明，无论如何，自由都只能通过呈现历史此时此刻*所提供*的意义，通过一种不引人注意的同化作用，才能

> 改变意义（Merleau-Ponty，1962：450）。
>
> 对梅洛-庞蒂而言，辩证的马克思主义拒斥这一假定，即我们可以通过宣称我们的绝对自由来摆脱具体的历史环境的限制。它也同样拒斥这一假定，即自由只存在于在历史意义和结局方面对一种预先决定的历史的服务中——面对历史的意义和目标，人类没有任何效用；相反，它要求在一种由意义和偶然性构成的辩证法的框架中，在伴随我们每一个行动的模糊性和不确定性的框架中，去具体参与到改变世界的活动中（Merleau-Ponty，1962：84）。

当然，早在重新发现的混沌理论和其他整体关联科学之前，无论是梅洛-庞蒂还是沃伦，都预见到了一种真正辩证且科学的马克思主义需要朝向哪个方向发展，以理解历史并使自己摆脱实证主义马克思主义的机械唯物主义所产生的政治衰弱且拒斥*实践*的影响。正如我们在下文特别是第十八章中将看到的，对一种方法论的本体论预设不只是出于学术兴趣；它们还被牵涉进实践政治和制定公共政策的特定方法中——想象一种要么使用机器隐喻，要么使用必然包含不同政治的整体关联主义隐喻的科学世界观。

非线性动力系统表达自由意志和决定论之间辩证法的另一种方式是，借助于系统分叉的过程。如我们所看到的，系统分叉过程通过为系统提供多重轨迹选择或替代选择，引起了系统学习、创造性、适应及进化革新。按照这种方式，不仅人类自由和伦理选择变得可能，而且，历史力和力矩所提供的人类主体性也变得可能。正如普利高津（Prigogine，1980）坚持认为的那样：

> 自由和伦理在机器人［牛顿的机械世界］中没有立足之地。然而，一旦你看到世界非常复杂，那么价值问题就会变得不同……我们所做的事情导致了分叉所带来的众多分支中的其中一个。我们的行动正构造着未来……因为即使是微小的波动也可能增长并改变整体结构，所以，个
> 166 体活动并非注定就是不重要的。另外，这也是一种威胁，因为在我们的［混沌］世界中，稳定不变的规则的可靠性看似永远消失了。我们正生活在一个危险的、不确定的世界中，它不会激发任何盲目的自信（Prigogine and Stengers，1984：176）。

虽然整体关联的视角可能有充分理由认为，它比牛顿－实证主义范式更加“准确地”理解了世界的本质和我们在世界中的位置，但是，这种认识论和方法论明晰性并没有为它带来任何确定性。在这一点上，终极讽刺可能是，虽然继续假定世界在本质上是一个简单的、像机器一样的牛顿－实证主义的世界，对地球及其所有的居住者来说变得极其危险，但是，整体关联主义愿意直接处理自然的本质复杂性和非线性，却使我们脱离了一种危险而又进入另一种危险，也就是说，不确定性具有一种潜在能力，它否认我们对于我们的自主性的动机和信任，否认我们行动和解决问题的能力，但是尽管如此，可能从长期来看，我们可以更有效地处理这样一种危险。如果世界真的是复杂的，那么我们最好处理这一“事实”而不是试图忽视它。此外，对世界的一种更加详细且严格的经验理解，会赋予人类在一种可预测的环境中进行操作性控制的能力，这一牛顿－实证主义假定遭到了对实在的本质上的非线性和不可预测性的经验（和理论）揭示的否定：具有讽刺意味的是，我们在经验上变得越准确和复杂，作为控制和操作性行动者，我们感觉被赋予的能力越不确定（至少在牛顿－实证主义意义上是如此）。①

进化论也与混沌理论结合起来，充分认识到其整体关联框架内的自由意志与决定论之间的辩证法。克罗宁关于这一主题的结论是最有启发性的，通过对达尔文进化论的解释，这些结论得到了证实，这一解释无疑对于达尔文进化论的更加复杂和准确的描绘影响重大。

> 假如我们都具有行为规则，那么我们都将被斯芬克斯式的人类本质牢牢控制，这种假定是错误的。换一种方式来说，假定行为的可塑性需要一种完全开放的、通用的思维，这也是错误的。我们所看到的恰恰相反，自然选择既为我们装备了量身定做的信息处理机器，使我们可以适

① 事实上，在一种整体关联范式中，我们不得不辩证地重新评价我们对“确定性”和“赋权”这两个词的理解。如果世界真的至少在部分程度上是非线性的或随机的，那么“实际上”被赋权很可能意味着在本质上是不确定的，真的被赋权很可能意味着从完全的、侵略性的、操作性的控制退后一步，去理解这些能力来自一种与我们的整体环境的更加整体性的-生态学的合作性关系，来自愿意承认确定性的基本作用力也存在于偶然性和通往非线性的复杂路径中（对这一问题的进一步阐释见第十八章）。

应性地行动，又为我们装备了特定的、内容丰富的规则，这些规则会生成灵活的行为。显然，这些行为规则不需要成为行为刚性的规则。同样地，一个空态的思维或大脑将会成为一种完全非达尔文主义的装置，这种装置不能把我们从刚性中解救出来，反而会使我们根本就不能良性运转（更不必说适应性地行动了）；即使是一个非常普通的感应电机，如果没有预先指导，没有一些关于构成同一性、重复和模式的规则的话，也不能开始运转。因此，如果我们以各种不同的方式观察人类行
167 为的话，我们就不需要得出自然选择没有插手我们的行为这样的结论。而且，如果我们的确承认，自然选择所做的不仅仅是塑造我们的身体而使我们的心灵空虚，那么，我们就不需要被指责为是自然选择的奴隶……

［我］们不应该把自由意志和生物学“约束”看作是处于相反方向上的拉力。“相反，我们可以似真地指出，生物学约束的扩散保护人们免于环境的操纵”（Marshall，1980：24）——事实上，这些“约束”并不是限制我们，而恰恰是自由意志的工具。而且……我们也不需要把它们视为对我们尊严的怀疑；相反，如果我们降临在这个世界上，不是作为某种可以随意进行涂鸦的白板，而是作为一个具有能力和倾向、偏好和品位、辨识力及我们自己做事情的方式的复杂的人，难道这不是在增加我们的尊严吗（Marshall，1991：376-377）？

马斯特斯接受了克罗宁的基本论点，并把它进一步应用于基因库、文明的文化与个体的学习过程之间的关系，他（Masters，1989：132-133）补充了以下观察：

显然，由人类基因库、人类文化和人类个体所构成的信息系统并不是存在于真空中；相反，它们每一个都是一个具体物理系统的分析上可分离的构成部分，分别是：地球上的智人物种，适应于一种特定环境和生态龛的人类种群，以及具有独特生命史的人类表型。更重要的是，这三个信息层次，每一个都对应于［这个］物理系统的一个不同层次，进而形成了一个嵌套序列：每一个人类种群都是物种的一部分，就像每一

> 个个体都是一个种群的一部分一样。同样地，这三个信息编码系统形成了一个嵌套集：文化规范必须存在于人类基因库的潜能之内，就像个体学习必须存在于个体的文化和基因型的潜能之内一样。但是，无论是文化规范还是个体学习，都不能被简单地还原为人类染色体中的信息编码，因为口头语言和中枢神经系统都可以在一定范围内发挥自主的、开放的信息系统的作用。

理查德·道金斯（Richard Dawkins）通常被视为达尔文决定论者的典型代表之一，他在其最“还原论”（但是常常被误解）的著作《自私的基因》一书中坚持认为，尽管我们假定了基因进化的能力，但是我们仍然有能力，“反抗我们生下来就有的自私基因”，这种能力在自然史中是独一无二的。尽管我们“被构建为基因合成机……但是我们有能力反抗我们的创造者。即使我们不能绝对反抗一般意义上的进化适应和自然选择，我们也可以反抗自私的复制基因的暴政，这在地球上是唯一的”（Dawkins，1976：215）。

这种观点与混沌理论，事实上还有梅洛-庞蒂之间的共鸣如此惊人，因此在我看来，需要一些进一步的评述，除了指出这个相当明显的结论之外，还有一点被牛顿-实证主义的不可还原的笛卡儿二元论这一尖锐的教条主义忽视了很多年，即只有一种“嵌入式的”自由意志概念才具有真正的科学意义，它位于某种语境中，位于某种生成矩阵中。任何自由意志概念，如果它是漂浮在人类思维能力或文化的一种超结构分离观念的自由空间中，或者是在全能机器的极端压缩的周围完全拒斥任何程度的自主性或存在，那么在我看来，从任何严格的科学或认识论的视角来看，都必定是不可能成功的。

就像在前几章中我在一般进化论与特定的人类进化之间做出了区分一 168
样，作为特殊的人类史，对人类自由意志的讨论也可以同样被解析为一些可分离的部分。那么，关于自由意志与决定论之间的辩证法，人类记录会证明什么？

对于人类“文明”、城市、复杂文化，以及复杂的、以国家为中心的社会-政治和经济结构等的出现施穆克勒（Schmookler，1984）精彩的解释，在这些解释中，自由意志和决定论之间的辩证法，在这组成对的遗产及它们附带的共同悲剧中体现了出来，他看到了文明的发展带给人类，特别是人类心灵和社会设计的无限的创造性潜力，以及不可避免的进化式的“权力斗争”。施穆克勒的“部落的寓言”宣称，文明本身的出现和人类智力的增加，都是对不断增加的人口增长、资源耗竭、领土扩张等压力的适应，这些压力标志着逐渐衰弱的“史前史”岁月。随着不同的“部落”努力克服这些压力，人类的独创性，以文明且集中的政治社会的形式，这些社会具有技术上改良的农业和工业能力，使得越来越大型的社会群体可以一起生活并供养自己。然而，这些文明的社会形式所固有的领土扩张性，不可避免地会使它们为了各个“部落”的处于危急关头的社会生存而相互竞争。如施穆克勒所指出的，尽管有一些解决方案可以管理这种竞争，但它只会使一个部落选择权力——对其他部落进行强制性的、剥削式的统治——使得不可抑制的社会间的“权力斗争”扩散开来，并像病毒一样，迅速影响整个全球系统，甚至包括那些最初选择更和平的方式去形成集体生存性的部落。因此，权力斗争以其遍布集体性国家的势不可挡的浪潮，席卷了人类无限的创造性潜能；而那些被灌输进了这种创造性的权力意味着一系列人类悲剧的历史展开，其中很多人类悲剧是我们现在仍需要面对的，从大屠杀到柬埔寨，从前南斯拉夫到索马里。

因此，相比这章前一部分所论述的内容，这种人类自由的辩证法是一个更加悲剧性的事情。无限创造性的演化发展，退一步说也就是，人类自由的潜在预示，因为人类进化对侵略性权力的同样“自然的”选择，而悲剧性地、决定论地脱离了轨道。

> 对权力的选择抛弃了那些敬畏自然的人，以利于他们自己的意愿并能够开发自然好战的消除了和平主义的，雄心勃勃的消除了满足的，文明的消除了原始的，工业社会消除了古代社会。随着部落的寓言以各种权力形式得到传播，那些看似无限的可能性被引导到一个特定的、未经选择的方向上来。在一个被权力斗争所包围的世界中，什么实际可行什么就会盛行，但盛行的可能并不是对于我们而言最有利的……
>
> 就像摆脱自然统治导致了人们遭到权力的新的奴役一样，无限的可能性被证明不是对陷阱的摆脱而是构成了陷阱的一部分。因为文化创新

> 的过程是无限的，所以权力最大化是没有终点的……权力的统治是无极限的（Schmookler，1984：23-24）。

从本质上来讲，施穆克勒所阐释的自由意志与决定论之间的辩证法，与 169
本章前半部分所描绘的内容趋于一致，这种辩证法在人类历史演化中实际上的逐渐减弱，显然带来了相当大的损失。

在所有这些缺点中，我将只考察精挑细选出来的几个，它们与这章的整体关注最为密切。第一个假定严重地挑战了今天生活在西方的绝大多数人，那就是，我们本质上是生活在民主社会中的“自由”个体，这在体制上使我们具有言论自由等个人权利，而且，通过资本主义市场，在经济上使我们具有消费者选择和职业流动性的权利。然而，从施穆克勒的视角来看，这些自由是一种错觉；在一个被权力斗争及其对个人生活的影响所感染的世界中，它们实际上不能得到具体化。因为，正如我已经指出的，权力斗争并没有形成真正民主的、分散化的参与式政治；相反，它带来了不同程度但同样重要的集权社会，集权虽然具有官僚控制和等级制度，以及精英导向的国家和经济实力这样的优点，但显然它们是以牺牲任何有意义的民主意义上的个体自由为代价的（Schmookler，1984：92；Toffler，1980）；“自由、平等和互助是所有文明社会所缺乏的”（Schmooklcr，1984：103）。

在西方这些过分自夸的、所谓的自由－民主资本主义社会中，尽管个人自由和自由意志被巧妙地隐藏在了政治－经济意识形态图示的修辞学中，并通过巧妙的广告和相对的物质丰富令人信服地渗入到了大量存在主义知觉中，但尽管如此，个人自由和自由意志在很大程度上常常遭到了断然否定。特别是，不论是在资本主义市场中还是在政治参与的公共场合中，个人自由和积极性受到权威的心理内化的严重约束；通过一些精心的、预先计划的设计，那些掌握着权力斗争的人设法通过消费者选择和政治选举等手段，来将权力集中合法化，但是这些现象可能为我们带来的经济和政治赋权，实际上却被一种心理诱导的受精英和中央集权的奴役所摧毁。如果我们更仔细地思考这件事情，我们就可以认识到，市场力量与其说是解放式的，不如说是强制性的：正是消费者选择的相对自由，使得我们对于工作场所的要求，对于购买力的约束和广告的催眠术，对于繁荣和萧条的喧嚣之风以及投机和经济衰退等开始负有义务。在这个意义上，“亚当·斯密的看不见的手［事实上］得到一只看不见的铁拳的帮助”（Schmookler，1984：107），它的抗磁力或多或少因为对于新教徒职业道德的广泛归属感而被（误导性地）减弱了，而后者恰恰“是自治个体的出现这个整体图景中的一部分，是把文明生活的戒律强加于其自身的人的一部分”（Schmookler，1984：188），通过内化“一种‘工作原理’的……内部约束，这样它就被牢牢固定在了个体的心理结构中，且不再［需要］被从外部不断地强加于个体之上”（Brown，1973：87-88）。

根据自由－民主的历史发展，对中央集权的敬畏的内在化依然是至关重
170 要的，它通过政治声明、公共教育、教会布道及一般的政治社会化进程等得到广泛宣传。西方所有已经建立的政治民主，都是经过了数十年，有时候是经过几个世纪才，非常缓慢地设立并扩展公众参与的范围，因此，到实现普选权的时候，就可以保证大众对现状的本质结构的导向，以利于获得压倒性的支持。正如巴尔布（Barbu，1956：50）所得出的结论：“那些自由主义制度已经获得成功的地方，它们看似一直依赖于由强制权威所维持的一些过去的训诫。”而且正如威尔逊大言不惭地声明的那样，“自由是成熟、自控及自制的特权……［如果想要自由和民主的话，人们］就必须首先喜爱秩序并本能地服从于秩序”（转引自 Schmookler，1984：108）。威尔逊在这一点上指出了自由和秩序之间的辩证关系，虽然这是正确的（事实上，民主自由和民主责任之间存在着一种辩证关系［Warren，1984：133］），但是他非常不老实，没有指出其对于持续的精英控制的宣传价值，即使是在一种可能民主的环境中。总之，正如施穆克勒（Schmookler，1984）得出的结论：“内化政体可能更温和，但它仍然是权力规则的一种象征。它的表现之一是［一定程度的］自由，也就是，人类和文明社会之间的一种局部的休战。另一个表现是，依靠文化的力量对自然冲动的永久性征服内的堡垒。”（Freud，1961：70-71）

这种决定论，也就是这种对权力斗争的选择，除了将对外部控制的服从内化而造成个体自由的大量缺失之外，也会因为越来越多地、制度化地广泛使用身体暴力而导致个人自由的普遍减少，而身体暴力常常会发展到种族灭

绝的层次。现在，政治和经济集权化已经因为国际和国内战争的需求而受到强化，由此，越来越多的社会感觉到被迫去把越来越多的资源，无论是人力资源还是自然资源，都用于维持战备状态。不难看出，因为国家的武装无政府状态，索马里人的人身自由是无效的，这种状态在其被围困的领土内持续存在，波斯尼亚人、穆斯林、塞尔维亚人及克罗地亚人都已经在不同种族间的战争暴行中灭亡，美国人因为冷战期间“国家安全状态”的越来越多的侵入性权力而遭到严重迫害。权力斗争已经把我们所有人推向越来越多的、沉溺于最致命的民族主义形式的“武装阵营”中，在那里，过多的暴力实体持续存在且不断发展，个人自由根本无处安身。另外，正如我在上文中已经说过的，哪里的暴力倾向具有创造性，哪里的权力就没有限制。给好奇的乔治佩带一把乌兹冲锋枪，是对第二修正案关于携带枪支的权利的一种悲剧性嘲弄，而携带枪支正是为了保护和增强个人自由。

但是，自由意志与决定论之间的辩证法继续展开，继续动态地发展，这增加了找到新的个人自由和权力的希望，同时也复兴了决定论控制的幽灵，而后者恰恰约束甚至预先阻止了同样的那些赋权。在本书前面提到过的罗斯诺（Rosenau，1990）最近关于全球政治的研究中，冷战两极化的结束和一种
多极化的全球结构的持续扩张，以其歧义性和复杂性构成了这一辩证法的一 171
种新的表现形式。

当罗斯诺的全球多中心主义事实上因为越来越多的独立民族国家的存在而得到强化时，它同时也因为被赋权的全球行动者的数量而进一步增加，无论是在国家层次之上还是之下（分别是跨国公司和公民个体），无论是在国家主权范围之内还是之外（分别是国内政府的各类分支和部门，与国际非政府组织［INGOs］），这些全球行动者现在都具有自主性，这是因为除了其他因素之外，瞬时信息的生成和传输使得信息的全球传播得以可能。然而，鉴于多中心主义导致了在全球事务中，包括独立行动的“普通”公民在内，个体自主性不断增强，可以说，作为同一动力学的一部分，它也为所有行动者带来了“一种无止境的自主性困境”（Rosenau，1990：258）。关于这点，即使是国家也常常受到主权这一属性的严格限制，主权以前事实上给予国家国内的无限权力，以及至少单方面管理一个社会的外交政策，并保护其国家利益

和安全的这样一种不受质疑的权力（Rosenau，1990：276）。因为信息时代以及各种知识和数据库的几乎无限地传播，意味着没有一个行动者可以最终锁定事件的证据，对事件的描述，对事件的解释以及事件的真实内容；或迟或早，我们自己都会搞清楚。而且，因为“知道”“事实”是什么，是保持独立自主、代表无知或者从属的其他人来行动等能力的不可分割的一部分，信息时代所产生的新的民主或者多元主义意味着，主权是一个非常有争议且永远有争议的现象，这就对于那些在全球政治博弈中新近被给予自治权的玩家提出了持久性的“主权困境”问题。既然多中心的全球舞台已经取代了在部分程度上依然起作用的以国家为中心的范围，那么在这种全球舞台上，看似存在着由新近生成的全球行动者所构成的迭代串联，每一个行动者都依赖于其前任的主权困境，且遭受其自身的主权困境，而其自身的主权困境则是由它最终所形成的新行动者所导致的；事实上，自由与决定论之间的辩证法找到了新的、强化了的形式。此外，虽然信息时代所规定的多中心主义，使得越来越多的个人和公民群体可以进入全球政治这个复杂世界，并为他们提供了以一种更为复杂的方式处理那种复杂性的能力，但是，无论是必然还是必须这样，多中心主义也辩证地导致了一种新的复杂性层次，这种新的复杂性层次尽管在某种意义上是更加可理解的，但是，它超越了任何行动者或行动者群体可以有效控制的范围（Rosenau，1990：335）。事实上，正如我在第十章中对微观－宏观问题的讨论一样，同时，正如非线性动力学所强有力地指出的那样，新奇的微观层次发展的无论是定量还是定性的聚合，都会产生不可预期的宏观影响，这些影响很可能会极大地甚至是灾难性地强化系统的复杂性，例如，个体或小群体有机会获得政治上未经掩饰的信息（Rosenau，1990：321）。我们再次遇到了整体关联主义的最大反讽之一：我们对于复杂实在了解得越多，我们越不能
172 预测其未来，因此越不能相应地进行行动，并对于确定的目标或方向满怀信心，至少按照牛顿－实证主义对这些术语的理解是这样。

总之，显然整体关联主义所包含的自由意志与决定论之间的辩证法是丰富的、强有力的，尽管其最终意义永远模糊不清，因为它仍然在进化的遗产下以各种伪装表现出来。我们希望，当我们超越机器继续我们的探索时，关于这一基本问题的牛顿－笛卡儿遗产可以得到清除。

第十五章
主观主义与选择

与第十四章讨论的自由意志－决定论辩证法密切相关的一个问题是，对主观主义与选择的方法论关注，这二者显然与一般意义上的个体主体性和方法论个体主义等概念相关。读者很可能会意识到，在本书前面几部分的一些地方已经讨论过主观主义和选择；因此，本章只对它们进行一种相对简单的论述，只要做出一些关于它们的更明确、一致的论断即可。

尽管社会科学近三个世纪的发展一直受到牛顿－实证主义、机械唯物主义范式的主导，但是，在面对势不可挡的结构决定论时，并不是所有力图在方法论上提升个体主体性的努力都是徒劳的。纵观整个机器时代，与个体意识、思想和选择相关联的主观主义，尽管在很大程度上受到实证主义的经验客观主义的诋毁，但却坚定地保留着一定程度的方法论合理性和科学合法性。

例如，现代资本主义经济学这门学科，从其因为亚当·斯密的开创性研究而创立之初直到现在，都一直"把内省，即向内观察某人自己的思想和情感，当作一种可以发现事实真理的可靠的经验过程"（Gordon，1991：135）。正因如此，在我看来它具有极大的讽刺意味，即使是（自称）最理智的经验社会科学，也都不得不从根本上接受像个体内省这样难以捉摸、不可预测和投机性的要素，并将其纳入它们所谓的严格的方法论经验主义和客观性中；看似除了其他方面之外，如果一门*社会*科学不深入探究主观性领域的话，那么最终它就不能理解*社会*实在。但是，从整体关联主义科学的视角来看，这种在方法论上对主观主义的接受，绝不是其远离"科学"的不可还原的一步，相反，它是其朝向科学的更有启发性、更综合性的一步。然而，即使到目前为止越来越多的人接受整体关联范式是一项合法的科学事业，但是至少可以这样说，绝大多数经济学家还是不好意思承认他们对于主观内省的根本性的方法论依赖，而宁愿把那些他们对于人类本质的无争议的特征描述（目标最
174 大化、利己主义和理性行动者），当作几乎自明的经验真理，同时，他们把注意力集中于数学和统计学魔法，力图使我们中的大多数人确信，我们在计量经济学模型的公式中所看到的，正是与客观实在直接相关的未加修饰的经验主义。

当然，在社会学中，方法论主观主义的最著名的拥护者当属马克斯·韦伯，他的*理解*或移情概念对应于经济学家的内省概念。要从事*理解*，要进行“把自己放进别人的鞋子里”这样的智力活动，可以说就是，直接致力于一种对社会和历史现象的主观理解；韦伯的观点更加绝对，他认为，这是一种社会学方法论，它使研究者“*进入*历史过程*内部*，从而获得一种主观理解……这比［客观主义］自然科学家可以获得的客观知识要*更为深刻*，自然科学家不得不［像一个牛顿－实证主义者一样］，停留在他所研究的现象之*外*”（转引自 Gordon，1991：404-405）。韦伯对主观主义的方法论优越性的信任，与 19 世纪和 20 世纪的一些学术名人一致，如克罗斯（Croce）、科林伍德（Collingwood）、维科（Vico）、赫尔德（Herder）和伯林（Berlin）等。在 1945 年之后行为主义者的攻击下，我们可以预见到，方法论主观主义的影响力显著下降，但在最近几年里又出现了一些复苏，因为一些社会科学学科和从业者开始越来越欣赏整体关联科学的方法论意义，有趣的是，其中还包括一些“女性主义方法论”派系的出现，它们依靠韦伯的研究、批判理论和整体关联科学的方法论，来提倡“立场社会学”的优越性，这是一种把更清晰、更综合的社会学洞察力，归因于社会中的那些“受压迫群体”的方法论技术，他们因为受到压迫这一事实，会从“统治者”（白人男性）和“奴隶”（女性和其他少数人群体）这两个视角来观察世界（Nielsen，1990）。虽然作为一种对牛顿－实证主义的校正和补充，方法论主观主义的复苏受到了热烈欢迎，但在我看来，它所宣称的“优越性”多少有些夸大，而且冒着以一种方法论不对称性破坏主观主义和客观主义之间的整体关联辩证法的风险，这种不对

称性过度以后者为代价来支持前者。正如我在上文中已经表明的，整体关联主义并不会无限地支持某一特定的方法论技术，而是寻求一种辩证平衡和多元论，它不容许退回到任何还原论、一维性或对实在本质的绝对断言的趋势存在。

最近，甚至是一些来自牛顿－实证主义传统本身的社会科学家，也已经开始严肃地质疑这一传统自身的自我理解能否作为一种严格经验主义的、非主观的、价值中立的科学。在这方面，卡尔·波普尔爵士（Popper，1959）可能是最博学且最著名的代表人物。波普尔的“证伪论点”证明了，仅有严格经验主义和实验验证并不能证实或者否证任何理论；因为我们永远都不能确切地知道我们是否测试了一个过程中的所有可能的因素，或者今天或者明天，我们永远处于一种不确定性，或者充其量是偶然性的状态之中。这样，关于是否要接受或拒绝我们的理论的决策，就不得不借助于其他的、多少有点非经验 175
的评估，甚至包括其中最主观的审美情趣！正如罗森（Rosen，1991：101）所说，“自然并未给理论强加任何可接受性标准；当一个理论使我们获得某物确实得到解释这种*满足感*时，那么这一理论就是可接受的”（Hanson，1958）。虽然波普尔的论断得到了广泛的认同（即使它们在最近几年受到严厉批评），但它们更易于被当作实证主义窘境的一个来源，而不是被当作一个我们所需要的矫正，这样，大多数行为主义者继续进行研究，就好像波普尔的批判根本不存在一样，这些批判像被冰山刺穿的*泰坦尼克号*上的那么多折叠躺椅装置一样，沉入了大海。

因此，这*可以说是*社会科学中方法论主观主义的一段历史。正如这段非常简短的演示所证明的那样，即使是在机械论长期占据统治地位期间，主观主义作为一种多少可行的方法论要素也仍然继续存在，但是其存在也常常是有问题的，它从来都没有真正系统地或全面地并入任何类型的总体性的方法论范式中，当然也包括牛顿－实证主义范式。但是，正如上文所指出的，现在这样一种方法论演示在整体关联主义科学内很可能实现。

正如在第十四章中所假定的那样，“允许我们的自由意志成为一个有意义的概念的正是宇宙的复杂性［和］……我们自己的复杂性”（Ruelle，1991：33）。在一个非线性的、动态的宇宙中，这种自由意志由一个系统在其分叉点上“解”的多元性来得以确立，它非常合乎逻辑且必然会导致同样有意义的“选择”概念（Nicolis and Prigogine，1989：60）。

> 在系统的分叉点上，经受一种不稳定性的系统实际上被给予一种对秩序的“选择”。其中一些选择的内部反馈非常复杂，以至于存在一种近乎无限的自由度。换句话说，选择的秩序非常高以至于它是混沌的。在其他分叉点提供的选择中，耦合反馈形成了较少的自由度。这些选择可能使系统表现得简单且有规则。但是这是迷惑性的，因为在看似简单的秩序如孤子波中，反馈也是不可解的、复杂的……
>
> 在我们系统的过去的每个分叉点上，很多未来存在于这些分叉点所形成的不稳定性中。通过系统的迭代和放大，一种未来将被选择而其他可能性将会永远消失（Briggs and Peat，1989：143-144）。

虽然处于混沌的根本复杂性和开放性条件下，但个体选择，也就是“个体活动……并非注定是不重要的”，因为“我们所做的事情会导致［一个］分叉点的其中一个分支［被选择］”（Briggs and Peat，1989：151；Jantsch，1980：47；Prigogine and Stengers，1984：176），要注意的是，正如引自布里格斯和皮特的这长段话所阐明的，即使是最广义的个体选择概念，即“一种近乎无限的自由度”，也与一定程度的决定论辩证相关，因为选择的菜单本身依赖于一个系统过去的历史、其他人的早期选择，以及我们做出我们选择的分叉点的独特结构。此外，从一种方法论的视角来看可能更有趣、更有独创
176 性，布里格斯和皮特认为，做出选择的能力不是人类个体所独有的属性，系统和集体也可以通过它们的“迭代和放大”动力学来做出选择。事实上，这一观点非常类似于进化论中自然*选择*和适应过程中的系统选择概念，以及对那些过程中的历史偶然性的古尔德式的强调。系统可以有效地做出选择，这一观点虽然与决定论处于一种辩证关系中，但退一步说也与牛顿-实证主义方法论及其原子本体论阵营明显决裂了。尽管如此，当我们把系统选择与全息术的全动像概念关联起来时，一种荣格式的“集体无意识”概念就在行为主义心理学的阴影笼罩下产生出来，并显示出其自身的整体关联的科学合法性烙印。甚至是马克思主义者的阶级意识，尽管有其自身的缺陷，也很可能

获得方法论新生，因为从一种整体关联的视角来看，阶级（作为集体实体）事实上可能具有集体意识乃至思想，并且可以做出集体选择。

系统选择也强调人类伦理体系的集体本质，在谈到系统演化时将它们相对化，并把它们置于超出绝对个体决策自主性的范围之外的位置上。伦理选择辩证地且整体性地从决定论和自由的相互作用中突现出来。正如扬奇（Jantsch，1980：263-274）所说：

> 我们可以把伦理行为定义为一种可以推进演化的行为。但是这意味着，伦理并不是先天给定的，而是伴随着演化突现出来的，且遵循着一种原则上完全开放的发展。伴随着每一个新的自创生层次，一种新的伦理开始发挥作用，同时，一种新机制也开始发挥作用，通过这一新机制，伦理像一个控制装置一样起作用。
>
> ……权利构成了一个静态的、防御性的、以结构为导向的概念，而接受责任意味着创造性地参与进人类世界的设计中。因此，在西方世界中占据支配地位的伦理，是一种伪装成具有社会承诺的行为代码的个人主义［有个人主义倾向的还原论者的］伦理。它不是一种多层级的，［进化］伦理……［在进化伦理中］不存在“好”和“坏”……只存在互补性，其中对立面彼此包含。

我们再次看到了方法论原则具有社会－政治影响；一种整体构想的世界预示着一种整体构想的社会伦理，这种社会伦理并不会随意地把伦理前提从生命本身的总体性中分离出来。事实上，从进化论的视角看，我们共同不断地“选择”那种（带来适应性的）伦理选择，因为我们的进化总体性路线是相当偶然的；在这个意义上，我们的伦理菜单多少有点决定论地受到这种总体性的驱动，而不是受到完全开放和自由的个体选择本身的驱动。

正如在本书前几章中就已经指出的，方法论主观主义在量子－全息术中也发挥着重要的作用。读者将回想起在量子－全息宇宙中，一个实验者或观察者的意识状态不可还原地牵涉进整体关联实在的主观－客观总体性中，他的价值观念、他的选择本身是所谓的“经验实在”的决定因素。

177 > 物理学家已经开始认识到，他们关于自然现象的所有理论，包括他们所描述的“规律”，都是人类大脑的创造物；属性是我们关于实在的概念地图的属性，而不是实在本身的属性。这种概念图式必然是有限的且近似的，它所包含的所有科学理论和“自然规律”也是一样（Capra，1991：287）。

正如尤金·魏格纳（Wigner，1970：172）所简要指出的：“不可能不提及意识，而以一种完全一致的方式来阐明［量子论］规律。”而且，正如赫伯特（Herbert，1985：24-25）在其关于量子实在的第七条定理中所主张的，“意识创造了实在”，“在我们的最唯物主义的科学［物理学］的逻辑内核中，我们遇到的不是没有生命的物质，而是我们自己的活生生的［意识］自我”。事实上，意识是主观主义的一个关键属性，对选择而言，它是“一个终极实在”（Wigner，1970：26），一个在本体论和科学方法论系谱中享有最大可能的实体。

然而，像在第十四章中得出的关于自由和自由意志的整体关联定义一样，一种得到整体阐释的个体和集体选择概念，其本体论地位并非都是应得的，尽管它强调了个体或集体的自主性。正如在上文中已指出的，整体构想的选择在一种决定论的语境中发挥作用，不论这一语境可能是多么动态、开放且不确定的。此外，正如进化过程以其周期性的物种大灭绝，以及自然选择和适应的偶然路径所阐明的，选择空间的增加并不意味着主体始终必然会选择“正确的”或“最好的”路径，甚至绝大多数时间主体都不会这样选择。在进化发展中，可以以固定频率找到“解决方案”（适应），但它们并不必然是“最优化”解决方案；相反，它们常常是临时的、适当的第一反应，这些反应似乎会带来暂时的进化缓解和生存能力，而且，这些反应会随时间不知不觉地或出乎意料地转变为毁灭性策略。同样地，混沌的分叉虽然提供了选择，但并不必然有助于我们选择最好要遵循分叉的哪一个分支；我们付了钱（我们从菜单中进行选择），然后我们把握住我们的机会。

事实上，正如施穆克勒（Schmookler，1984：17）所指出的，在人类文明的进化史中，我们做出选择的能力的增强，只不过使我们成为醉心于权力争夺的疯狂不定的动物，而不是实际上可以做出明智选择的真正自由的人。此外，持续不断的权力争夺实际上阻止了我们选择一种明智且安全的和平（Schmookler，1984：21）；尽管我们的选择菜单可能很长，但它似乎缺少了和平、人道主义和善意构成的甜点。讽刺和悖论再次出现，那就是，虽然人类进入“文明”为我们提供了史无前例的选择，但它也严重地、悲剧性地约束着我们不懈追求除了一种限制选择、破坏生命的权力争夺之外的任何其他事物的能力：“随着部落寓言将获得权力的方式传播开来，开放可能性被引导到一个特定的、*未经选择的*方向上来。”（Schmookler，1984：23）另外，正如在第十四章中所指出的，就像人类自由受到“个体顺从精英权威的这种心理内化”的约束一样，我们中的大多数人也会在广阔的选择机会面前退缩，有意避开那些艰难的或重大的选择世界，除非选择菜单已经为我们起草好了。178
“能力不足的动物为了临时的自由必然会寻求新笼子的保护，就像宗教大法官之于人类的作用一样……［因为］人类自由［和选择］是危险的［且令人不安的］。”（Schmookler，1984：18-19）因此，尽管对整体关联世界的复杂性的认识，意味着我们的个体活动和选择“并非注定不重要”，但是，整体关联复杂性“也是一种威胁，因为……稳定的、永恒的规则的安全性看似一去不复返……生活在一个危险的、不确定的世界中……不会激发任何盲目的自信”（Briggs and Peat，1989：151）。最后，正如上文奥恩斯坦（Ornstein，1991）对认知心理学和发展的研究所证明的那样，对人类选择的“理性”的过分强调确实错位了，因为很显然，我们的思想、我们的大脑，在进化上还未适应成为完全理性的、能全面分析的、目标最大化的机器。

总之，在整体关联主义科学的方法论中，主观主义和选择，像人类自由和自由意志一样，获得了一种新的、丰富的重新解释和表达，而这些恰恰为我们提供了一种对我们生活的世界和我们周围的世界更加复杂的、综合的辩证理解。世界影响着我们，同时，我们作为世界的一部分，事实上我们也帮助创造着世界。

第十六章
社会生物学与先天–后天之争

179 自从威尔逊的著作《社会生物学》在1975年出版以来，关于生物学和社会科学之间关系的本质（事实上是，二者之间是否应该存在关系），以及这种关系所支持的政治–意识形态偏见，一直存在着非常恶性的、引起论战的、激烈的争论。这些争论对于不论是生物学还是社会科学中的新生代学者而言可能比较陌生，但事实上，正如德格勒（Degler，1991）最终所证实的那样，它们只不过是自19世纪30年代以来在强度和公开性上周期性兴衰更替的那些争论在现代的最新表现。

这些年社会生物学问题的倡导者既找到了希望（一个极端的例子是，在优生学运动中希望创造一个“超级人类”世界，没有疾病、畸形和愚昧，没有以无论何种方式产生这些问题的“坏”基因），又面临绝望（另一个极端的例子是，害怕一种由基因决定的“法西斯主义”侵略进“完美的”、普遍性的人类本质和社会工程中），对于人类个体和人类社会而言，这可能意味着，这两种极端立场之间的表面上棘手的对立，再次与一种机械论二分法纠缠在一起：社会生物学要么对人类境况持乐观态度，要么持悲观态度；要么鼓吹一种社会主义的乌托邦，要么鼓吹一种霍布斯式的梦魇；要么内在地推动“自由主义的”思想政治原则和公共政策（通过遗传工程治愈社会弊病，从而创造一种更自由、平等的政体，来实现一个仁政的社会–民主“福利”国家），要么以所谓可靠的、经验主义的、客观的“科学”知识为幌子，推动保守–反动的思想政治原则和公共政策（为了种族纯洁性和国内外统治地位，追求法西斯主义的优等民族，以实现自由社会达尔文主义）。但是，本章的论述将会再次证明，这种二分法是错位的且具有误导性的，它会导致许多激烈的争论，它所带来的这些“大话”使我们毫无进展。在整体关联科学的辩证语境中进行定位和阐释，社会生物学可以避免到目前为止的那些过去争论的人为 180
僵化，把生物学和社会科学以这样一种方式结合起来，使得理解人类本质和行为的生物决定因素，而不用减少人类自由、自由意志或尊严，不会引起极权主义国家的各种众所周知的幽灵等得以可能。如果说整体关联科学教会了我们一件事情的话，那就是，科学解释不必是不可还原地、机械地决定论的；毕竟，科学化仅仅意味着，我们试图理性地占有世界，使世界对我们来说有意义，这肯定是可以实现的，而不用借助会限制自由的机器世界，正如在本书中已经清晰地揭示的那样。

例如，马斯特斯（Masters，1989：112-113）断言“生物进化的新达尔文主义模型可以被用于研究社会和政治系统，而不用借助基因决定论或对现状的意识形态辩护”，政治可以被视为“一种与进化生物学原理一致的独特的人类现象”，这是完全正确的。而且，正如在第十四章“决定论与自由”和第十五章“主观主义与选择”中所普遍认为的那样，人类自由实际上位于生物学“约束”的语境*中*，而不是完全外在于生物学“约束”，因为正是各种类型的信息处理系统（遗传密码、语言、文化）的*演化*发展，为*智人*提供了一组行为、活动和发展的规则，同时也提供了一份选择菜单，即决策和行为结果中的一种开放的灵活度（Cronin，1991：376-377）。甚至“学习和修正行为的能力本身就是一种生物学适应性……虽然语言对于*智人*而言具有决定性的选择优势，［但］学习语言的能力本身则是基因传递的”（Masters，1989：129）。

社会生物学所谓的严格决定论对于人类自主性和自由意志所形成的令人不安的结论，使我们很容易预见到存在很多对其有效性和有利条件的反对。但是，正如对进化生物学的一种整体关联的和辩证的理解所证明的那样，对这样一种约束式的决定论的恐惧，从根本上来说是没有必要的。近几十年来，这种理解不断发展，得到了更加清晰和复杂的阐释。整体关联地构想出的社会生物学，是对人类境况的人文理解*和*科学理解的女仆，而不一定是其对手。

各种类型的思想家都可以诉诸社会生物学来获得他们自己的政治利益和政治纲领，但是，作为一种*进化*理论，按照定义，社会生物学不能为现状的任何特定表现辩护或者证明其是合理的，（充其量）只能历史地解释它为何产生；同时，作为一个理论，它主张变化是普遍存在的且持续不断的，按照定义，它不能宣称所有的变化都是越来越“好”的，而只能说变化将会发生，而且不论成功与否，我们都将使自己适应变化。正如戴蒙德（Diamond，1992：97-98）所说：

> 像核物理学和所有其他知识一样，社会生物学也会遭到滥用。人类从来都不缺少借口去证明对其他人的虐待或杀戮是正当的，但是自从达尔文阐述其进化论之后，进化推理也一直被当作这样一种借口而遭到滥用。对人类性行为的社会生物学讨论，被视为试图证明男人对女人的虐
> 181 待是正当的，这类似于为白人对待黑人或纳粹对待犹太人的做法而提出的生物学辩护。在一些生物学家针对社会生物学的批评中，再次出现了两种恐惧：野蛮行为所具有的一种已被证明的进化基础，看似会证明这种行为是合理的；这种行为所具有的一种已被证明的遗传基础，可能意味着尝试改变是徒劳的。
>
> 在我看来，这两种恐惧都没有依据。对于第一种恐惧，我们可以试着去理解某物是如何出现的，而不用管我们到底认为某物是值得赞美的还是令人憎恶的……对于第二种恐惧，我们并不只是我们的进化特征的奴隶，甚至不是我们的那些由遗传而获得的特征的奴隶……尽管我们已经开始明白，有害基因和细菌容易毁灭我们，这是很自然的事情，但现代医学的主要目标之一还是，阻碍那些有害基因和细菌的影响……

正如卡普兰所得出的结论一样：“我们不需要成为一名法西斯主义者或社会达尔文主义者，来坚持这一观点，即如果进化生物学的方法论对于分析骨骼、肌肉和细胞形态而言是有效的，那么它对于分析大脑、思想、文化及语言而言也应该是正确的。”（转引自 Degler，1991：319）

因此，进化推理只能告诉我们，我们的一些行为的其中一些来源；它没有也不能为我们做出关于这些行为的伦理判断，至少不能直接这样做，正如

第十五章所指出的，尽管这很可能是正确的，即伦理选择在某种程度上是由进化本身所形成的。事实上，因为伦理体系是人类文化体系不可或缺的一部分，而人类文化体系本身，正如我下文将要指出的，在某种程度上是由进化动力学所构成的，所以，反社会生物学家通常所假定的人类文化进化与人类生物进化之间的裂缝，即先天－后天争论，就是完全无效的。此外，尽管戴蒙德主张，对某些人类行为的科学解释，不能导出任何特定的道德判断或政治－意识形态价值，但他对于这些解释背后的总体性方法论、范式世界观是否能导出特定的道德判断或政治－意识形态价值，则保持开放态度。正如在第二章中所指出的，对后面这点的回答，我的观点是，当用本质上机械论的术语来（错误地）表达进化生物学时，它支持一种*狭隘地*定义的（这是一种与大部分一般的或支配一切的、范式性的类型截然相反的非常特殊的类型）伦理和政治偏见，但是，当它被视为一种辩证地阐释的科学时，像其他整体关联科学一样，它不支持一种狭隘地定义的伦理和政治偏见，我将在第十八章中再回到这个观点上。

辩证地、整体关联地阐述的新进化论，其更有启发意义的一个观点是，完全不存在诸如普遍人类本质这样的东西。因此，人类本质既不是一维的也不是静态的。关于“本质上的”、狭隘固定的人类本质的无效争论，使得关于社会生物学的争论更加混乱，因此，它不再是必要的甚至是有效的。正如马斯特斯关于美洲*旱獭*（*M. monax*）的讨论一样（Masters，1989：15），这在本书较早的一些章节中已经提到过；同时，如对社会生活的行为学研究通常所证明的那样，“人类社会和政府不能得到像利他主义或自私自利那样的可能不变的自然特性或本能的适当解释”（Masters，1989：31）。人类行为指令是多维的且可塑的；同样地，人类“本质”是一个动态实体、一种适应性现象，因此，不论是利他主义还是自私自利，都是明显的人类行为，这些行为在很大程度上依赖于我们整个生态和环境龛在空间、时间和文化上的需求和约束。182
通过对当今世界存在的大量各种各样的社会形态和政治体系的非常浅显的观察，充分证明了这一观点，即对人类本质的一维定义最终不能支撑、明确表达并实现任何同样一维的（或者普遍更好的或最佳适合的）社会－政治或经济体系的要求。例如，把人类本质简单地定义为利己主义的和目标最大化的，既不能得到经验的证实，也不能最终令人信服地（如合乎科学地）表明，资本主义（至少以其高度理想化的、过分简单化的形式）对人类而言是最适宜或最普遍必然的经济系统。这种情况下，方程式的两边都比想象的要更加复杂。

遗传解释和进化发展一般不能也并未涉及很多特定的人类行为，因此，它们也不能涉及很多文化解释和发展，很多反社会生物学家把这一观点当作他们批判的起点。然而，如上文所提出的，把进化和文化全部分开是完全无效的。即使到目前为止，人类文化进化已经使人类发展和能力远远超越了基于遗传的进化所具有的直接的、即时的因果力量，但是尽管如此，人类文化在过去和现在都是一种进化适应，而且，它作为一种信息传输和处理系统，也根据一般的进化原理不断发展，这点仍然是正确的。正如马斯特斯（Masters，1989：71）所说："因为生物进化可以被富有成效地理解为一种解决问题的过程，所以，社会文化系统看似服从于类似［原文如此］那些支配生物现象的机制……历史学家将不得不面对这一事实，自然选择以它决定物种进化的同样的方式决定着文化的演化。"此外，"人类语言之间杂交或借鉴的能力解释了人类进化的一个比较明显且非常关键的特征：大多数其他种系发生在地球上到处扩张并广泛采用不同的生活方式，与这些种系发生不同，原始人类的路线形成了一种具有发散文化的单一物种（而不是分裂成不同的种和属）……［因此，］选择压力有利于作为一种灵长类动物的*智人*的出现，而其生存下来又依赖于文化的获得"（Masters，1989：108-109）。结果，即使是人类语言，一种*最卓越的*信息处理－传输器，一种充其量只在身体上依赖生理进化、通常被视为占据主导地位的文化产物现象，直接落入了整个人类进化发展的范围内："因此，一种基于共同语言的人类社会文化系统，是对生物进化中物种的功能模拟……基因是把能量和物质转化为有机体细胞和行为的模板或程序，和基因一样，符号［和语词］是把能量和物质转化为文化产物和行为的模板或程序。"（Masters，1989：109）

尽管如此，我们仍然经常能看到，有一些对于进化生物学对社会科学的贡献的评价，这些评价想要坚持文化发展和有机体发展，以及文化动力学和作为一种一般过程的进化动力学之间的旧的分离，这些都严重地限制了进化

生物学对于社会科学的贡献的重要性和实质内容。举例来说，戈登仍然把进 183
化生物学（错误地）视为*只*处理生物进化，就像是说，进化生物学是社会文化行为的一个无力的解释者。戈登主张，我们“切不可假定，每一个有机现象原则上都可以追溯到一个选择它的进化过程上来”（Gordon，1991：538），而且，“并不是所有的选择都是对那些有助于生存和繁殖成功的特性的选择”（Gordon，1991：539）。虽然在这点上戈登是正确的，但他显然没有抓住文化演化与生物进化之间关系的要领。他宣称，要使进化论与社会科学之间存在显著的关联性，进化就必须对无论是生理上的还是文化上的适应特性产生一种直接的且机械论的因果作用，这点应该从上文和本书前面几部分的论述中可以清楚地看到。这样，他关于整个问题的最终结论同样是错位的。

> 除非我们可以确定它们在人类特性中的直接原因，否则我们就不能继续发现它们在人类基因组中的更深层原因。目前可以说的是，遗传因素在人的社会性中的作用是大于零的……［此外，有］充分的经验证据证明，个体的人类特性受到文化因素的强烈影响……而文化因素独立于人类基因组……社会会在一代人或两代人的时间间隔内产生巨大的文化变迁，［这是一个］普遍经验……［然而它可能会花费］很多代人……才能通过自然选择过程形成一个有机物在形态学或生理学上的微小变化……社会演化和生物进化的不同速度依然存在……这是努力把社会现象和生物现象连接在一起的主要障碍之一……（Gordon，1991：539-540）。

虽然戈登继续讨论了拉姆斯登和威尔逊（Lumsden and Wilson，1981）关于文化因素与生物因素之间的“协同演化”概念（Gordon，1991：540-541），但他这样做主要是为了指出文化在这种关系中的支配地位（从而限制了进化的作用），此外，在这样做的过程中，他用机械论术语而不是整体关联术语来界定其讨论，就像他在上面的引文中所做的那样。事实上，戈登对于社会生物学的全部问题都源于其机械论的、牛顿 - 实证主义的范式立场。要注意，在上面的引文中他是如何要求“直接原因”的，他依靠表面的经验主义（文化因素影响人类特性——这无疑是一种自明之理，但在分析上是不完整的），而且，在他得出关于生物学与社会科学之间关联性的悲观结论中，他过度强调了时间因素（文化，如亚洲的儒家思想，实际上比人体形态学要进化得更快，这点还不是太清晰）。当然，在一个整体关联框架中，对于适应性问题来说，这些重点都不必然是决定性的或者与之存在密切关系的。

对社会生物学的另一个批判在于这一假定，*智人*是一个非常独特的物种，尽管可以合理地划归为动物，但在进化上与其他创造物是有区别的，因为其文化特质、语言、抽象思维、更高的智慧、自我意识及审美情趣等的新颖性。戈登再次成为此处所提倡的这种观点的代表人物：“［人类］在地球生态中所处的至高无上的地位是因为其获得、储存和传播知识，以及构造那些可以修改并控制其环境的人工物的独特能力。”（Gordon，1991：545）这一陈述本身
184 是足够精确的；但是，人类在这些方面的独特性和性质上的可分离性被错放且过度夸大了，现在来看，这点越来越明显了。所谓的文化能力允许人类做人类可以做的各种各样的事情，尽管据我们所知，它们是任何其他物种所无与伦比的，而且它们多少脱离了进化的*直接*遗传影响，但这一点儿也不意味着它们不是进化总体性的一部分，也不意味着它们可以不服从进化分析*本身*。随着行为学证据越来越明显，“不论是意识还是文化差异，都不是我们这个物种所独有的。美丽、游戏和幽默可能在人类之间高度发达，但它们的根基存在于自然中，而不是任意的［文化］习惯中”（Masters，1989：247）。珍·古德（Jane Goodall）对黑猩猩的长期研究，足以证明这一论断（Goodall，1983，1986a，1986b；de Waal and Lanting，1997；de Waal，1998）。还有一些其他作者，如德格勒（Degler，1991）广泛指出，把马斯特斯和古德连接起来至少在部分程度上破坏了人类独特性这个神话，从而假定了进化生物学与研究人类行为和社会系统的相关性。例如，如格里芬（Griffin，1976）所说的，“如果一个只有几毫克重的昆虫［蜜蜂］，其大脑可以控制灵活的双向沟通的话，那么显然可能存在类语言行为出现在其他动物中的可能性……［而且］如果我们目前所熟知的存在于蜜蜂之间的复杂的反应性行为是基于遗传学的……那么我们如何确信我们自己的复杂行为不是由遗传基因决定的……”（Griffin，1976：337-338），而且，根据盖洛普（Gallup）所说，黑猩猩监控其自身的精神状态的能力表明，它也有一种“自我感知”，它也有“*心灵*和

大脑”（Griffin，1976：341）。可能最著名且最生动的行为学例证之一是日本猕猴。

> 动物之间文化传播的最著名且最有说服力的例子无疑可以从 Imo 说起，这是一只生活在灵长目动物研究岛上的日本猕猴。在大约两岁时，Imo 被观察到把提供给动物的食物（也就是一个土豆）搬运到一条小河边去洗掉沙子。在接下来的几年中，清洗土豆这种做法慢慢在猴子群中传播开来，然后变成了一种习惯。很快这种习惯蔓延到周围的临海的地区。在盐水中清洗土豆变成了习惯中既定的一部分，作为吃土豆的程序的一部分，通过母亲教给它们的后代……
>
> 显然，代与代之间的传递是有意的……
>
> Imo 的创造性天赋并没有止步于洗土豆这个小技巧，就像早期人类的文化创新一样。当猴子的管理人员决定把食物由土豆改为麦粒，以通过在沙子中挑选出谷粒来评估动物手指的灵活性时，Imo 再次表现突出。它依靠它早期对水的使用，通过把一小把沙子和谷粒搬到水中，沙子沉积下去而谷粒漂浮上来，这样就把沙子滤掉了。然后它用双手捧起麦粒吃掉了它们（灵长类动物学家对 Imo 的解决方法感到惊奇，因为这次它偏离了传统猕猴的行为。这种创新要求它为了改善食物，就好像要“丢掉”食物一样；在它的那个物种中，这不是一种习惯做法）。这种做法很快也传播开来；这是早期文化传递的另一个例证（Griffin，1976：346-347）。

如我们所说，尽管 Imo 不是什么行家里手，但它对原始文化的创新，应该驱散了任何基于人类的文化独特性而表达的反社会生物学观点。

社会生物学，特别是社会达尔文主义者手中的社会生物学（但并不限于 185
此），经常会受到批判，还因为它不仅会助长种族优越论和由此带来的为种族大屠杀的辩护，还因为它在一个民族的文化比另一个民族的文化更好且更复杂的意义上宣扬了文化优势。但是正如本书特别是第五章中对进化论的讨论所充分证明的那样，自然选择和适应所具有的偶然发现的、意外的、*临时的*本质不可能做出这种评价性判断。进化适应只不过是为了在一种不可预见地变化着的、动态的环境中生存下来而进行的适应性调节，其成功和失败与其说是内在于适应的本质和对适应的选择，不如说内在于一些偶然的方式，通过这些方式，进化过程总体上使这些适应变得功能相关。事实上，*只有*当环境动力学突然把不适应的特性转化为适应性特性时，一些“适应”才是这样。正如马斯特斯（Masters，1989：112）所得出的结论，“自然不再是相比一个物种而更支持另一个物种；没有一种文化可以不管［进化］时间和地点而自称是人类存在的正确形式”。同样地，“在表型只是遗传复制的一个‘工具’这个范围内，没有一个个体可以自称天生在所有方面都是更优越的。我们中没有一个人可以知道，在未来的环境中，哪种基因将被证明对于延续人类生命而言是必不可少的。我们都知道的是……变化对于每一个现存物种而言都是必要的；同质基因库特别容易受到意料之外的灾难的攻击”（Masters，1989：237）。

当然，社会生物学的一个典型特征是，它常常因为其所谓的决定论，特别是遗传多样性的决定论而受到攻击。但是，到目前为止应该非常明显的是，这种所谓的决定论与在一种机械论的牛顿－实证主义范式内对进化论的阐释关系更大，而并非因为进化论*本身*。如果整体关联地构想的话，进化论和社会生物学通常并不受这种机械决定论的支配，而只涉及辩证过程，这些过程充其量处理的是可能性，而不是一种还原论－决定论的确定性。正如威尔海特（Willhoite）所说：“从遗传学的角度看，我们被‘程序化’，以相比其他可能的行为而言更容易地学习并坚持某些特定类型的行为。”但是，“这并不必然意味着某一特定行为会*必然发生*，而是说遗传性会显著地影响这一行为形成的*可能性*”（转引自 Degler，1991：239-240）。马斯特斯赞成不需要惧怕社会生物学的决定论，因为“研究人类行为的生物学方法可以以一种概率性的、非确定性的形式存在”（Degler，1991：240；Rose，1997）。事实上，对马斯特斯而言，人类进化过程的高度可塑性，使得“身体特征或行为可以满足不止一种功能，这取决于［环境］状况”（Masters，1989：8），这就使得“不同的社会模式……最好被理解为对各种各样的生态龛的种特异的适应”（Masters，1989：13）。古尔德补充道：“基因并不会形成一个身体的特定零部件；它们在大量环境条件下为一系列形式指定遗传密码。”（转引自 Degler，1991：267）但是，环境约束对于人类行为，甚至是人类的创造力和智力而言是真实存在的。例如，我们可能倾向于相信，人类正处于窃取另一种自然秘密的边缘，即对遗传密码的特定描述——“基因组计划”，这就为遗传工程带来了无限的能力， 186
而遗传工程是一个在可预见的未来人类最有可能的前景。但是，如马斯特斯（Masters，1989：129）所说：“即使人类对其种群采取整体优生学控制，人类社会也不可能摆脱进化原理的极限……作为繁殖过程，优生实践必须符合群体遗传学的统计学原理，但它只代表一种对随机突变和性重组的替代性选择……自然并不能向我们保证，对基因库的有意识的操纵可以确保物种的存活。”总之，社会生物学“从根本上来说是一种关于极限的理论”（Masters，1989：321），而不是关于决定论的还原论的理论；而且，事实上，对于人类文化而言我们也只能这样讲！

对社会生物学的另一个批判是，它在思想上倾向于过分提倡“占有性个人主义”（MacPherson，1962），这种占有性个人主义以更加致命性的自由放任的自由资本主义形式为特征，如 19 世纪的“强盗式资本家时期”或“镀金时代”。但是，这种解读是根据一种对进化过程的极其肤浅的解释而推断出来的，包括使所谓“适者生存”的达尔文式的原理成为标语口号。众所周知，在社会达尔文主义者的传记中，“适者”就是工业巨头自己，如洛克菲勒家族、梅隆家族和卡内基家族。他们在 19 世纪资本家和产业工人的伟大生存斗争中获胜，这是一个“红牙红爪”、热闹非凡的暴力竞争的市场。诚然，对进化论的一种更细致的分析与对自由资本主义的这种思想辩护和自由资本主义的合理化（神话）毫无关系，但社会达尔文主义的遗产现在依然存在于对社会生物学的相对更复杂的批判性讨论中。例如，戈登（Gordon，1991：542）仍然坚持认为，一方面，社会生物学不能成为一门成熟的社会科学，因为它（据称）不能“解释社会性”；另一方面（多少有点矛盾），他主张“到目前为止，把人类的本质构想为受利己主义的控制，这在构造社会组织模型中具有更多的启发价值”（Gordon，1991：544）。显然，对戈登来说，社会科学的本质仍然以这样一种“自然主义”为中心，并建立在这种自然主义的基础之上，那就是，它赞扬自我本位的、利己主义的、自私的个体的坚持不懈、普遍存在和优势地位。

但是，最值得强调的是，对社会生物学的进化论的一种辩证的、整体性的解读，为我们提供了一幅完全不同于社会达尔文主义者和戈登之流所描绘的图景。进化论事实上对社会行为和合作行为有丰富的视角，生物利他性概念可能是这种集体主义最重要的表示，这点现在应该是众所周知的。而且，尽管生物利他性的确包含很强的个体自私要素在内，但我们很难看到戈登关于社会生物学不能有效地处理社会性这种论断的任何基础。此外，从一种辩证的、整体关联的视角来看，在自私个体行为与合作群体行为之间构造一种绝对的二分也是错误的，不只因为我们会再次陷入关于人类在本质上到底是自私的还是合作的这样无效的争论，而且因为我们会犯不能理解整体关联主
187 义的辩证思想这种方法论错误，整体关联主义的辩证思想认为，“矛盾对立面”通常彼此关联、相互配合。

人类本质上是“社会”动物；因此，任何个体的“成功”都必须是基于某种社会合作的成功。事实上，如克罗宁（Cronin，1991：257-258）根据囚徒困境博弈来模拟进化行为所证明的那样，即使是最自私的、最具破坏性地竞争性的“针锋相对”交换，也会导致一种为了共同生存而形成的最终合作策略；利他行为可以而且的确辩证地以一种非常自然且合逻辑的进化方式，从个体的自私自利中突现出来。利他行为也会受到为繁殖成功而选择的“内含适应度”策略的推动，内含适应度策略又“受到［有机体］协助他人［（同类）］而不是使［自己］配对的推动”（Masters，1989：156）。这是一种“亲缘选择”过程，它导致“相互利他合作”的出现（借此某一特定的共同基因库可以确保生存），这种合作受到个体的、互补的行为和计算的推动；如果你愿意，这是一种特定的个体主义在起作用，它可以用一种强制合作的“远距离遗传作用”来辩证地得到阐释（Cronin，1991：261-263；Margulis，1998）。克罗宁（Cronin，1991：267-268）进一步补充道：

> 即使从最简单的自然选择的视角来看，它也涉及在面对约束条件时谋生的方式、资源的利用，以及生存和繁衍的策略；实现这些目的的手段不需要表现得……残忍和自私。竞争是关于如何最充分地利用资源而不是如何垄断资源的问题……或者说，竞争主要不是由武装遭遇战或强

> 制占有表现出来的，而是由巧妙的伪装、夜间摄食或只是低调蛰伏表现出来的。因此自私自利不需要看起来残忍无情；它可以以多种方式表现出来。

因此，个体主义、自私自利、斗争、竞争和暴力，可能不是普遍性的人类本质的外显标志（经验上的表面性），而是高阶复杂性和社会合作的外显标志，后者在其表达方式的动态演化中引起了这些特定表现。这样，即使是最“个体主义的”人类社会形态都开始使得社会进化有意义。如马斯特斯（Masters，1989：172）所阐释的：

> 只有接受这一风险，即作为社会契约的实施者，那些拥有权力的人将从其角色中不成比例地获益，那么公民才能得益于政治共同体。因此，政府被描述为，它提供的是协调社会行为、征收“旁支付”以保护集体财产等服务。一旦开始，这些体系就会为所有成员创造出相当多的共同利益，只要遵守社会规则就可以阻止公地悲剧。在这些情况下，对利己主义的个体而言，形成一个政治社会就是合理的，即使它将……需要自我牺牲或善行，包括纳税、服兵役，甚至是在保卫群体时死亡。

从一种无政府主义的，甚至是施穆克勒式的视角来看，马斯特斯过于热衷于现代国家带给个体的福利，这点的确是有其过错，但是，他的观点也有其合理之处，例如，即使当一种表面上的经验主义只向我们展示了一种很大程度上由利己行为刻画的人类本质，但人的社会性也可以从一种整体关联地 188
构想的社会生物学视角得到完美的解释。对于社会生物学助长了极端个人主义的指控是不成立的；如果它真的助长了某些事情的话，那也是助长了一种对个体行为和社会行为的辩证的、整体关联的理解，这两种行为同样都是人类个体－社会整体性的主要构成部分。

最后，如果不关注社会生物学的最重要的、长期存在的问题之一，即所谓的“先天－后天争论”的话，那么对围绕社会生物学的社会科学关联性的争论的分析就不会是完整的。当试图决定人类到底是受到遗传影响的制约还是受到文化影响的制约时，我们再次是徒劳无功的。当然，人类在一种辩证的、整体关联的、进化的语境中受到影响（Dobzhansky，1962），同时，我相信，现如今我们必须成为一名真正科学的尼安德特人，才能避免受到这一争论的最为过时的、根本上错误的二元论的影响。如马斯特斯（Masters，1989：71）明确主张的，“先天与后天之间的这样一种简单化的二分法……已经被现代生物学瓦解了”（Degler，1991：311-313）。

一些更有经验的观察者，虽然认识到了先天－后天争论的二分结构的不适当性，但仍然在某种程度上倾向于用同样冗长的论证来代替这种二分结构，即这种二分法的哪一半优于另一半，或者哪一半比另一半有更多的影响力，这些都被视为一种非对称的总体性。也就是说，最近新出现的这种一致性虽然把自己明确地定位在“生物进化与文化进化之间的交互作用”这样一种语境内，但它在那样做时恰恰违背了交互作用的本质上的辩证主义；因为，它进一步假定，近万年之前已经固定下来的*智人*，自从其遗传基础相对停滞以来，“从那时以来的重大［人类进化］变化一直是文化的而不是遗传的”（Corballis，1991：71），这意味着“［今天］我们生活的内容是通过文化而不是基因传下来的”（Corballis，1991：74；Donald，1991；Harth，1990）。虽然从表面上来看，这一结论看似有很多非常明显的价值，但是如上文已经指出的，“文化”实力具有支配当今人类发展的力量，这是一个事实，但这一事实并没有破坏另一个同样显而易见的事实，即我们的文化进化仍然是对自然选择的力量的一种适应性回应，仍然以一种进化信息处理和传播装置的方式发展自己。归根结底，一种辩证的、整体关联的立场，与评价一个系统的各个构成部分的影响程度关系不大，而与阐释它们在系统整体内的功能关系更大；而且，即使我们可以详细说明系统每一个构成部分的相对影响力程度，但这种影响力的定量数量也可能与任何特定构成在系统整体内的定性重要性毫不相关。这样，我们就可以预见到，整体关联主义对平等的强调，与牛顿－实证主义对不平等的拥护截然相反，在第十八章中将更详细地回到这一主题。

对进化论的整体关联的描写不仅消除了先天与后天之间的二分，而且作为一个直接结果，它还结束了人类社会性与人类个体主义之间的二分，这点
189 在本章的前面已经提到过。“因此，进化人类学与心理学和人类生态学达成了一致：遗传过程和文化过程显然都有助于人类合作和人类竞争。”（Masters，

1989：18）而且它们是在基因－文化动力学这个整体中起作用的："人类行为是一种整合的产物，在每一个个体的大脑和中枢神经系统内，通过基因传递系统发生地选择的信息，通过语言和文化传递历史地选择的信息，在生命周期内获得个体学习到的信息。"（Masters，1989：135）

对我而言，越来越多的证据最终看似越来越有说服力。不论是作为一门社会科学还是作为一门自然科学，社会生物学都是合理的、确定无疑的。事实上，它本身就是一门整体关联主义科学，因此，它对于跨学科和科学方法论融通而言是一个最有希望的位置。就本书的核心作用而言，像一般意义上的整体关联科学一样，社会生物学有效地消除了这种最终错误的二分法，即它从根本上消除了自然科学与社会科学之间所谓的分立，更广泛地说是自然科学与人文科学之间所谓的分立。这就是一种最值得称赞的、最丰富的科学和方法论*存在的理由*。此外，在辩证地桥接自然科学与社会科学之间的裂缝时，作为一门整体关联科学，社会生物学变得越来越科学，越来越成为人文科学的伟大传统的一部分。

第四部分

整体关联社会科学、政治学与经济学

第十七章

193 # 整体关联科学的应用

随着辩证的、整体关联的社会科学哲学的方法论呈现在我们面前，是时候观察这种方法论在我们调查和研究社会科学议题和问题中，为我们所提供的分析严密性、解释和理解了。当然，接下来将不会是一个成熟的研究规划，甚至不会是*处于萌芽阶段的*一个研究规划的一部分；这项工作期待着其他专门从事这一事业的工作，而这与方法论*本身*的附言相反，当然，无论如何，空间限制必然会约束我所开始着手的任何研究议题的范围。另外，可以说，在此提到的每个议题并不代表这一问题的所有“事实”，也不会提供任何广阔的情境化的“背景”材料；相反，我不得不代表读者来假定对每个问题的熟悉度，对于判断我试图提出的方法论－分析问题的价值来说，这种熟悉度是恰当的。作为一本主要是关于社会科学方法论的著作，本书和这个领域相对应的书很像：作为对方法论相关性的例证，它在某种程度上一带而过地讨论了一些具体的社会科学研究问题，同时，还作为工具在应用性实践中有效地证明了这一方法论的原理和世界观。因此，接下来非常简单，就是对一系列社会科学议题的暂时分析，旨在证明在第三至第七章中讨论过的辩证的、整体关联科学的所有主要原理的方法论适用性和合理性。①

---

① 最近有一本书提供了很多像我在本章中所讨论的例子，就是罗伯特·杰维斯（Robert Jervis）的《系统效应：政治和社会生活中的复杂性》（1997年）。尽管在标题上也提到了复杂性，但是，杰维斯的书对辩证的整体关联科学的关注较少，而辩证的整体关联科学看似至少在部分程度上形成了他的分析。事实上，考虑到我可以从他关于社会科学问题的方法论和哲学中搜集到的信息少之又少，他可能完全忽视了它们。此外，他完全忽视了辩证的整体关联的分析。因此，尽管读者将会发现上百个，即使不是数千个社会科学例证，在这些例证中，我在本书中所阐明的方法论是最恰当的，但是，我还是选择放弃对他的例子做进一步分析，而继续研究我的例子，虽然它们很少。尽管如此，杰维斯的工作仍然是这类社会科学分析的例证的一个卓越的知识库，作者希望传播和推动它，我当然愿意推荐读者去广泛地参考它。

第一节　第一次世界大战的爆发 194

整体关联主义提供了一种史料编撰的方法，事实上同时也是科学的方法，来理解第一次世界大战的爆发。从分析的视角来看，这种方法优于传统的解释，因为传统的解释依靠以年代为基础的、线性的解释。在我看来，线性变化和可预测性等机械－还原论概念，在解释甚至是描述这个特定的历史事件中的作用极其有限；这一事件的相对意外的本质看似挑战了那种根据实证主义的、机械－还原论的累积性的、受规律支配的发展而做出的解释。

例如，值得注意的是，战争如何因为一个看似孤立的、相对小的事件而突然发生（斐迪南大公被暗杀——这是一种“扰动”、“对初始条件的敏感依赖性”、蝴蝶效应和“历史偶然性”），这个“事件”（这是通过正负反馈回路彼此影响的大量关系，所构成的交互作用网的一个解释“节点”或一个临时的局部解）是“压死骆驼的最后一根稻草”（“分叉点”“适应”“串联迭代”“解”），它使表面上稳定的、可预测的、平衡的“势力均衡”系统（所谓的旨在保护和平的“欧洲同盟”联盟系统——这是一种“自平衡”现象）变成了突发性的、不可预测的非平衡，即“全面战争”的混沌（“动乱”“不确定性”和“自发性”）。

欧洲同盟的“和平”与1914年的全面战争之间的明显分裂，也可以在整体关联主义的数量－质量辩证法中找到一种与非线性相关的统一。这个同盟的*定量*寿命（大概是1815～1914年）与对其功能完整性的压力和挑战在数量上的积累（例如，凯撒追求在北非的至高无上的权力帝国现状；20世纪前10年左右的巴尔干战争），最终共同导致了欧洲系统从相对平静到全面灾难的戏剧性的*定性*变化。一方面，1914年战争爆发的方式，此外还有其演变及后来进行下去的动力学，都只由同盟的结构动力学所决定（例如，它的补偿性的大联盟系统，位于平衡僵持和越线陷入冲突之间的“混沌边缘”，是联盟对于系统危机期间支援同盟国的承诺［例如，当奥匈帝国对塞尔维亚宣战时，德国对奥匈帝国的联盟承诺］；在这个“势力均衡”系统中，英国作为一个“平衡者”，它对同盟国做出的承诺和它的地理政治意图都遭到了质疑［如凯撒常哀叹的，这就是“英国人背信弃义”的问题］；德国的施里芬计划自然包含着一场在结构上势在必行的跨越整个欧洲的、两线作战的战争，这一计划本身是对同盟国的势力均衡的联盟系统的地理政治安排的回应）。因此无论如何，这一同盟预见到了*尤其是*像第一次世界大战那样的一场战争，它以其基本的特性、形式和功能孕育着那样一场战争，这样，无论是战争还是和平，其特性、形式和功能都辩证地彼此相关。另外，1918 年之后的“和平”与1914 ～ 1918 年的战争的动力学也相关，并且前者可以得到后者的阐明：美国
195 参与进这场战争的地理政治*原因*，使得威尔逊促成了欧洲帝国的终结，同时，在“民族自决”思想的命令下，出现了大量新国家，这些国家本身以非线性的、串联式的方式，进一步带来了持续的政治不稳定性，而这种政治不稳定性直到现在都还在不断折磨着欧洲中东部国家特别是巴尔干半岛各国；“凡尔赛的枷锁”（德国的过度非军事化，法国和英国过多的赔偿要求及其相伴随的德国民族耻辱感的诱因）尽管对全面战争来说可能是必要的，它代表着德国的无条件投降，但是，它在很大程度上也导致了希特勒和第二次世界大战的出现，很多历史学家之前就已经认识到了这一点，特别是泰勒（Taylor，1961）；同时，利用在威尔逊的国际主义与议会孤立主义这二者之间的政治斗争中，所援引的来自美国的混杂信息，可以估计到，美国承诺很多重要的事情（集体安全、国际联盟、对全球自由贸易的承诺）可以通过美国一致渴望摆脱“旧式腐败”中的“纠缠不清的联盟”而被有效颠覆，表现之一是美国从未加入它自己创建的国际联盟中这一事实，欧洲联盟失去了其大国的承诺和领导力，一些具有侵略性和扩张性的欧洲国家（德国和苏联）就是例证，这些国家因此填补了因为美国的缺席而留下的欧洲空白；表现之二是美国孤立主义者在 20 世纪 30 年代转向世界经济保护主义，这种做法进一步加剧了全球经济大萧条，正如凯恩斯（Keynes，1920）和泰勒（Taylor，1961）所证明的那样，全球经济大萧条也推动了法西斯主义和第二次世界大战的顺次出现。尽管在一种辩证决定的意义上，凭借经验，上述所有都是非常可理解且可解释的，但是，关于 1914 年战争的爆发、战争的本质、战争在 1918 年的结束及随后的“和平”，即使存在一些*先天*可预测的东西的话，也不可能太多。

进一步要注意的是，欧洲同盟的“稳定性”恰好隐藏在或“包含在”其

动力学和构成中，而这些要素带来了从和平到战争、从稳定性到不可预测性的转变，一旦这些要素（同盟系统和相关的军事政策，如施里芬计划）遭到破坏，就会释放出一系列相互作用的过程，使欧洲陷入一种毁灭性冲突中，而这一结果与触发事件本身完全不成比例）；尽管战争事实上的确已经发生了，但是对于“扰动”施加给同盟系统的压力（凯撒及其他人已经检验过系统的参数——北非、巴尔干半岛各国——有几次是在1914年8月没有爆发主要冲突之前）而言，它是唯一可能的“解”，这个解是从一个参数驱动的可能选择菜单中挑选出来的（不确定性并不意味着*任何*类型的解都可以被提上议程）；系统的复杂性和相关性本质孕育着它自身毁灭的种子，其内在的指数级的“学习曲线”最终使其冲破自己的参数值；1914年的“记忆”在那年之后以多种方式深刻地影响着后来的系统史（比较Briggs and Peat，1989：145）（例如，破坏既带来了极端裁军［德国］和反战主义［英国］，这些外交政策建立在一些国家［英国］的绥靖政策的基础上，并决定了其他一些国家［法国］的补偿性侵略，同时，破坏还导致了西方文明中文化自信的缺失，维多利亚女王时代在必然的人类进步和完美上的信心这个泡沫的破灭［第一次世 196
界大战成为“终结所有战争的战争”，在索姆河战役、帕斯尚尔战役和伊普尔战役的阴影笼罩下，出现了“永不回头”的格言］）；同时，这一系统“认识到”，其1914年之后的行为主要不是因为其中心地区的“变化”、“革新”或“扰动”，而是因为其相对边缘的地区，即巴尔干半岛各国的“变化”、“革新”或“扰动”。

但是，理解第一次世界大战的爆发及其结构动力学的另一种辩证的、整体关联的方式是，理解突现属性的过程；正如到目前为止我们已经看到过好几次的那样，这个过程究其本质而言是典型的辩证的、非线性的。如果结构决定因素以一种机械－还原论的方式准确地形成组件行为，那么这种行为应该只会以一种完全线性的方式成为系统强化的、系统适应的。因此，在机械还原论的范式内，我们不应该期望，像凯撒那样不断尝试调查欧洲同盟就会导致系统的解体，更不必说大规模的、根本的改变；寻求平衡的系统动力学所固有的阻尼效应应该会注意到这种情况。然而，正如我们现在所明确地知道的，如果没有以一种不可预测的、复杂的方式相关地干扰系统的其他部分及其要素的话，那么这种调查没有也不可能会发生。现在我们还可以进一步满怀信心地证实，由这些调查所引发的“个体性的”系统变化（这些调查本身是由同盟的结构，特别是德国相对于其他帝国主义力量的位置等所引发的），在某种情况下会带来整个系统的不可预测的突现属性，这些突现属性不*能*在了解每个个体要素的预先行为的基础上被合理地推断出来。也就是说，凯撒的调查会使其他人调整自己的行为，直到在某一个临界点上这些行为变化的相互作用不再能维持平衡，而是会引起一种既非可预期的又非设计好的集体性回应模式，如全面战争。战争作为同盟系统的一个属性而出现，它不能根据对特定时空的、微观层次的行为的狭隘分析就可以被预测到，尽管如我上面已经证明过的，某种形式的战争既是内在于（尽管在一种特定的时空意义上不是可预测的）同盟本身的结构中的，又是由同盟本身的结构所定义的。

此外，欧洲系统的上述所有的结构变化，不论是构成上的还是功能上的，都只能从一种整体关联的视角来得到适当的评价，这一视角可以明确地认识并阐明，同盟中的极端变化是由处于转化和演化过程中的系统，以一种自组织、自创生的连续统所造成的；尽管有人可能会认为，在所有其他的个体决策中，凯撒做“X”，加夫里洛·普林西普（Gavril Princip）做“Y”，是决定1914年发生什么的本质力量，但是，它们显然是以一种非线性的方式（通过蝴蝶效应）发生的，更加明确的一点是，那些最重要的大规模的、系统性力量以上文提到的所有非线性方式交互作用（包含且合并了凯撒的“X”和普林西普的“Y”），这些力量更是由围绕第一次世界大战爆发的系统性转变所构成的。

在我看来，上述所有的讨论都足以让我们相信，如果我们想要全面地理解人类历史记录在各个层面上的复杂性的话，我们可以超越机械－还原论的范式局限性，来进行辩证的探索。

197 第二节　苏联解体与后共产主义时期

与上一节所阐明的模式相类似的一种分析模式，出现在对苏联和东欧的一些较新的事件的研究中。例如，在1989年之前，这个区域的大部分“专家”预测，在可预见的未来，这个区域的社会经济和政治格局不会发生任何变化或者只会发生微小的变化，这些专家把他们的预测性的推断建立在斯大林主义的“极权主义”体系的基础之上，这一体系看似具有绝对的稳定性和包容对其完整性的任何挑战的能力（如 Hungary，1956；Czechoslovakia，1968）。然而，退一步说，像第一次世界大战爆发一样，斯大林主义在苏联和东欧的崩塌是突然的、不可预见的。尽管机械－还原论的机器隐喻在分析这一现象时再一次让我们失望，但辩证的、整体关联的范式的语言则相当大声地、详细地向我们证明了其价值。

例如，可能有人认为，对苏联系统的一种看似相对安全的、微小的非平衡干扰就是，戈尔巴乔夫宣布，他不再使用红军来支撑在其他华沙公约组织国家中受到威胁的斯大林主义（他著名的［臭名昭著的］“辛纳屈主义”），这与勃列日涅夫关于苏维埃社会主义共和国联盟（USSR）的权利和义务的学说相反，后者通过“社会主义的国际主义”，来保护社会主义免受来自任何地方和任何时间的“反革命运动”的威胁。而且，他（戈尔巴乔夫）支持对斯大林主义体系的一些有限的经济和政治改革（*改革*和*开放*），这些改革在整个苏联系统内以指数迭代的形式快速且不可预见地被串联起来，一旦赋予这些外部声音（例如，莱比锡街上的民众、反对政府对切尔诺贝利和其他环境灾难的处理的环保主义者、格但斯克造船厂团结工会的罢工）权力，它们就会从中心摧毁斯大林主义的堡垒。如果你愿意的话，可以说，戈尔巴乔夫的干扰（他也没有预料到最终发生的来自*改革*和*开放*的那些非线性影响），是推动苏联系统穿过一个分叉点进入一种新体制的历史路线的最后一步（这种尽管是有限的但是周期性的“改革”效应或“解冻”贯穿于后斯大林时期）。这种新体制以许多种涉及整个系统范围的方式，形成了质变、突现属性和自创生变化动力学。但是，我们可以再次看到，尽管这种突如其来的解决方式事实上是一个从系统的参数驱动的可能选择菜单中被挑选出来的；但是，苏联系统对这种挑战的解决方法绝不是一维地、目的论或者确定有保证的。毕竟，在过去比戈尔巴乔夫的干扰更严重的挑战也没能促成这样一种转变（如 Prague，1968），尽管西方受意识形态驱动的漫画把其讽刺为一个彻底的集权主义者、铁壳一样抵御变化的存在，但是，斯大林主义的复杂性和整体关联本质，再一次给它自己带来了造成其绝症的细菌，可以说，戈尔巴乔夫的喷嚏以指数形式迭代成了系统性肺炎。

灾变以一种非线性的、自创生的方式，建立在它们的斯大林主义对立面和先辈的基础之上，并由此而形成。在这个意义上，与第一次世界大战一样，
198 伴随斯大林主义的解体而发生的里程碑式的变化，也显示出了突然的、根本性变革的、不可预测的变化及辩证的连续性。从本书的方法论视角来看，斯大林主义体系的根本性错误，是这样一种（无效的）尝试，即强加一种普遍的、机械－还原论的、社会－经济的解决方法，来作为一种对假定世界的永恒的适应性回应，在一个复杂的、非线性的、不可预测的、服从进化动力和变化的世界中，这个假定世界的未来是完全可知和确定的，而这些进化动力和变化来自一个自创生整体的深层次的、关联式交互作用。这种错误的匹配或错误的诊断，直接造成了其他社会经济和政治错误（对市场和多元参与式民主的全然否定，因为市场和多元参与式民主至少潜在地更有利于世界中的复杂性和非线性方面，而这些方面恰恰与斯大林主义残酷的中央集权主义和森严的等级制度截然相反），同时也必然会导致斯大林主义体系的大规模退化。中央不可能再持续有效。无论是资本主义的经济系统还是非资本主义的经济系统，本质上都是基于“市场”的经济系统①，因为它们都是具有自组织动力学（亚当·斯密的“看不见的手”）的复杂现象②，它们的各种构成部分之间充满了非线性交互作用和相互影响构成的反馈环路，而且服从于不断地进化变化。因此，从一种最根本的意义上来说，高度集中化的经济体系，如斯大林主义经济体系，其所强加的等级化的经济计划和像国家计划委员会一样

① “*本质上*基于‘市场’的系统”，意味着人类可能仍然试图“突破这一系统”。即使是资本家也始终试图推翻市场的复杂本质（为税收减免、补助金、贸易保护主义、劳动法等游说，且试着消除竞争、将成本外部化，并保证他们自己尽可能多地获得垄断），并至少以类集中化的方式控制市场（通过公司等级制度、管理技巧，以及合并、收购和卡特尔）。最后，尽管市场控制可能会带来一些短期的利益，但是长期来看，这些努力并不能推翻经济体系引起复杂性、非线性和进化不可预测性的压倒性倾向，完全分散化的动力学证明了这一点，它位于新兴的以知识为基础的、线上世界经济的中心，其表现是裁员、外包和以实时速度传播的网状联系。

② 当西利亚斯相应地把市场体系的属性映射到他在《复杂性与后现代主义》一书中所讨论的复杂性的十大主要特征时（Cillers，1998：3–7），他决定性地阐明了这一点。

的管理制度，像人类经济体系一样是（且一直被证明是）典型地非适应性的，至少从中长期运行来看是这样（我们不应该被短期“成功”所愚弄，像苏联这样的情况在东方和西方都出现过很多次）。因此，苏联的解体是突然的、不可预测的，但它也是固有的、不可避免的，这至少在某种程度上把西方的胜利归因于里根主义、星球大战计划、冷战分子侵略性的言辞，以及它们在苏联解体中的作用，同时，把自由资本主义的一般的、潜在的优势，视为对世界所具有的根本性复杂本质的适应。①

我们可以再次看到，与对第一次世界大战的爆发进行的分析一样，对柏林墙倒塌的“记忆”，以及它所留下的和它所开启的未来，毫无疑问将从根本上预示着后斯大林主义时期的历史，这点我们已经清晰地看到了。在一个紧密联系的、交互作用的、分布式表征的且自创生的复杂系统中，变化的突发性并没有破坏对立面的辩证统一或者构成部分之间相互影响的本质，同时，它并不标志着整个系统的历史轨迹的根本上的不连续性，相反，它以各种方式从根本上支撑着它们（对立面和构成部分）。事实上，如果没有这些对立面和构成部分，也就根本不存在任何跨越式发展；它们对于系统性转化的形成而言是必不可少的。 199

当然，尽管有人可能会认为，柏林墙的倒塌只会产生一些相对局部的影响，但是，它常常以不可预测的方式对世界的很多地方产生了一些级联影响。例如，从局部上来说，德国成功地获得重新统一依赖于总理科尔赢得了一场普选（在半个世纪屈辱的分裂之后国家统一这个“感觉良好”的因素），而这种重新统一至少在部分程度上也导致了他后来选举的失败（联邦德国人深感被“统一税”困扰这个“感觉不好”的因素，以及诸如此类的标志性因素，同时，尽管形式上公民是平等的，但民主德国人厌倦了延迟收到预期经济收益和来自“二等”地位的屈辱感，而且，在中断了大约五十年之后，他

① 根据福山（Fukuyama，1992）的说法，自由资本主义必胜的信念，尽管显然打败了斯大林主义的模式，但它并没有喘息的机会。如在本书中已经讨论过的，自由资本主义将无法抗拒地继续面对市场的复杂性问题。这意味着自由资本主义不能绝对保证它是“历史的终结”，或者它是普遍意义上的最终解决方案。作为冷战的胜利者，自由资本主义已经在以极具影响力的方式干扰着这一系统，以多种复杂的、不可预测的方式改变着博弈的本质和规则，正如我们在20世纪90年代开始就已经意识到的赛博空间政治经济的发端那样。

们对于使自己适应于一种资本主义经济和消费主义文化所带来的一大堆问题感到失望)。这些对同一事件(干扰)的不同的甚至是对立的回应导致了多重结果，在某一层次上一些结果是对立的(感觉良好或者感觉不好)，但在另一层次上它们却是辩证地牵涉的(感觉良好和感觉不好都是由相同的根本原因产生的，而且可以彼此阐明——例如，联邦德国人不满新税预示着民主德国人对二等地位的羞辱感，同时，借助后者也可以了解前者，因此，如果没有对其中一个的并行理解的话，就不可能理解另一个的意义、特性和功能)。而且，这种辩证分析只有通过马克思主义的扩展和／或科学的整体关联主义才得以可能。

除了局部的影响之外，柏林墙的倒塌在区域上反冲到了苏联(非线性反馈回路)，这就强化和复杂了戈尔巴乔夫的*改革*和*开放*所解放了的动力学，事实上，柏林墙的倒塌也从戈尔巴乔夫的*改革*和*开放*中获得了相当大的力量和动力(没有红军镇压，从前受到恐吓的公民开始大胆地向现状发起全面挑战；同样地，*开放*要求且允许一种具有更少侵略性的苏联外交政策，不论是实际上的还是象征性的，这就使原来受到恐吓的人拿起他们的大锤，并鼓励约束和弱化各种“安全”力量如斯塔西和华沙公约军队的牵制能力)。另外，在苏联内部，*改革*和*开放*的演化和影响很快变得不可控且不可预测，至少在这个意义上，*改革*和*开放*在苍白的政权弊端下必然会失去作用。戈尔巴乔夫希
200 望可以拯救这一政权，却辩证地变成了它毁灭的原因。但是，有趣的是，对于这一政权的弊端和崩塌，再次存在着多重可能的结果和反应。例如，在过去的十年中，我们在俄罗斯*既*看到了改革的力量［像阿纳托利·楚贝斯(Anatoly Chubais)那样的自由主义者和像俄罗斯统一民主党(Yabloko)那样的组织］，又看到了反动势力(新法西斯主义者，像季里诺夫斯基和其他人那样的国家沙文主义者)，他们都受到*同一旧制度*的灭亡的激发，前者试图利用机会主义优势，对*改革*和*开放*及其不可控的不稳定性所提供的系统开放性进行彻底的改革，而后者通过激发潜在的民族自尊心甚至是民族自大，来支持那些阻挡潮流的努力，这些努力试图回到俄罗斯辉煌的独裁主义政治传统、铁腕规则和俄罗斯民族甚至是帝国的伟大。此外，如叶利钦所例证的，即使是所谓的改革运动本身，不论是在柏林墙倒塌之前还是之后，都可以以强有

力的方式得到阐释。在认识到俄罗斯未来的任何壮大都需要资本主义式的经济改革之后，叶利钦指导着这方面的重大变化，不过要是非常随意地指导该多好（目睹他频繁地炒掉有改革思想的总理——尽管在此他们对其个人权威的个人挑战也赫然耸现，而且，他倾向于发展裙带资本主义或者至少允许他的党羽这样做）。但是，叶利钦的政治风格在本质上是非常专制的：坦克进攻顽强反抗的国家杜马，在俄罗斯“近邻国家”（特别是车臣）的镇压战争，尽可能压制新闻自由，采用一种赋予总统超越戴高乐主义行政权的宪法，至少尝试握有尽可能多的权力，使用克里姆林宫式的过时的“宫廷”政治阴谋作为政治管理的主要方法，等等。用辩证的、整体关联的术语来说，这里存在着大量表面上非常分离的，甚至是对立的政治现象，从根本上来说，它们在一个交互作用关系构成的整体关联网中被连接在一起，如果我们不能分析地、在方法论上认识这一点的话，那么我们就不能理解更多，或者会误解我们认为我们确实看到的那些东西。

最后，总的来说，柏林墙的倒塌居然产生了一种迭代的、非线性的、辩证的，戏剧性的且很大程度上不可预测的影响。一方面，苏联的解体很快引起了其他不论远近的“人民共和国”的斯大林主义的瓦解：包括东欧所有的苏联集团、非洲的莫桑比克以及其他一些国家。至少可以说，斯大林主义的合法性危机是流行性的。但是，考虑到古巴“初始条件”，对这一流行病的反应完全不同于在世界上很多其他地方发生的一排被推翻的多米诺骨牌（替代性“解决方案”）。在古巴，尽管苏联经济援助的撤离和政权合法性的逐渐减少带来了决定性的经济创痛，但卡斯特罗的制度基础却足够强大，他的革命者的身份和个人魅力仍然足够有吸引力，起码目前是这样，因此使得他的“墙”团结在一起。但是，辩证地来看，他还是小心提防并且不认真对待对于西方、市场甚至是教皇的开放；因此，卡斯特罗顽强的反抗可以从其明显的对立面，即斯大林主义体系的终结来预见到，而且这种顽强反抗是由导致这样一种终结的复杂关系网所塑造的。同时，这种可控的经济改革尝试的影响 201
与日俱增：想要加入东南亚国家联盟（ASEAN）和世界贸易组织（WTO），希望增加外商直接投资（FDI），提升出口贸易，而这些又打破了想要隔离和自给自足这一长期保留的传统。而是通过以不同于大多数其他苏联国家的方式建立与关键事件的联系，从而通过把握机会做出不同反应，最终*与之相关*：不论古巴人做什么或者不做什么，它都将一直处于与我们在最后几段中提到的更大的整体的某种关系中。古巴的政策，像那些已经崩塌的斯大林主义政体的政策一样，都是这一整体的突现属性，都是其分布式表征的特定连接节点，都是由定量压力形成的定性表达，且都是这一整体的进化动力学和非线性轨迹的尽管是辩证决定的，但却是不可预测的适应性结果。事实上，即使不是所有的分析，上文所提出的很多分析，对大部分读者而言并不新鲜；历史学家、新闻工作者和评论员以前都做过这种评价。但是，这次的分析被证明是不可还原地*科学的*，它们并不只是不成体系的、叙事性的、描述性的，而是可以得到广泛认可的整体关联科学原理和方法的阐明、解释和理解。社会科学现象，古巴及其他一些地方正在发生的变化，对这些现象的复杂的、表面上矛盾的叙事描述，事实上可以得到以这样一种方式描述的实在的深刻反映和阐明，这种实在现在可以得到一种辩证的、整体关联科学的复杂方法论的分析性检验，而且，我们不再需要使用从前的科学替代选择，即根据普遍的行为规律和一种机械－还原论世界观来错误地把这种复杂性还原为人工简化和抽象。这是一种真正的科学突破！

202

第三节 全球化

当然，在最近的几十年中，即使在某些方面全球化这一现象并不是全新的，但还是出现了非常多对全球化的学术分析和新闻报道，因为，虽然正如很多评论员所指出的，西方世界在20世纪及进入20世纪的前后一段时间里已经经历过了大量的全球化。但是，大多数观察者看似都同意这一观点，即目前这波全球化显然与其他时候的全球化在集约度、综合性及地理范围和渗透上是有明显区别的：即使当今全球化还没有完成，它的势头却非常强劲，同时，它正以很多方式快速地且从根本上改变着我们世界的本质。

我们的世界正在按照某种方式被全球化彻底地重新塑造着，这种方式可以通过当代背景下正在发生变化的“力量”概念来得到阐明。托马斯·弗里德曼（Thomas Friedman）把因特网和万维网作为其重要隐喻，体现出辩证的、整体关联科学的联结主义、网络及非线性动力学等关联本体论，他的最新著作《雷克萨斯和橄榄树》(1999年),从硅谷开始报道,硅谷是网和网络的本部,即使不是真的本部也至少是象征意义上的本部,当今根据实体的"连通度"(Friedman,1999:168)来构想和测量力量,而不是根据体力、拥有的资源、或支配、控制人力和物力的能力等程度来构想和测量力量,后者通常是前网络时代的做法[见托夫勒的《权力的转移》(1991年)]。如弗里德曼所解释的:

> 连通度通常根据一个国家的带宽来进行测量:这个国家的电缆、电话线路和纤维光学传输数字通信的能力——所有那些由0和1组成的数据包——在网络中以点对点进行传输。如果个人电脑20世纪80年代那十年的口头禅是,"你的电脑拥有再多的存储空间都不为过",那么后个人电脑那十年,也就是网络时代「着重是后加的」的口头禅就是,"你的国家拥有再多的带宽都不为过"。
>
> 你的国家里安装的带宽越多,它的连通度就越高……它将告诉你信息在人群中传递的速率以及信息传递到决策者那里或者从决策者那里传递出来的速率。乔布斯认为,知识应用和经济增长都将倾向于那些拥有最紧密联系、最多网络和最广带宽的社会——因为这些国家将最容易积累、调配和分享知识,来设计、发明、制造、销售、提供服务、交流、教育以及娱乐[Friedman,1999:169]。

正如我们可能会立即看到的那样,弗里德曼在当今全球化时代把力量概念化的方式,的确与西利亚斯在关于复杂世界中的联结主义系统的讨论中(见第六章)谈论力量的方式类似。因此,联结主义的网络世界最适合从一种辩证的、整体关联的视角来得到分析和理解,从机械-还原论的、牛顿-实证主义的视角则很难对其进行分析和理解。此外要注意,在上述引证中,网络世界对于在一个巨大的集体性事业内传递和共享信息的重视(这对于现在和未来的社会而言还具有民主和平等的意义[见本章和最后一章关于 203
民主和领导力的其他参考文献]),与在前网络时代对于垄断和隐藏信息的无谓的、阻碍革新的尝试截然相反。正如尼古拉斯·尼葛洛庞帝(Nicholas Negroponte)所说的:"在一个开放系统中,我们与我们的想象力竞争,而不是与一把锁和钥匙竞争。结果不仅是大量成功的企业开始出现，而且对于消费者而言可以有更广泛的选择，同时，会形成敏捷的商业部门，这种部门可以快速变化和增长。”（转引自 Friedman，1999：180）正如孟山都公司的董事长罗伯特·夏皮诺（Robert Shapiro）所说的，“你不可能长期依赖垄断信息。最后，那些重要的、决定性的东西会使你在一个完全开放的竞赛中成为一个更好的竞争者。你运用和*交换信息*的方式，以及*作为一个公司你学习*的方式——都是*你唯一*可持续的优势”。此外，在当代这个联结主义的全球化时代，对合作和共享学习与信息交换的新的需要，要求一种超越国家边界的能力；随着网络世界变得越来越跨越国界，更大且更复杂的网络中的连通关系变得更加深入且更具包容性。我们很容易在商业领域中跨国并购和联盟的天文数字式的增长中看到这种现象。当代全球商业背景下的一个例证是：

> 航空公司的这种联盟用肉眼就可以很明显地看到。我们可以看到“星空联盟”的广告——星空联盟是六个航空公司之间的一个联盟，这样就可以通过共享预定代码，来预定其他公司的航班座位，并加入其他航空公司的飞行常客奖励计划。这就促使其成员航空公司，通过建立合作关系，为它们的顾客飞往地球上的任何地方提供一站式服务。它们知道，在当今世界它们不得不提供这种服务，但它们只能通过联盟的形式来这样做，因为它们中任何一个都不可能单独覆盖整个世界［Friedman，1999：185］。

因此，宜早不宜迟，那些适用于公司的同样也适用于国家、非政府组织，以及各种各样的群体和实体，包括个体（Friedman，1999：185 以下）。

为了免得我们在当今全球化时代下，对于力量的联结主义阐释的“好处”太过乐观，需要提醒我们，好处不论多么吸引人，都要付出相抵消的代价，而且这种代价常常是很悲惨的，如我们在一个受非线性进化动力学驱动的网络化世界中所预料的那样，这种提醒多多益善。我们现在正经历的全球化驱动力，面临着试图在混沌边缘生存下来的张力和妥协，所以在我看来，我们不应该再期望什么，而只应该为全球化的盛衰起伏时刻做好准备。深度互联性既可以赋予我们能力（给我们带来信息共享的好处等），也可以给我们带来同样多的无用之物（使我们经历像交互作用论这样的旋涡的快速的、串联式的兴衰和后果），因此，有时候看似使我们还不如在一个受机械－还原论支配的世界中那样自由和自主。正如弗里德曼所说的：

> 全球化威胁全球化的另一种方式是，当系统本身变得如此便利，把世界连接地如此紧密，少数人……就会因为他们的过分行为威胁到整个大厦。如果今天你责备华尔街的投资银行，他们就会告诉你，1998 年 8 月到 9 月的市场崩溃完全使他们出其不意，系统比他们意识到的还要更加互连。他们的风险模型建立在投资和特定事件之间过去的相互联系的基础之上［牛顿的机械－还原论推断］，这些模型没有一个能预料到 1998 年的那种连锁反应［非线性动力学］，这使得多样化概念成为笑柄。那些认为自己因为使用不同的金融工具投资而被多样化的公司……很快就会发现它们的所有投资只不过是一个大的互连［复杂地相互联系起来］链条的一部分，一旦市场开始暴跌，它们便不能挣脱这个链条。这个链条中的一个链环把另一个链环拉了下来。多亏了全球化，这个链条现在变得越来越长，越来越紧密，一个惊人的真理是，我们仍然不能充分理解这样的相互联系意味着什么，或者当其中一条链环变弱时我们如何保护自己［Friedman，1999：340］。 204

因此，伴随着处于混沌边缘的全球化，我们被赋予一种由授权和去权、信息和无知构成的深刻的辩证法。我们的世界必然充满了巨大的互连性，且会越来越如此，这种看待世界的辩证的、整体关联的方式，无疑比牛顿－实证主义的、机械－还原论的方式要优越得多；但是，面对目前新出现的人类环境，尽管辩证的、整体关联主义有更大的洞察力，但是，它无疑是一种浮士德式的交易，虽然困境，也就是这种极其痛苦的、深不可测的辩证法，是一种更好的知识，但有时候会引起更大的无知和更多的不确定性。但是无论如何，在一种辩证的、整体关联的世界中，那可能就是它应该所是的样子。

第十八章
政治学、经济学与民主

205 但是，这种辩证的科学复苏的政治影响是什么？如果我们现在和将来都遵循一种辩证的、整体关联的科学方法的话，那么这一方法将会带来哪些社会－政治和经济差异？如果我们通过着眼于这种辩证的、整体关联的科学方法的一些主要特征，来回溯我们的一些路线的话，以此开始，我相信我们可以证明，在以下几个方面，不断增加的民主化[①]是一个必然的政治结果。

第一节 极端的分散化

在很多方面如我们所看到的，整体关联科学以高度分散化的方式模拟世界，且从根本上拒斥任何类型的中央控制、森严的等级制度或对系统中任何要素的垄断或霸权。在由非线性关系构成的大量复杂网络中，复杂系统的高度交互作用论和联结主义，在自创生（整体性的自组织）现象和分布式表征现象中达到了顶点，借此，系统中的所有要素促成了整体的功能、演化和发展。事实上，如果没有这些现象的话，毫不夸张地说，复杂系统是不能“生存”的。此外，更重要的是，参与进整体系统选择和决策的所有构成部分，

---

① 当然，如果没有上千本书，也有上百本书是关于民主理论的，而且事实上，有很多种方式可以用来评价民主意味着什么。辩证的、整体关联的科学方法没有也不能对所有这些方式进行评价。但是，我希望将变得清晰的一点是，这种辩证的、整体关联的科学方法对于增强民主化可以做出的贡献涉及我们在当代民主中所寻求的几个维度，而且可以以极其浓缩的方式这样做。而且，作为一门科学，辩证的、整体关联的科学方法把其民主影响置于一种更加经验主义的、自然主义的基础之上，与一种只基于乌托邦式的推测或唯心主义的价值偏好的方法截然相反。偏好与实在的这种连接很容易让人想起马克思的“具体乌托邦主义”思想，这一思想本身是一个非常丰富的辩证概念或表达。

它们所做的信息处理不只基于个体构成的参与和贡献，还基于它们的集体性的共生作用，简单地说就是它们的自创生。这样一种集体计算的突现属性（公共政策解决方案），也就是结果，是一种不可还原的合作事业，这种事业在性质上远远超过个体贡献的定量聚合。在复杂系统的自创生和分布式表征的中心，显然存在着一个民主－平等的功能模型。 206

极端分散化也得到复杂系统的“自下而上”特征的强化，这种特征也可以在自创生中观察到。也就是说，即使不是总是这样，很多时候，在一个复杂系统中，整体系统的信息转化是局部生成和加工的，这就再次强调了通常被视为低层次系统实体的那些事物的重要性。局部信息或输入一旦服从非线性自创生动力学（经由蝴蝶效应），就会导致整体系统的演化，无论这种演化是碎片化的还是戏剧性的（混沌的、灾难性的或湍流的）。即使通过特定部分承担相对更重要的功能（如作为“局部”的交互作用节点），复杂系统很可能会表现出功能分化，但如果没有所有构成部分的至关重要的贡献的话，整体最终也不可能运行；如果整体想要繁荣和适应的话，所有信息，不论来源，都应该以某种方式得到共享和优待。在复杂世界中不存在任何“自我成就者”；如果没有合作和相互认可的话，最终没有人会“成功”。

在一个集中化的、机械－还原论的、分层世界中，局部常常被视为次要的。复杂系统不可能*预先*告诉你革新、创造性、学习以及适应性的最终来源是哪里。在一个开放世界中，不存在可靠智慧的普遍源泉；事实上，新奇性看似来自世界中一些相当模糊的、不重要的角落。当然，在某种关键意义上，革新等“来自无处”，它们是整个系统的突现属性。面对这一切，我认为，民主从根本上来说是平等主义的和分散化的。

第二节　民主的谦卑、宽容和多元主义

如自创生的自组织所表示的那样，复杂性具有永恒的互连主义、深度关联主义、交互作用论及进化适应，事实上，*万物*都处于持续不断的不稳定性中，包括整体系统的政策解决方案、结果、语境、影响、轨迹、特性、作用、功能及突现行为在内。面对所有这些湍流和不可预测性，可塑性是复杂系统及其构成部分和过程存在和保持完整性的一个*必要条件*。这意味着在一个复杂世界

中，思想开放具有额外的奖励，尽管开放性是与复杂世界密切相关的现象，但我207 们并不只需要认识和处理开放性。如果世界在本质上是不确定的，如果我们在世界中的行动不能保证其影响，如果我们关于世界的假定是语境依赖的，从而是不断可塑的，如果世界的进化有机体说总是嘲笑我们渴求稳定性、平衡和铁一般的普遍运动规律的真实性和安全性，那么，开放思想和多元主义的自由民主吸引力，就会再次得到辩证的、整体关联主义的形而上学*和*实证研究结果所提供的自然主义基础的证实，因为这里所提出的开放性实际上既是理论上的也是存在主义的。作为个体，我们知道我们生活在一个充满了不确定性的联结主义世界中；我们知道我们不得不因为影响我们的环境的不同，因为不同的语境为我们提供的不同视角，因为我们生命历程的演化带我们走过的一连串前后相继的变化的身份、角色和功能，因为非线性动力学在复杂的“矛盾”旋涡中对我们的定位，而改变我们的思想。当然，对群体和整个社会而言同样如此。在这样一种世界中，民主宽容和多元主义恰恰因为使用进化语言而得到加强甚至是选择。

对思想开放、宽容和多元主义的偏好，也因为复杂性对谦卑的要求而得到加强，这与机械－还原论的傲慢截然相反，在霍金等人看来，后者毫不掩饰地追求普遍规律、绝对真理、确定性和最终的“万用理论”或“大统一理论”。[①] 这种至少是相对的认识论和方法论谦卑，显然与民主分权、平等主义、宽容、开放性及多元主义相关，它们在一个复杂世界中以一些相关的方式表现自己。首先，复杂系统中无所不在的、普遍的不确定性、不可预测性、辩证主义和非均衡性，警示我们无论是理论上还是人类行为学上都要谦卑。如果我们不能保证，那么我们就必然是不确定的。其次，即使我们推断出了我们所面对的环境的解决方案，相似的环境也可能有多重解，即使不总是这样，但也经常会发生这样的情况；选择以其辩证的方式，既解放了我们，又使我们谦卑，既

① 提倡“大统一理论”给读者留下的印象可能并不比本书（以及Wilson，1998）所描述的渴求融通要更加傲慢。尽管我承认这里的渴求融通的确有狂妄自大的意味，但是，我认为它所寻求的“大统一”，要求一组本质上非决定论的、开放的方法论实践，这些方法论实践具有认识论警示的本体论影响和一种不同寻常的科学谦卑度所调和的多元主义，它完全不同于对像霍金一样的大统一理论所描述的那种融通的渴求，甚至与之对立。毕竟，霍金声称借助他的大统一理论，我们最终将“了解上帝的旨意”（Wilson，1988：175）；这事实上是一种恬不知耻的狂妄！我以为，一旦我们了解了上帝的旨意，就没有别的需要知道的东西了，这种姿态远离了辩证的、整体关联主义的主张，且与之相对立。

使我们成为变化的主体，又使我们认识到，我们所做出的选择很可能不会把我们带去我们想去的地方。正因为此，同时还因为不断吞没我们的进化旋涡，我们不得不不断地学习，这与全知全能的神形成了鲜明对照，这种学习同样也是辩证的，它既解放了我们，又约束着我们，因为不断地学习既是一种赋予我们能力的礼物，又是一种不安全的重担，它从来都不能达到和平和舒适。

最后，面对复杂的、非线性系统的广泛不确定性，谦卑可能会走向我们通常所认为的相当荒谬的极端，因为在这种系统中，至少偶尔存在对“误差宽容度”的奖励，如我们在本书前面所看到的那样。在一种最佳意义上，复杂系统及其组成部分以一定的“效率”学习、革新、适应，这种效率只能通过 208
对“无效”的承诺才能得以可能，也就是，认识到误差（或者机会、偶然性、随机突变），并使用误差来寻找对系统动力学和问题的系统解决方案。简单地说，在复杂世界中，误差是真正具有功能性的，因为我们并不具有像上帝一样的全知全能，可以给予我们知道我们所需要知道的关于复杂世界的一切事情的能力，以使我们最恰当地管理（在社会层面设计）这个世界。事实上，在一个复杂世界中，最优化无论如何都是一种真正的矛盾修饰法，考虑到其有机的、进化发展的受自创生激发的本质。次最优是我们所能期待的最好的，它的偶然性、不确定性和暂时性都是一种“解”。我们不得不接受试错法；而且“情景规划”是没有用的，专业学者通常倾向于受无知启发的两头下注或不表态的模棱两可，但是，这才是对一个复杂世界的一种适当的分析和方法论回应。

总之，虽然辩证的整体关联科学为我们提供了大量的知识和洞察力，但它的方法和认识论并没有促成任何无论是所谓“有利的”还是其他的全知的权力主义，而且也没有促成任何中央集权的政治体系，不论其“开明的”计划是否利于社会福利。辩证的整体关联科学不是要培养这种狂妄自大，因为这会如古希腊人所预言的那样最终以悲剧形式结束，而是要包含一种分散化民主，这种民主可以得到存在于开放性、宽容和多元主义中的谦卑的阐明。

第三节　民主领导、行动、问责制和绩效

在面对上文所讨论的广泛的谦卑时，我们所理解的民主政治需要些什么？显然它必须是合作的、调节性的、开放的、多元的及非常平等的。但是对于一

个民主社会中的领导而言，所有这些预示着什么？当然，在某种程度上，我在上文中所提到的内容，至少避开了一种基于集中控制和严格等级制度的领导，但是，在一个复杂系统中，*某种*形式的领导可能仍然是必需的。这里我们所关注的是这样一种领导概念，在其中领导者是一个促进者而不是一个全知全能的神，他是整个团队的一部分而不是拯救我们大家的弥赛亚。当然，要成为一个好的促进者，需要我们在上文中提到的那种谦卑，上文已经在其所有维度上都考察过了这种谦卑。我们需要这样一种领导者－促进者，他不许诺（或者至少以其政治言辞假装许诺）最终的解决方案或永久的确定；他不宣扬社会具有一种不变的绝对本质这种核心价值观；他会犯错误、承认错误并从错误中学习；他承认恒定的不均衡和坚定的不确定性的张力；他知道如何引起一种发现和实施社会制度、过程和政策所需要的平等合作。当然，因为当今民主世界所存在的金钱政治、名人效应、自我中心的政治家、具有群众性的歇斯底里症的选民、对领导者私生活的好奇、公众舆论的不稳定性，以及大量由媒体所形成的期望和信念，使得在当今民主世界中几乎看不到这样一种领导者，更不用提对这种领导者的欣赏了。因此，复杂世界也需要一种像上文所描述的领导者－促进者一样正直的民主选民。事实上，到处都是难以完成的任务。

第四节　民主政治中的个人主义

当然，在本书的一些地方我们已经*以*方法论个体主义*的身份*展开了对个人主义的广泛讨论。尽管那些讨论与我此处想要表达的非常相关，但我仍然想要更直接地集中于自由民主特别是其更加古典主义的自由主义或“自由意志主义”所阐明的那种个人主义概念，这点很快将得到证明。[①]

正如之前我所说过的：

---

① 我意识到，从历史观点上来说，自由民主思想中的个人主义概念具有各种不同的定义，从麦克弗森（C. B. MacPherson）的“占有性个人主义”（放任主义、自由意志主义）一词所描述的原子多样性，到后来约翰·斯图尔特·密尔（John Stuart Mill）或托马斯·希尔·格林（Thomas Hill Green）所描绘的更加社会语境化的定义（社会民主主义、福利资本主义），横跨这么广泛的范围。正如在正文主体部分紧接着的讨论所清晰表示的那样，从一种辩证的、整体关联的视角来看，后者更优于前者，因此，经过对比，它代替了美国近150年来占统治地位的民主个人主义版本。

> “因为自创生结构是自我更新的，所以它们是高度自主的……但是……［它们］也密不可分地嵌入和融入在它们的环境中——这必然是一个具有高能流动的远离平衡的［结构］……每个自创生结构都有一个独特的历史，但是它的历史与更大的环境和其他自创生结构的历史相关……［这反映了］位于所有自主结构之下的微妙的互联性。”（Briggs and Peat，1989：154；参见 Prigogine and Stengers，1984：176）因此，“一个有机体的自主性越强，系统内部以及系统与环境之间的关系中的反馈回路就越多。这个自创生悖论意味着……［离散］个体是一种错觉……个体性从根本上来说是一种合作性的事业……整体论将解决个体自由与集体需要之间的表面上的矛盾……”（Briggs and Peat，1989：165）。

自创生悖论是复杂系统的一个本质特征，因此，民主只能得到一种个人主义的阐释，而个人主义本身可以得到复杂的整体关联主义的辩证本质的阐释。显然民主不应该因抽象地、排他地集中于原子个体的权利和对其的保护而迷失自我，也不应该受到个体自私欲望的过度驱动，这些欲望常常使社会整体付出巨大代价。正如我们所看到的，在一个复杂情境化民主中，个体的作用显然没有遭到削弱；正如我已经尖锐地指出的，在一个复杂世界中，在集体决策和公共政策的形成过程中，所有个体都被给予一种增强的作用，但他们是以集体的、合作的方式参与进来的。这意味着除了自由－民主通常在 210
制度上对个人权利的保护之外，基于复杂性的民主给予个人更多的责任，期望他们做出负责任的社会行动，而不只是推动狭隘的自私、自利。在这个意义上，我们回到正直的或者共和主义公民身份等概念，它们是真正的民主政治的必要构成部分，雅典人和杰斐逊主义者分别都曾赞美和培育过这种民主政治，它最近被当代“提倡共产主义社会者”当作严肃的命题而再次流行起来。[①] 当我们把辩证的、整体关联方法应用于政治学分析时，民主的价值取向再次被给予一种牢固的自然主义根基。

在本章中，到现在为止，我已经相当直接地呈现了辩证的、整体关联主

① 例如，见埃齐奥尼（Etzioni）的《契合社会精神》（1993年）和《新黄金法则》（1998年）；参见罗尔斯（Rawls）的《正义论》（1971年）。

义特征，并把它们转化为特定的民主对应物。但是，我相信我们可以更进一步，从比辩证的整体关联主义更隐晦的而不是更明确的但又很强烈的教训中提取出更深刻、更丰富的民主教训。[①]

作为生物政治学的“支持者”，关于进化生物学对于我们理解政治学所产生的影响，马斯特斯有很多要说的；事实上，这也是他写《政治学的本质》（1989 年）一书的主要目的。总之，从对人类政治过程的进化理解所得出的结论，看似明确地支持这一观点，即总的来说，各种形式的宪政自由民主比其他形式的政体要更具适应性，至少在当代是这样，而且会越来越这样。虽然西方很多人因为其残暴、一致性、缺少自由及明显的经济失败而拒斥苏联式的共产主义，但是，进化分析事实上还有一般的整体关联分析，从普遍一般的不适应性的视角，使公众的注意力聚焦于一种极端集权的斯大林主义的失败上。并且通过这样做，它不仅表明了“国家社会主义”的致命缺点，而且以一种辩证的方式显示出自由民主本身的局限性，因此，在 20 世纪极权主义挑战告终之时，这并不只是一个庆祝胜利的时刻。因为，即使自由民主取得了“胜利”，它的“胜利”也并不是固有的、无止境的西方优越性本身的标志，而是辩证进化过程整体上的历史偶然性、偶然动力学的结果。长期来看，这一过程整体上不会从当代适应性中获得任何持久的或普遍的教训，而只是坚持，只能以一种开放的、灵活的、模糊的、不确定的且实验性的方式来获得进化生存性，通过这种方式，最终“胜利”不过是短暂的一刻，是一种顶点或胜利的错觉，我们更需要担心的是，它是一个需要击败新挑战及新出现
211 的不可预测的进化环境的时刻。简单地说，辩证的整体关联过程从来都不能以乌托邦式的胜利而告终；它们在混沌边缘形成了具有持久挑战的生命游戏，当处于混沌边缘时，胜利被视为可以存在于游戏中，而不是以成功的结局来结束游戏，“获胜”意味着在不断的不可预测的运动中，保留继续发展演化的适应性能力。

马斯特斯指出，宪政自由民主至少以其“理想化”形式是进化适应的，因此，以一些补充性的方式是进化适应的。首先，马斯特斯通过证明，大型

① 从现在开始本章剩余的部分来自金（King，1994），第17章，其中做出了很多修正和更新。

人类社会既对社会凝聚力和团结，又对社会政策的聚合和实施中个体的“发声”自由以及“摆脱”镇压控制等，提出了表达*智人*的“自然”指令系统这种适应性挑战，他试图在做出这些规定的过程中，建立自由民主的适应性凭证，即使这些适应性凭证会永远受到（必要的）对立张力的约束。 212

> 从一种进化的视角来看，在大规模农业发展之前，原始人类所特有的发言权和自愿退出之间的平衡，更接近于西方的立宪民主政体，而不是独裁或集权政体。通过维护普遍的社会和政治参与的途径，并通过强制退回到具有公共性的特定法定程序，法治社会带来了高度工业文明的福利，而不用以更高程度的镇压性社会为代价。与此相反，高度独裁或极权政体看似阻碍了大部分人参与人类社会指令系统所特有的行为……
>
> ……进化生物学［并非］完全与对政治自由的偏向无关，西方立宪政体正是建立在这种政治自由的基础之上。现代生物学提供了一定的根据，以理解对各种制度化的强制排斥形式的普遍敌意（Masters，1989：222-226）。

无疑，对于如美国那种*实际上*的自由民主和工业主义的积极属性，马斯特斯在此表现得有点过于善辩。但是，作为一个*一般的*理论和实践命题，对于个体自由和社会秩序（自由和决定论）之间的关系，由自由党构成的宪政法治所提供的在进化上具有适应性的辩证阐述，对我而言最终是有说服力的。尽管存在缺陷，尽管进化过程本身的不可预测性经常会带来挑战①，但是至少对现在而言，确立并不断更新与宪政自由民主内在的对立张力的永恒斗争，是唯一走下去的适应性方式，考虑到它们可以用足够多的变化来表达，以匹配存在于世界中的各种文化、种族和环境“生态龛”。

此外，通常与宪政自由民主相关联的开放性和多元主义在进化上是适应

① 事实上，正如马斯特斯所说的，“人类存在一种本质，但这种本质是复杂的且变化的……因此社会冲突从未能得到解决，也从未能使发明出来的人类体制变得完美”（Masters，1989：245）。因此，“从进化的原理来看，不存在任何一种单一的政治体系可以声称在所有社会和经济环境中都是完美自然的”（Masters，1989：231）。

的，因为这些特性所产生的相对灵活性，更有益于在一个不确定、不稳定和不可预测的语境中做出决策，而这些正是我们现在称为“全球化”的东西的所有标志。机械的、线性的、理性的决策过程完全不适用于这样一种环境，正如整体关联主义科学所证明的那样，这种环境至少像机械阐释的牛顿－实证主义的人类环境一样普遍。例如，考虑到要鼓励和维持关于公共政策的多元化视角，我们需要适应性地（尽管是部分地、不完全地）减少严格决定论的和还原论的倾向的机会，因为这些倾向会限制我们处理动态复杂性并欣赏展延性和自我临界性的能力，而展延性和自我临界性有助于我们接受环境的挑战。在此，倾向于分权决策的进化倾向完美地匹配复杂性理论，在复杂性理论中，高度关联和相互作用的分布式表征执行的是一种类似在集体的、合作的、整体系统层次上寻找解决方案的功能。在某种意义上，多元论虽然并没有提供最终的解决方案，虽然总是服从于竞争和矛盾的张力，但是尽管如此，它可以在一个没有最终最优解的世界中“优化”政策选择。进化和复杂性理论告诉我们要放弃一种绝对主义认识论的乌托邦理想，满足于一种更加相对主义的认识论领域的粗糙基础。因此：

> 在政治学和伦理学中……一个人在知道某些事件和行动路线的结果之前，被迫判断个体事件并选择特定的行动路线。因此，在社会生活中，认知模式的多重性是在一个不确定的世界中获取信息的一种令人满意的且必要的方式……与共和或立宪政体相关联的民主政治进程，就像狩猎－采集组合或其他面对面的群体中的非正式决策一样，对人类社会来说是“天然正确的”或健康的（Masters，1989：245）。

从一种辩证的、整体关联的视角来看，这种对教条主义的进化拒斥既有利于一种相对化的多元主义，同时也体现在对伦理和社会正义的考虑中。随着新的人类语境的必然出现，伦理体系及其对社会正义的概念化的确被彻底地改变了。例如，在新兴的资本主义制度对高利贷的需求与天主教教堂对产生利息的货币信贷的接受之间，尽管存在着一段很长的时间间隔，但是，天主教最终推翻关于高利贷的禁令，是在面对资本主义的支配地位施加于天主教的社会－伦理制度的环境挑战时才完成的。简单地说，天主教社会像信奉正统派基督教的穆斯林一样，后者试图强行把伊斯兰教教法针对高利贷的禁令作为国家法的一部分（如巴基斯坦），如果在他们的道德体系和他们对社会正义的理解中，不能做出从反对高利贷到支持高利贷的进化适应的话，那么他们就不可能在一种资本主义环境中生存下来。要注意，在我们当代，医疗技术的进步是如何以某种方式形成一个全新的医学伦理产业的，这个产业所关注的道德问题在很久以前我们并不认为是已经得到解决的或者没有问题的，如生前遗嘱、安乐死、死亡权利甚至流产等。因此，随着时间的推移，即使是在所谓最专制主义的、最教条主义的伦理体系中，一种受进化启发的相对主义和多元主义都将是适合的。因此，在现代进化意义上，自然主义包含相对主义和多元主义、可塑性和 213
适应性，而不是牛顿式的一维性和专制主义。

> 按照进化生物学……顺乎自然并不是规定的或者严格固定的，而是会根据环境发生变化的；一种研究人类政治学和伦理学的生物学视角，之所以会采取相反的正义概念，仅仅是因为这种替代观点常常反映了对真实社会问题的可预测的回应（Masters，1989：182）。

因此，“一种自然主义的伦理学必须考虑到时空的差异，因此提供一种对宗教和哲学教条主义的［适应性的］替代性选择”（Masters，1989：243）。正如扬奇（Jantsch，1980：263）对这一问题得出本质上一致的结论时所阐明的：

> ……我们可以把伦理行为定义为一种可以推进演化的行为……但是这意味着，伦理并不是先天给定的，而是伴随着演化突现出来的，且遵循着一种原则上完全开放的发展。伴随着每一个新的自创生层次，一种新的伦理开始发挥作用，同时，一种新机制也开始发挥作用，通过这一新机制，［原文如此］伦理像一个控制装置一样起作用。

但是，扬奇更进一步从一种进化－复杂性（非线性）视角得出了伦理准则，这种视角本身与机械－还原论世界观所涉及的视角形成了鲜明对照；事实上，他从根基上动摇了传统的自由－民主的政治－伦理基础：“……权利构成了一种静态的、防御性的、结构导向的概念，然而，接受义务意味着创造性地参与进对人类世界的设计中。因此，在西方世界中，占主导地位的伦理学是伪装成承担社会义务的行为准则的个人主义伦理学。它不是一种多层级的［进化］伦理学……。”（Jantsch，1980：265）表面上看来，西方对政治权利的自由民主的珍视，至少潜在地构成了一种机械－原子论的牛顿－实证主义世界观的政治影响的不可或缺的一部分，因为这些权利经常被看作是绝对实体，在内容上保持不变且不可剥夺，是逻辑派生物，主要用来小心翼翼地保护“消极的”、分离主义的个人权利免受社会和集体意志的危害。本质上，它们在对权力的利己主义的个人阐释中发挥作用。虽然，提议应当废除受体制保护的个人权利，这是非常天真和危险的，但是，我们仍然忍不住觉得，当代美国社会中的权利概念很可能已经失去控制（Hughes，1993），即使是从自由民主制度的生命力这个视角来看，它也是不适应的。正如扬奇在上文中所说的，痴迷于对个人权利的保护，会把一个社会变为一个逃避责任和义务的社会，而责任和义务是一个健康的国家所必需的。在一个社会中，这样一种转变会在体制上把社会分割为一些
214 独立的、多重权力中心（如美国的受利益集团驱动的超多元体系，这种体系叠加在分权制衡的宪法规定之上），同时，一种强迫性的、基于权利的制度，其适应性功能紊乱会变得越来越明显。因此，当代美国的政治－伦理观正处于颠覆它们最初所做出的民主承诺的危险之中。共和党的优势，即其包含利他主义、公共服务、责任和义务的公民权的理想（Cilliers，1998：136-140），必须再次同权利本位的宪法保障联合起来，后者可以使这样一种优势变成一种获得授权的现象，这才是有建设性的社会行动，而不是被当作一种保护主义形式，充当被疏远的、被剥夺公民权的、冷漠的个人的最后防线。整体关联主义再次要求一种辩证平衡。

马斯特斯声称，宪政自由民主及其伴随的多元主义（再次以其理想化的形式），对人类环境而言是进化上适应的，这种观点也可以根据社会系统作为一个整体的灵活性来得到阐释，具体表现为社会系统处理公共政策计划、构建决策体系以及处理内部和外部变化等方面，这是根据危机大小而定的。尽管现代的、大型工业社会的绝大部分发展史，就是一个基于机械－还原论范

式的层级控制的层次不断增加的故事（Toffler，1980）①，但马斯特斯和其他进化论者，包括我们已经看到的那些非线性动力学家在内，都坚持认为，长期来看，灵活的、非层级化的、联结主义系统最可能具有适应性。

关于个体和群体“发声”与“退出”的自然主义，马斯特斯（Masters，1989：226）说道：“那种以严格的等级序列为特征的社会，在面临生态危机和经济危机时，最可能依靠［不适应的］设备，如官僚或极权主义排斥。相反，丰富且简单的社会流动不仅加强了个体自由和社会参与，而且减少了排斥社会或政治外来者的压力。”同时，有关对一个系统的政治－经济过程的审慎管理和控制，戴森（Dyson，1988：91）补充道：

> 开放的市场经济和文化上开放的社会，尽管有其失败和缺陷，但看似拥有一种稳健性，这种稳健恰恰是中央计划经济和文化上封闭的社会所缺乏的……相比开放市场和无须审查的出版所具有的复杂内稳态机制而言，中央控制的简单的内稳态机制普遍表现得更脆弱，更不能应对历史冲击。

和前面的马斯特斯一样，戴森描绘出一幅更完美的市场导向的、自由民 215
主制度的画卷。事实上，相比一种附加说明的、模糊的指代而言，上文提到的“失败和缺陷”更多。但是，同样与马斯特斯一样，戴森的一般性结论是恰当的，正如20世纪后半叶的历史所验证的那样。

这一点也不奇怪，从一种进化的、整体关联的视角来看，如果官僚等级制和中央计划体制被假定为在当代越来越不适应人类社会，那么企业管理和政治领导这些“正统”概念也是如此，因为后者强调并依赖于这些等级序列和极权主义的中央计划。在使管理和领导在功能上具有适应性的过程中，如贝特森（Bateson，1972：497）所指出的，“社会灵活性是像石油一样珍贵的

① 在其《第三波浪潮》（1980年）一书中，托夫勒认为，全球化的大型工业社会时代是人类文明的“第二波浪潮”。在托夫勒看来，无论是斯大林主义还是自由民主主义，所有受到第二波浪潮影响的社会，都遭受着不同程度的中央集权主义、一体化、官僚僵化等的折磨。虽然这些特征可能适应第二波浪潮的环境，但随着受“第三波浪潮”影响的社会开始动荡，这些特征现在已经变得越来越不适应，这种社会在很多方面类似于一种非线性动力系统，在我们周围碰撞。

资源”。根据扬奇（Jantsch，1980：267-273）所说：

> ……管理者所具有的更高的管理技能，就类似于同时在几个层次上思考、感知和行动的能力……高层次对……新奇性……保持开放……［这］是至关重要的。与一种普遍持有的信念形成鲜明对照，进化精神下的计划不会导致不确定性和复杂性的减少，而是会导致它们增加……
>
> 政府首脑……不应该仅仅只是行政官员，而且还应该是具有开放性和变化性的主要主体和管理者……进化以一种意义深远的方式对民主原则提出质疑。民主只有在其允许甚至是促进波动时才可能是创造性的。但是，这就要求一种对待多数原则的新态度，通常多数原则从根本上支持证实，它充其量是以怀疑甚至是公开的敌意来对待新奇性。进化创造性常常使“大数定律”无效，且通常以一种精英主义的方式发挥作用……我们当代最深刻的政治悖论可能是，需要“精英人才”波动来把自我决定论转化为进化上的自我超越。唯一替代选择是，精神灭亡、社会灭亡和文化灭亡……之间的平衡……
>
> 在［这种］过程导向的管理中，管理者的作用［就像一种］催化剂……他［从事］开放性计划，［这一计划］没有任何目的论的目标，而是过程本身所固有的……，它终结了计划者与被计划者之间的二元论……［而且导致］没有明确的、永久的解决方案。

扬奇在此所概括的这种管理和领导，事实上已经成为那种现在被越来越多的管理专家视为未来浪潮的管理和领导。现在的全球化市场，同时也是越来越分割化的市场，它既造成了越来越多的复杂性，同时也需要这种越来越多的复杂性（例如，消费者对产品定制的偏好，以及生产者对保持高水平消费层次和垄断高度专业化的利基产品的兴趣），同时，面对全球经济衰退甚至是对大多数第三世界国家而言消费能力的不断缩减，全球经济出现了过多生产使得对市场占有率的经济竞争水平不断增强，这种复杂性的增加和竞争的增强，看似把越来越多的企业引向具有较少组织结构、较少集中规划、更多工业化民主的适应性市场效益，就民主这个词最完全的意义而言，这一导向涉及从工人权利到工人参与管理，再到工人的灵活性和自主性（Peters，1992；Rifkin，1991：272；Toffler，1991：255，457-459；Friedman，1999）。

但是，在对已经确立的管理职位和利益的挑战中，扬奇再一次攻击了自 216
由民主信念的另一个标志，即多数原则，以补充他之前对于制度上有保障的政治权利的质疑。多数原则可能反映的更多的是简单的定量聚合，定量聚合通常描述的是牛顿－实证主义启发下的社会科学，它更多地以牺牲一种研究政治聚合和群体决策的进化－整体论方法的定性维度为代价。虽然扬奇在某种程度上担心在这方面精英原则会发挥作用（而且事实证明他是正确的），但是在我看来，开放式过程管理和规划所需要的工业（参与式）民主层次的任何增加，*本质上*都应该促进更多的平等主义而不是精英主义。

扬奇也再次提醒我们，尽管他认为相比我们对管理、领导力和计划的传统理解而言，开放式过程管理和规划要更具适应性，而不是在绝对论者的、可预测性的、社会工程的意义上为我们提供可靠的知识，但它的确给我们带来了适应性的模糊性。因此，鉴于精英人才会指责这种模糊性是这些工业民主形式的一个必然危险，扬奇把它视为一个可以带来更多民主而不是更少民主、更多开放性而不是更少开放性、更多平等主义而不是更少平等主义的好处。

在此，扬奇对所有这些问题的认识让我们联想起了新马克思主义理论－批判理论运动，尽管这场运动几年前在西方社会科学中只被极少数人所接受，因为其马克思主义身份、其价值主张、其受意识形态驱动的经验分析及其辩证色彩，它受到了主流行为主义者－实证主义者的嘲笑。事实上，和所有方法论一样，批判理论也有缺点，但是，与一般意义上的马克思主义一样，辩证的整体关联科学的出现，很可能把其再生视为一种合理的社会科学方法论和社会科学哲学。

至少理想地来说，批判理论家非常类似于扬奇的“作为催化剂的领导者”或复杂性网络中的临界“节点”这样的概念，在这些概念中，分布式表征是解决问题的发动机，批判理论家并不是处于严格的等级序列顶端的独裁主义者。尽管批判理论家具有某种“精英”地位，因为他们对社会的认识可以从其对批判方法的阐述中推断出来，但这种特权地位事实上并没有给予任何永久的权威、任何对真理的优先获得、任何对保持或强化等级制度的兴趣；作为催化剂，批判理论家试图帮助被压迫者解放自身，提高他们的自我意识，帮助把公共政策构想为一种共同的社会任务，他们不仅从这种平等主义的参与性民主制度中获得伦理满足，还声称一种更高形式的社会知识正是来源于此，而不是来源于牛顿－实证主义世界的实证主义社会工程师的不带感情色彩的、超然的分析。费伊（Fay，1975：104-110）以下面这种方式更具体地描述了批判理论方法：

> 批判社会科学的目标……是行动者的启蒙运动，它对此研究使它从
> 217 根本上区别于实证主义模型……为了操作上的便利，沿着政策学的方向是人们的一种尝试，这样就可以获得一组对他们而言有效的特定关系，以使他们可以有效地实现某一确定目标。然而，根据批判社会科学所提供的知识，教育的目的是转变它试图理解的行动者的意识，这种转变将通过使行动者可以共同决定他们将要生活的环境来提高行动者的自主性。在前者中，精英通过了解特定的自然必需品，来为群体决定合理的行动方案，而在后者中，所有的群体成员积极地参与到了决定他们是什么和他们想要什么，以及为了满足他们自己需要，要改变或者确立何种安排等过程中……
>
> ……因为它明确地假定，社会世界中的所有的（类）因果关系都依赖于构成社会世界的那些行动者的意图、信念、目的及价值，如果某人在操作变量时根据批判模型来行动，与这些（类）因果规律一致以形成一项政策，那么他必然会知道，这些规律本身可能会被改变（因为行动者可能会形成新的目的和价值）……这就意味着，一旦这些规律被批判社会科学揭示出来，在根据它们决定行动的过程中，决策者至少会潜在地*做出选择*，这一选择表达了他对*现状*的解读及他对*现状*的态度……
>
> ……与实证主义者的解释相比较，根据批判模型，政策专家和受其决策影响的行动者之间必然存在着一种不变的批判性互换……政策专家

所推荐的各种操作的结果，只能通过参考以其名义来执行这些操作的那些普通行动者的意见来被判定为有效的……

不应该忽视［批判方法］的民主影响。这一模型要求从行动者到专家的一种自然的、非强制性的自由流动，反之亦然，这种对话只可能出现在当人们不受统治或威胁的情况下。这种理想的沟通环境只能在公民之间的公开讨论这一民主形式下被制度化……批判理论家把科学理解为一种自由的、无限制的交流系统，而不是大量客观真理……

根据批判的社会科学模型，社会理论并不单单是提供一幅关于社会秩序运行方式的画卷；相反，社会理论本身是其所分析的社会生活复合体中的一种起催化作用的促变因素（Guess，1981）。

尽管这个冗长的引用只能是对批判方法是什么的一种最基本的概述，但它阐明了批判理论与辩证的、整体关联科学之间的一些显著的相似之处：认识到意识和主观性在对世界的科学占有中的重要性；认识到社会秩序与个人自由、客观性与主观性、领导者和被领导者之间辩证的相互关系；认识到人类选择在推动和操作微观－宏观协同演化的动力学中的作用；认识到作为描述进化发展的整体形状和动力学的信息处理和传播概念；认识到理论和实践、意识和行动是辩证地相互缠绕的这一观念。当然，以上所列清单中忽视了一个要素，即对不确定性、模糊性或不可预测性的认识，它们都是列表本身所包含的那些要素的结果。正如我们在本书中经常看到的，不确定性－模糊性－不可预测性三元组，是整体关联主义科学的一个主要的典型特征。

作为信息处理和传输的进化论概念，与对一种新兴的辩证－整体论政治学理论的阐释，这二者之间存在着紧密联系。当代社会、经济和政治情景的很多观察者，越来越倾向于把进化论描述为受到所谓的“信息时代”的塑造和驱动。阿尔文·托夫勒（Toffler，1991）对全球系统内的“*权力转移*”做出了极大的贡献，尽管这种贡献不是唯一的，但它围绕着信息的生成、操作、传输及获取。权力可以来自枪杆子，也可以通过丰富的银行存款来获取，但是它越来越产生于那些在全球信息网络的中心发挥作用的人，并倾 218

向于流向那些人。枪和银行存款越来越因为隐藏在它们背后且内在于它们的信息资源而获得权力。对托夫勒而言，资本主义制度的不断演化和斯大林主义的指令性经济与政治制度的灭亡，这些最新进展较少地来自因为资本主义的自由－民主作为一种社会形态之于苏联模型的固有优越性而导致的冷战的结束，而更多地来自信息时代本身促使全世界所有的社会制度都要使自己适应其结构需求及其动力学方式，如果不适应，就不能生存下去（Friedman，1999）。

对于信息经纪人权力的增加，以及他们乘着全球未来的社会－政治和经济结构变化的浪潮并引导这一浪潮的方式，托夫勒提供了生动的说明。

> 一个最好的例证是日本邮电部（MPT）的出现。从1949年起，这一部门有三个基本的功能。像很多欧洲的邮政部门一样，它处理邮件并为客户提供保险和储蓄账户……在东京的功耗意识中，［MPT］……被视为一个较小的部门。
>
> 现在，改名后的MPT成为巨头之一，常被称赞为“21世纪的部门”。它自1985年后达到这一新的地位，鉴于……它肩负着整个日本电信行业，从无线电通信和电视广播到数据通信的发展的重任。
>
> 因此，它把金融功能（这些功能越来越依赖于先进的无线电通信）和通信功能合并为一个机构。没有什么会比这种组织交叉更具战略性。
>
> ……“在一个复杂的信息导向的社会中，多亏了无线电通信，信息才能流畅地传播，而无线电通信本身是不完整的。一旦信息开始流动，人、商品和货币也开始流动起来。一旦关于一个产品的信息传播开来，像广告中说的那样，人们就会去买它。信息的流动伴随着‘物流’和‘资金流动’。在各部门之间，只有MPT与所有这三个现象存在直接利害关系”（Toffler，1991：251-252）。

托夫勒继续证明，在现代全球环境下，信息时代正把信息经纪人推向前面，这一现象变得越来越清晰。而且，发达资本主义社会结构的最新发展，虽然常常根据可以追溯到里根和撒切尔的古典资本主义的基本原则来表达，并因此通过参照资本主义的宗师亚当·斯密（尽管常被误解为这样）而被视为在意识形态上是合理的，但这些最新发展也被尽可能地视为对越来越流行的信息时代的适应性回应。对托夫勒而言，当私有化席卷全球时，无论一个 219
国家把它描述为社会主义的（如密特朗执政的法国）还是资本主义的（如布莱尔执政的英国），抑或是前共产主义的（如戈尔巴乔夫执政的苏联和叶利钦执政的俄罗斯），它都不再只能根据一种单一的意识形态来进行理解；它对20世纪意识形态的巨大分裂的普遍超越为这一事实提供了证明，即它必然受到一个同样普遍的现象的启发，这一现象影响着全球系统的核心和实质。在这个意义上，私有化回到了形式上由政府控制的服务的“私人”[①]手里，它是对信息时代要求“缩小规模”和权力分散的一种适应，因为复杂的、越来越多的信息流动需要快速灵敏的反应，需要远离中央集权国家，事实上还包括资本主义公司等实体的过度严格的、分层结构（Toffler，1991：252-253）。事实上，如彼得斯（Peters，1992）和托夫勒所指出的，资本主义世界中的公司重组和自由民主世界中的政府重组，都充满了机构规模的缩小、决策权的分散化和扩散、对分层排列的根本性的摧毁，以及对区域、国家和全球等操作层次上的工商业经济部门的“神经网络化”等例证（Toffler，1991：251-258）。此外，如莱西（Reich，1991）所指出的，这些神经网络受到跨国性的、流动的、灵活的“符号分析家”、“团队”（计算机程序员、软件工程师、咨询顾问、市场营销者及其他类似的“专业人员”）的控制和指导，他们是信息处理、操作和传播的主要人物。

正如在上文中已经提示的，在托夫勒看来，苏联和东欧的其他斯大林主义国家的迅速灭亡，在很大程度上也是信息时代需求的结果。本质上，斯大林主义作为一个大型的、严格分层的、高度集权的、静态的社会经济和政治体制——是一个最笨重的牛顿机器，几乎不可能处理信息时代的复杂性和不断变化，或者说，它在处理这些问题的能力方面是不适应的。斯大林主义缺

① 在此使用“私人”一词只是为了便利，它为那些精通资本主义经济学理论的人所熟悉。即使有，资本主义组织也很少是真正私人的，很少不受无论何种类型的政府的影响。而且在信息时代，公私二分法并没有太多意义；把世界想象为一个巨大的信息流神经网络，让我们想起了整体关联的整体系统的图像，而不是整齐包装的、离散的公共和私人实体。

乏开放性，其压倒一切的集权化和刚性及其本质上机械论的视野，已经冻结了这一体制处理各种信息流和培养各种具有自发创造力与创新性的网络的能力，而后者现在被视为当前全球经济竞争的白热化所必需的。在这个意义上，不管苏联领导人做了什么或者没有做什么，苏联都不得不适应或者灭亡（它确实是这样），在叶利钦的俄国也是这样，事实上，尽管可能并没有那么快，但克林顿的美国也必然如此。正如托夫勒（Toffler，1991：405-412）所指出的：

220 古腾堡（Gutenberg）在15世纪中期发明的活版印刷术，引起了知识的传播并放松了天主教教堂对西欧知识和交流的掌控，与此相同……20世纪中叶计算机和新的传播媒体的出现，也粉碎了莫斯科对它所统治或俘虏的国家的思想控制……

创造财富的新方法要求如此多的知识、如此多的信息和交流，以致它们完全超出了中央计划经济。因此，超符号经济的出现与……社会主义的[牛顿-实证主义的]正统基础相冲突。

在本章的好几处我都已经指出，如果存在一门新的、辩证的、整体关联主义政治学，来匹配其新兴的、类似的、补充性科学，那么政治学很可能具有一种民主的本质。但是，这是在一些新的重要意义上的民主，同时也是一些更“传统”意义上的民主。尽管一种辩证的、整体关联的民主要求西方自由民主的（所谓）开放性和灵活性，甚至比之更甚，但它在民主内容上也更进了一步。自由民主的基于权利的个人主义和利益集团多元主义，必须通过一种建立在广泛基础上的集体主义整体论来辩证地平衡，后者为了其公民的利益而强调利他互惠主义和真正有公德心的行动主义（义务）。公共领域和私人领域都必须要认识到它们的相互依赖性，个人必须重视其自主和自由的社会语境，而且，社会也必须促进其对于这一事实的认识，即它的健康建立在其公民-行动者的个人幸福的基础上。如果不把个体淹没在一致性和异化的海洋中，民主社会将会明白，一个国家与其公民要么以整体关联的联盟形式，要么以原子式的无序的方式，同起同落。

费杰夫·卡普拉通过合理的、富有经验的阐释，首先给出了一种辩证的、整体关联的民主概念，这可能并不奇怪，因为他是把整体关联科学（特别是量子力学）和东方宗教神秘主义的整体论所共有的意象和隐喻结合起来的先驱。在其《转折点：科学，社会和正在兴起的文化》（1982 年）一书中，卡普拉明确地指出，量子力学与一种整体关联世界观在哲学上的密切关系，产生了一种同样衍生出来的整体关联方法论，这种方法论正重塑着并将继续重塑那种跨越很多（即使不是所有的）学科边界的方法论，从医学到心理学，从经济学到政治学。卡普拉常常把这种整体关联政治学称作一种最广义的“生态意识”形式，不论是从这个词的“自然”意义还是“社会”意义上来说，它都开启了一个社会思想流派，在里夫金的《生物圈政治学》（1991 年）一书中的有说服力的表达中，我们可以看到这种思想（下文中有更多关于里夫金的研究）。生态思想或意识自然受到了我们的环境危机的启发，但它也从整体 221
关联主义科学中获得了强有力的支持，正如下文中来自卡普拉书中的引述所证明的那样。

> 理性思维是线性的，然而生态意识产生于一种非线性系统直觉……生态系统在一种基于循环和波动的动态平衡中维持生存，而循环和波动是非线性的……线性事业……必然会妨碍自然平衡，并……将引起严重破坏（Capra，1982：41）。
>
> 在一个健康的系统中……在整合和自作主张之间存在一种平衡。这种平衡不是静态的，而是包含了两种互补性趋势之间的动态交互作用，这就使得整个系统具有灵活性，并对变化保持开放（Capra，1982：43）。
>
> 系统［整体性］视角根据关系和整合来观察世界……完整的整体不能还原为部分……系统活动包含……相互作用……多个部分之间同时的、相互依赖的交互作用……在过程思维［中］……形式变得与过程联系起来，交互作用之间相互联系，对立面通过震荡被统一起来（Capra，1982：266-267）。
>
> ［在一个平衡的生态系统中，］尽管存在着竞争，但它常常出现在一种更广义的合作语境中（Capra，1982：279）。

> 分层秩序的一个重要方面……不是控制的转移而是复杂性的组织（Capra，1982：282）。
>
> 生存下来的是处于其环境中的有机体。一个只根据其生存来思考的有机体一定会破坏其环境……以及它自身（Capra，1982：289）。
>
> 传统经济学，无论是新古典经济学、马克思主义经济学、凯恩斯经济学，还是后凯恩斯经济学，总的来说都缺少一种生态学视角。经济学家倾向于把经济从其嵌入的组织中分离出来，并根据过度简单化的、高度不切实际的理论模型来描述经济……一致的经济、技术和制度增长，仍然被大部分经济学家视为“健康”经济的标志，尽管它现在正引起生态灾难、普遍的公司犯罪、社会解体等……（Capra，1982：389-390）
>
> ……非线性互联性……［蕴含着］管理社会和经济系统的两个重要的规则。首先，每一个结构、组织和机构都有一个最佳的规模，最优化每一个单一变量——利润、效率或者国民生产总值……——将不可避免会破坏更大的系统。其次，经济越基于其自然资源的持续回收利用，它就越与……环境协调一致（Capra，1982：391）。
>
> 根据系统观点，如果经济处于一种动态平衡的状态中，并以其变量持续波动为特征的话，那么它……将是健康的……维持我们的自然环境的生态适应性，并创造适应环境变化所需要的社会适应性，是至关重要的……（Capra，1982：392）。
>
> 222 肤浅的环境保护论为了“人”的利益而关注对自然环境更有效的控制和管理，深生态运动意识到了，生态平衡将需要我们对于人类在地球生态系统中的作用的认识发生重大变化（Capra，1982：411-412）。

对卡普拉的开创性研究的这些节选，只是代表着其对于一种“整体［-关联］政治学”的阐释的丰富内容中的一部分，“整体［-关联］政治学”与新兴的辩证的、整体关联主义科学的隐喻意象和方法论基础相一致，并利用了这些隐喻意向和方法论基础。事实上，正是政治学和伦理学留下了很多分歧、权力中心论、操作－控制执念，以及一种得意扬扬的机械唯物主义的全部傲慢，它们标志着国内政治领域中个人对个人、群体对群体的一种原子论的政治学，标志着在无政府主义的国际体系中国家对国家的一种原子论的政治学。人类的全球文明（如果我们这样叫的话），看似处于其总体性本质、整个文化－文明计划的全新转变的开端，这种全新转变推动其进程、设计其体系并鼓舞其对世界的思考和导向，它存在于这个世界中并构成了世界的不可分割的一部分。可以说，我们处于我们自身的集体分叉点上，在我们面前看似存在一个重要的选择，要么一如往常，要么分支成整体论政治学和生态意识。[①]

在《生物圈政治学》一书中，里夫金把整体关联政治学和生态意识视为“转型政治学”（Rifkin，1991：254）。与卡普拉的研究一样，辩证的、整体关联方法论的印记在这里是非常明显的，它可以以多种方式得到证明。首先，转型政治学关注人类意识和选择——主要是主观性，同时也主要受到人类意识和选择的推动。转型政治学的出发点是采用与“机械论意识”相反的“治疗”，因为正是后者的自我意识可以整体论地、从生态学的视角来占有世界（Rifkin，1991：254-255）。正如里夫金（Rifkin，1991：255）提出的：“治疗思维的一些明显的例证正开始走向社会公共生活。整体健康、有机农业、软方法能源技术、绿色生活方式、社会责任投资，由自我管理的工人来运营的企业等正吸引着越来越多的注意力。”通过使用这种治疗意识，对世界的盖亚式态度因此得到了接受，这种态度认识到“个体生物的适应和演化变成了一个更大的过程的一部分，也就是，变成了地球本身的适应和演化的一部分……地球和地球上的每一个物种以一组复杂的、相互强化的、精密的编织关系缠绕在一起……人类内脏中的每一个微生物都为了其生存和扩张而互相争斗这一观点，变得远没有存在于它和其他身体过程之间的相互关系要重要，

① 可能大多数人都已经感受到，他们正处于人类历史中的巨大转折点上，但同时，我们也不能反对这一认识，即卡普拉和其他人对于戏剧性的历史时刻的认识，只不过是对人类期望开启新千年（毕竟我们非常接近于第二个千年的尾端），并过于急切地寻求回归到“黄金时代”或者开始“决定性”时代等倾向的最新表达。此外，根据历史轨迹中具有“明显”中断的周期和阶段来理解人类历史已经不是什么新鲜事了；但是，我确信我们事实上正处于卡普拉所讨论的一个主要的文明交叉路口上。

223 它们共同维持着更大的有机体的健康”（Rifkin，1991：262）。总之，人类需要进步到里夫金称之为的“人类意识的第三阶段”，这一阶段本质上是在现代语境中对我们的旧石器时代的回归，其特征是以辩证的、整体关联的方式，“以一种有意识的自知选择来再参与自然之躯”（Rifkin，1991：325），并丢弃那种标志着从新石器革命，通过工业和科学技术革命，到当代全球资本主义的连续性发展路线的意识，这种意识的特征是自然和彼此的侵略性分离主义，加上操作和控制，以及封闭和自私。在这个意义上，人类误入伊甸园的歧途随着我们的新石器时代的祖先屈从于机器而不是夏娃吃掉苹果这个意外事故而发生。

转型政治学也意识到了并批判了机械论对于“效率”的高于一切的关注，特别是那种狭隘定义的、侵略性地以目标为导向的效率，这种“效率”建立在关于世界的线性假定的基础之上，公然冒着整个国家的集体幸福的风险，以最大化地破坏群体价值并压制个人价值，如越来越多的产品的越来越低的货币成本。

> 我们对效率的迷恋产生于现代社会对于自主存在［机械－原子论］的追求。我们开始相信，我们使我们的科学、技术、经济、制造战争的能力、私人生活等越有效，我们可能会感觉到越自主。我们努力变得更高效与我们渴望像［牛顿－实证主义］诸神——主要力量、自主、全能、控制——一样，这二者之间存在密切联系……对效率美德的质疑或者完全拒斥它的价值，即使不是完全亵渎神明，也看似是异端的（Rifkin，1991：267）。

里夫金进一步指出，对效率的追求也使我们非常短视，把我们与我们的历史和未来都分离开来了，因此我们“被单独留了下来，在时间和历史的连续统中漫无目的的漂流……效率社会割断了传统的安全义务，以及那些传统上把世代连接进一个无缝［整体］时间网中的责任和义务……［效率需要］在［转型政治学的］生物圈文化中，得到持续性的时间条件的修正”（Rifkin，1991：268），如在工人拥有和运作的公司中，工业民主系统“把个体劳动者的时间需求与生产过程的时间需求整合起来”（Rifkin，1991：272）。

生物圈政治学，以其对整体有机体说的强调，也影响着我们对于“国际关系”[①]的传统理解。有趣的但也合乎逻辑的是，对整体有机体的整体关联理解，无论是在微观层次上还是在宏观层次上，都需要一定程度的“集中化”，也就是，根据全球政策的合作来处理全球性问题，同时根据需要来认识局部 224
生物区生态系统的相对独特性，需要一定程度的“分散化”，这种“分散化”在空间上事实上与民族国家的政治边界没有任何关系。“生物圈政治学将需要创造一种新的、相互竞争的空间地图，其支配性结构更清晰地遵循局部层次上区域生态系统的地理曲线，但是在国际层面上包含整个生物圈……［这就可以］剔除那些阻碍生物圈渠道的政治和商业障碍，并使世界范围的有机体成为一体。新的生物圈政治学的政治挑战是，拆毁封闭的高墙，重新打开全球生态系统，把地球视为一个单一的统一有机体。”（Rifkin，1991：286-287）拆毁柏林墙甚至是更一般意义上的所谓的铁幕，标志着结束冷战所最大化地封闭的地缘政治学而获得的成就，但是这并不足以满足生物圈政治学的全部目的，特别是当美国和欧盟对苏联国家的态度仍然受到“封闭”思维的主导时，正如我们所看到的，它们阻止那些重新建立的国家加入畅通的互利贸易和援助关系。尽管表面上来看，对我们而言需要转向一种生物圈政治学，但是显然这一旅程一旦开始，将会是非常困难的。

里夫金在阐释生物圈政治学时，频繁地引用生态学和生态隐喻，虽然它们本身是有启发性的且有帮助的，但是，对于阐释他的辩证的整体关联路径的方法和内容而言，它们不仅仅具有启发性的便利性；生态系统动力学可以直接模拟整个生物圈的进化发展，因此，它可以而且应该表示，我们对于我们如何在这样一种整体的、有机的语境中实施我们的行为的思考。

> 生态系统动力学提供了一种有效的类比，来帮助塑造新的生物圈政治学思想。生态学家把一个生态系统中的进化序列的两个阶段视为先锋

---

① 即使是“国际关系”这一名称也都显示了其本质上的牛顿-实证主义特征；尽管存在一些关系需要得到研究，但它们通常被视为充满争议的关系，这些关系建立在理性行动者、对国家的成本效益分析、利己主义行为的基础之上。此外，因为适合一种原子本体论，国家被视为可孤立的离散实体和主要的分析单位；因此，直到最近，国际关系一直都被视为国家之间的无政府主义交互作用（“关系”可能是一种太过积极的词语），而很少把全球系统作为一个有机整体来进行研究。简单地说，国际关系已经被彻底地灌输进机械唯物主义的方法论预设和假定。

> 阶段和顶级阶段。在先锋阶段，一系列植物群和动物群向外扩散和延伸，消耗可被它们利用的所有能量。先锋群落生产出比它们所消耗的更多的有机物。额外的物质改变了栖息地的物质性，并提供了新的食物来源；反过来，这种新的栖息地和食物来源又改变了物种的类型和数量，使得它们在后续阶段不断发展。经过一段时间以后，一系列动植物群发展出相互依赖的、共生关系，同时，对物质与能量的消耗都趋于平衡。顶级群落是
>
> “顶级群落是自我保持的，与栖息地相平衡……在一个顶级群落中，与一个发展的或者不稳定的［先锋］群落形成对照，不存在有机质的年净累积。也就是，年产量和年输入通过一种年度群落消费和支出来得到平衡。”［(Odum，1971：266)］
>
> 顶级群落比先锋群落要稳定得多。生物群落和环境存在于一种自我平衡的关系中。先锋群落的超额生产已经被可持续生产代替了，后者保护着存在于其中的栖息地和生物群。
>
> 225 顶级生态系统发挥的作用是政治和经济决策的一个有效的指南和包罗万象的隐喻。可持续发展……可以根据成熟的顶级生态系统的运行来得到模拟（Odum，1971：289-290）。

先锋阶段可以被视为欧洲帝国主义的伟大时代和全球资本主义的传播，因为它们累积越来越多的资本来生产越来越多的制造品。在整个人类历史中，先锋阶段看似渐近结束，然而，以上文所描述的那种方式：尽管大多数民族国家继续与全球化影响做斗争，但全球相互依赖性的确越来越明显；随着一些因为过剩的战争手段与不断增加的全球物质财富差距之间的共同作用而带来的不稳定力量的出现，全球系统可能比之前要更加不稳定；而且，先锋阶段的扩张式的、以增长为导向的“成功”，已经严重地破坏了任何意义上的全球内稳态——通过关注全球经济活动的任何指数，从货币市场到通货膨胀，从贸易平衡到政府和公司债务，我们会发现渐增的波动性和不稳定性层次。因此，从一种生物圈的视角看，我们显然需要移动至一种“顶级全球群落”，这不只是为了符合人文价值的问题，更是为了确保基本的人类全球生命力。

当然，顶级群落不只对冷战式的或者传统的势力均衡的地缘政治学和军国主义造成了一种最根本的挑战；对全球资本主义体系而言亦是如此。尽管现在大多数经济学家都无条件地承认这一事实，即存在这样一种全球经济，它赞成越来越少的国家或政治边界，以推动资本、商品、服务和劳动力的未经调节的、跨越边界的流动同时，“私人”跨国公司和银行越来越多，其权力仍在继续飞快地增长，导致“商业圈地和公共资源的私有化”，因此，“不［存在］一种有效的平衡力，可以剥夺企业部门对资源优化……短期利润最大化和市场优势等的兴趣，而这通常是以牺牲生物圈的长期可持续性为代价”（Odum，1971：314）。但是，我们又的确需要这样一种整体关联的平衡力，事实上它也正在出现，只不过非常缓慢，其“国际新秩序”的愿景和阐释完全区别于全球资本主义*现状*。正如里夫金所说（Rifkin，1991：318）：

> 致力于重新打开全球生态系统，在生物圈和生物区的承载能力内生活，与同代和后代之间公平地分享地球资源，将我们与其余物种的关系重新神圣化，都是一种新的地球有机体观的考虑事项。在一个由关系和义务构成的扩展群落内，生存的概念从生物区延展至生物圈，它代表着个人和全球安全的一种新视角，这与过去的分离的、机械论的视角形成了鲜明对比，后者强调统治、控制、征服、利己主义及自主性。

因此，简单地说就是，一种新兴的、辩证的整体关联主义政治学的轮廓看起来是，吸收了辩证的整体关联科学本身的世界观和方法论的政治学。但是，这样一种政治学仍然保持着对我们的全球社会的旁观者姿态；然而我们会越来越意识到，对于我们要长期存在这一希望而言，我们处理世界 226
的机械－还原论方式正变得越来越具有误导性，甚至是危险的，辩证的整体关联主义正如它在不同的外观和不同的时期所表现的那样，开始转移到我们的集体意识的中心，并预示着一种全球共同体，它更熟悉人文价值和生态敏感的行为。因为我们仍然是一种受“科学”和“科学方法论”的影响而动摇的物种，因此，随着整体论被证明建立在“有效的科学原理和经验主义”的基础之上，科学说服力会使当代那些对辩证的整体关联主义的嘲笑态度变得完全过时。

即使在这个时刻，至少对于某些人而言，强烈地呼吁科学，仍然会给人留下坏印象。科学可能具有认识论和方法论霸权，在实现或接受科学的过程中，它并不必然使我们快乐；相反，其经验主义、实验和所谓客观主义等的冷漠，看似带走了我们生命中所有的乐趣和神秘。事实上，它们本质上是决定论的、机械似的特征，牛顿科学的机械－还原论大厦看似带走了我们的自由和自主，我们的创造力和能力。但是，如果我们能在本书所指出的方向上，即朝向开放性、多元主义和辩证的、整体关联主义，来重新定位我们的科学观，那么，科学对于人文价值的释放、对于人类创造力和自主性的解放，以及对地球生命的生态敏感的保护等而言，可能会提供更有益的帮助。

附言
“我们应该学到了什么？”

在对整体关联科学及其社会科学影响等领域的一个相当长时期的研究后，在此只需要用几句话把它们联系起来，而不是得出一个完全成熟的结论：因此，此处的“附言”与“结论”相反。此外，当读者通过整本书，特别是第一、第二、第七、第十七和第十八章得到进步时，我假定他或她已经弄清楚了这个研究得出的大部分（即使不是全部）相关结论。在引言中，我为读者简单介绍了我所认为的主流的、牛顿－实证主义社会科学的本质，这对于我关于整体关联科学的讨论来说是一种比较参照。尽管事实上在这本书中我不断提到主流的、牛顿－实证主义社会科学，但是我感觉在我们结束之前需要提出最后一个问题，并简短地给予回答：“这样，通过阅读整本书，并把整体关联科学方法与牛顿－实证主义方法作对比，我们应该学到什么新的或不同的关于社会科学研究方法的知识？”

为了以最少的篇幅回答这一公认的大问题，让我们以我在引言中所说的内容来开始。

> 本质上，牛顿－实证主义者－行为主义者的世界观可以这样来理解：因为世界在各个层面上都具有一种类似钟表装置的本质，所以具有特定功能的离散部分之间的固定排列所构成的机械－还原结构，可以系统地阐释实在及其过程。这样，系统又一次在所有层面上闭合了，同时，追求系统平衡的那些内部构成（它们聚集起来构成了整体）通过线性的因

果关系进行相互控制或作用。此外，正是因为这些特征，系统及其部分受到普遍的或决定论的运动规律和行为规律的支配，这样，给定确定的基本信息，向前和向后预测系统状态都是可能的，例如，在行星系中，给定每个要素的质量、位置和速度，加上牛顿万有引力定律，就可以描述和计算这些要素的运动和相互作用。更有甚者，正如孔德很早以前就意识到的，预测力为我们提供了控制环境，事实上还有人类和社会的能力。从这种世界观来看，作出以下的认识论和方法论假定是必然的（注：下面每个命题
228 都蕴含在其他所有命题中，以致这种世界观和假定都集合在一个一致的知识包中）：

（1）根据世界观，宇宙本质上是机械的；

（2）宇宙中的过程和实体之间的关系是还原论的；

（3）整体可以还原为其基本部分；

（4）普遍（时空）规律支配着宇宙；

（5）本体论是原子论的；

（6）基本单位是离散且孤立的；

（7）依赖于像客观实在的一扇窗户一样的经验观察；

（8）只有具体的才是真实的，关系则是抽象的；

（9）为了成为真正科学的，所有变量都必须是可量化且可测量的；

（10）因果关系就像“台球”变化一样：直接、局部、具体；

（11）科学解释最终是预测和控制的能力；

（12）可控实验是查明因果关系的最好方法；

（13）宇宙本质上是有序且规律的，因此是人类理性可理解的；

（14）科学方法可以而且应该是价值中立的；

（15）科学理论应该是简单且简约的。

通过回顾上述内容，在我看来，对我们这个大问题的简单回答如下（下面编号的这些段落与上面编号的段落相对应）：

（1）并不是所有被视为科学的东西都需要在机械–还原论的范式内来得到表达。整体关联主义是一种合理的、科学的世界观、认识论和方法论，它

与牛顿－实证主义完全不同。这就意味着我们拥有多元的科学方法论选择，通过这些方法论来从事我们的科学研究和社会科学研究。此外，随着牛顿－实证主义机械论从它的霸权地位，即作为唯一合理的科学和科学方法的位置上移开了，因此，作为社会科学研究者，我们也摆脱了不得不依赖于机械论的“次方法”来获取有效、可靠的知识。这就意味着可控实验可以由历史叙事来合理地补充或取代，例如，把历史叙事作为一种认识论援助的来源；辩证运动、非线性过程和复杂性的联结主义，在方法论上同样也对抗着机械－还原论的普遍的运动或行为规律，来成为系统轨迹的描述者和解释者。

（2）整体关联主义以其对世界的根本性的辩证理解而拒斥还原论。它的关联本体论阐释了关联过程和它们所辩证地包含的要素，这样，最终没有什么可以还原为任何离散的、独立的、静态的实体。万物都保持流动性，不断地卷入没有固定方向的复杂演化发展中；因此，寻求牛顿－实证主义的精确 229
性、确定性、可预测性和绝对可操作性，常常是无关的或误导性的。

（3）考虑到 1. 和 2.，显然整体永远都不可能还原为其所谓的基本部分，因为以辩证相关的方式严格来说，不存在这种现象。此外，正如我们在本书中不断看到的那样，整体通常比其聚合部分的简单总和要多得多（算术方法和辩证方法相反）。因此，从社会科学的视角来看，整体关联主义从根本上挑战了主流观点，即社会行为可以通过参考个体主体（方法论个体主义）的总和来得到解释。不论以何种形式，整体系统分析都是一个合理的社会科学事业，不论在实现它的过程中会面临什么困难。

（4）牛顿实证主义的各种普遍规律不可能解释整体关联系统及其过程的运行。它们对语境的（至少是相对的）抛弃及其对时空普遍性的追求，与辩证世界观，连同其不可预测的进化发展、非线性及自创生复杂性等特征完全不一致。在整体关联世界中，似规律是我们能够提出并合理地追求的最好情况；语境、永恒不确定性及不可预测性不断地预先制止了普遍性；在这种语境下，解释是相对的，而不是可概括的。

（5）整体关联主义用一种完全关联的本体论代替了一种原子本体论。这就意味着，社会科学家将更好地来探索关联主义的流动复杂性，尽管存在很多困难，也不要在离散的、精确的、可计量的、可运作的范畴的普遍约束下，武断地限定一个典型的辩证世界的范围。以列表的形式来看，这些范畴看似很整齐，而且服从统计操作，但是它们与实际描述和解释世界非常不一致。

（6）并不存在基本的分析单位；在这些单位可被评价的程度上，它们是整体关联地传递信息的。只要它们“存在”，不论以什么方式、形式、地位或功能，都是作为整体语境中关联过程的结果而存在的。

（7）原始经验主义和观察显然具有方法论价值和合理性，但是在整体关联世界中，它们不单是凭借它们自身而可以这样的。描述和解释世界本质的很多方法论并不能经受直接观察的检验。此外，很多辩证过程保持着“不让直接观察发现”的状态，只能通过非经验的（或者至少是非直接经验的）、概念手段来得到利用。另外，正如量子－全息术清楚地证明的那样，观察者和被观察者之间不存在明显的区分。因此，社会科学家不得不自我意识到它们自己的观察方法的工具、视角和“偏见”，并重视它们。不存在价值中立的社会科学。

（8）正如已经表明的那样，整体关联主义显然把关系视为具体实在，因为它们在世界中具有强有力的影响。关系构成了要素的地位、形式和功能；
230 同时，它们是在世界中运行的动态要素，塑造并指引着世界的进化演变。因此，如果我们想成功地理解世界的话，不论在直接观察关系和测量关系中遇到什么困难，作为社会科学家，我们都不得不认真地把它们作为真实的实在来对待。在一种原始经验主义意义上，我们不能表面上触碰和感觉一个社会阶层，这并不意味着，社会阶层因此不存在，并且在社会分析中不起任何作用。这种观点显然是荒谬的。

（9）整体关联科学必然“测量”现象；广义上说，这种测量的“定义上的”意义包含在人类获得世界本质的所有方式中，无论是语言上的、艺术上的，还是几何学上的。但是，在一个辩证地阐释的世界中，正如我们不断看到的那样，并不是所有的事物都可以在数量上进行测量。此外，作为原始经验主义的一种形式，数量可以提供解释，但同样也容易产生误导。因此，作为社会科学家，我们不应该坚持认为，为了成为科学，我们就必须量化我们“测量”的每个事物；也不应该诋毁那些不包含大量量化的对世界的描述或解释，因为辩证的、整体关联的现象和进程常常会使这种数学精确性不可能实现。在这种意义上，特定整体关联环境中的历史叙事可以像量化和统计分析一样“科学”。社会*科学*“真理”会以多重外观出现，我们必须准备好接受并评价它们。

（10）在一个整体关联的世界中，因果关系常常以一些其他形式出现，并不总是以“台球”的形式出现。整体关联主义在此给予我们一种高度丰富的方法论多元主义，这种多元主义是其更好地描述实在的能力的一部分。整体关联主义因果关系陷入一张关系的整体网中，它是分布式表征的，同时辩证地散布在非线性动力学和进化过程中，有时具有一种自创生本质。因此，把因果关系视为直接的、局部的、具体的，在这些术语的牛顿－实证主义意义上，常常是非常困难的，甚至是不可能的。同样地，我们不应该总是期望在社会分析中找到引起“B”的明确原因“A”；因果关系很可能是多层面的、复杂的，有时最后是深不可测的。这就警告我们要谨防或者把我们的社会科学分析还原为简单的假设试验，或者以假设的形式从对决定论－还原论命题的简单统计分析中推断出太多内容。整体关联语境中的分析比假说－演绎模型中的分析要复杂得多，后者主导了社会科学很长时间。在这种意义上，社会科学分析常常不得不“勉强接受”非决定性的、复杂的结论，但是尽管如此，这种社会科学分析仍然是*科学的*。科学并不意味着我们必须有方程式、可计量变量、最后在数学上导出的解。

（11）考虑到整体关联世界的本质上的不可预测性，预测和控制至少不是整体关联科学的一致结论。在不断变化的、流动的、进化的、非线性的及复杂的系统中，实验控制不得不被仿真或建模代替，在仿真和建模中，与科学家观察到的自创生地呈现出的变化相比，他们实际上不能控制这样多所发生的事情。当然，仿真和建模在某种程度上都受到人们为它们设计的参数及变量之间关系的“控制”。但是因为非线性作用等因素，我们不能控制所谓的 231
“间接或额外变量”的意料之外的结果，也不能控制宏观层面上的、整体系统层面上的结果，因为它们都有自己的自创生生命。最后，控制和预测被整体关联科学的（暂时）理解代替了。

（12）紧接着（11）我们还可以说，如果可以的话，古典实验主义的典型的机械－还原论（它使用离散的、可计量变量；它区分自变量和因变量；它的“台球”式因果关系概念；它使用统计分析；通过假设试验寻求普遍规律；等等）可以在整体关联科学中找到一丁点位置。只有当非线性系统阶段性地陷入相对一致的环境中时，古典实验主义才可能是合理的。即使那样，我们也需要提醒我们自己我们的实验结果的语境制约性，并意识到，我们并不总是知道我们什么时候会处于这样一个相对的、像机械论一样的静止阶段，在这一阶段中实验可能是暂时适当和有用的。

（13）显然整体关联世界远不是有序和有规律的，至少根据牛顿－实证主义对这些术语的理解是这样的。存在于整体关联世界中的有序和规律性陷入非线性动力学的困境，因此辩证地来说，它们与无序和无规律性关联起来。另外，有序总是用很高的自由度来表达，这样就很难把笛卡儿二元论术语所概念化的无序和有序区分开来。我们至少可以说，世界并不是由*机械－还原论*的任何有序或规律性主导的。因此，我们应该谨防通过*假定的*有序和规律性来设计我们的社会科学研究；我们需要认真检查我们对于研究设计、实验、假设试验及统计分析的假定。此外，如果世界不是以机械－还原论的方式成为有序的和有规律的，那么，那些被认为是科学理性的方式也必须进行改变，以包括这本书中提出的辩证的、整体关联思考的所有方式。

（14）除了别的之外，量子－全息术显然逐渐破坏了价值中立的社会科学这一观念。此外，像所有科学哲学一样，整体关联主义必然需要明确的价值定位，尽管这是一种较少限制性的定位而不是牛顿－实证主义的定位。作为社会科学家，当我们的价值观念影响我们的方法时，我们必须要意识到这些价值观念的存在；这是一种应该采取的合理的科学立场。但是，我们应该通过我们的科学方法和分析来积极提升特定的价值观念或政治意识形态吗？当然不能盲目地或武断地这样做，但是在某些层面上我们不得不这样做；在某种层面上，理解世界的每一个努力都不可避免会赞成一定的价值选择、意识形态偏见及形而上学假定，无论它们是松散定义的还是模糊不清的。

232 （15）简单性和简约性可能会使世界至少在启发式的意义上对我们来说更加可以理解，同时，也使世界（表面上）更加经得起古典实验主义、假设试验及统计分析的检验。但是，如果世界的确像整体关联主义科学声称的那样复杂，那么简单性和简约性最终会把我们带向何处？常常是误导性的甚至是危险的。如果世界的确在各个方面是复杂的，那么作为科学家，我们应该谨防迫使世界纳入一种简单的束缚中，正如我们在这本书中所看到的那样。诚然，对复杂性的研究不会给予我们任何容易的答案、清晰的结论及确定性，而所有这些看似都很难被接受或者让我们舒服或满意。但是，从一种整体关联的视角来看，如果我们真的要以其本质复杂性来评价这个世界的话，那么存在着一些我们需要学着接受的事物。

因此，用简短的形式来表达，这些就是我们需要从整体关联科学对社会科学所做的研究中一开始就要学到的各种事情。这些经验不容易得到接纳，对我们来说它们并不会使研究变得容易些；事实上恰恰相反。但是，显然对我来说，如果我们将要在未来实现有用的社会科学的话，我们就不能再继续忍受关于什么构成科学和科学方法的相同的机械－还原论假定。我们需要留心整体关联主义的经验，同时，看看它们在什么方面能够帮助到我们理解我们发现和生活的这个世界。作为一种合理的*科学*世界观和方法，整体关联主义至少为我们提供了一些描述和解释社会现象的丰富方法，我们应该为这样一种多元主义机会感到欣慰，它可以把我们从那种已经限制了科学和社会科学很长时间的方法论版本的狭隘中解放出来。

参考文献

233 Alexander，R. D. 1986. "Biology and Law." In M. Gruter & R. Masters，eds. *Ostracism：A Social and Biological Phenomenon.* New York：Elsevier.

Alexandrovna，G. F. 1954. *Dialektichesky materializm，pod obshchey redaktsiey akademika.* Moscow.

Allen，G. 1978. *Life Sciences in the Twentieth Century.* New York.

Althusser，L. 1969. "On the Materialist Dialectic." In *For Marx.* Trans. by B. Brewster. New York：Vintage Books.

Arendt，H. 1959. *The Human Condition.* New York：Doubleday Anchor Books.

Avineri，S. 1968. *The Social and Political Thought of Karl Marx.* Cambridge：CUP.

Axelrod，R. 1980a. "Effective Choice in the Prisoner's Dilemma." *Journal of Conflict Resolution* **24**：3-25.

——. 1980b. "More Effective Choice in the Prisoner's Dilemma." *Journal of Conflict Resolution* **24**：379-403.

——. 1981. "The Emergence of Cooperation among Egoists." *American Political Science Review* **75**：306-318.

——. 1983. *The Evolution of Cooperation.* Cambridge：Harvard University Press.

Bak，P. 1996. *How Nature Works：The Science of Self-Organized Criticality.* New York：Copernicus.

Ball，T. 1979. "Marx and Darwin：A Reconsideration." *Political Theory* 7，469-483.

——. 1983. "The Ontological Presuppositions and Political Consequences of a Social

Science." In Sabia, D. R. & J. Wallulis, eds. 1983. *Changing Social Science.* New York: SUNY.

Ball, T. & J. Farr, eds. 1984. *After Marx.* New York: CUP.

Barash, D. 1977. *Sociobiology and Behavior.* New York: Elsevier.

Barbu, Z. 1956. *Democracy and Dictatorship.* New York: Grove.

Barrow, J. D. 1991. *Theories of Everything.* New York: OUP.

Bar-Yam, Y. 1997. *Dynamics of Complex Systems.* New York: Addison Wesley.

Bateson, G. 1972. *Steps to an Ecology of Mind.* New York: Ballantine.

Bell, D. 1972. *The End of Ideology.* New York: Free Press.

Berghe, P. L. van den 1979. *Human Family Systems.* New York: Elsevier.

Bhaskar, R. 1989. *Reclaiming Reality.* New York: Verso. 234

——. 1992. *Dialectics.* London: Verso.

Bochénski, J. M. 1963. *Soviet Russian Dialectical Materialism.* Dordecht: D. Reidel.

Boggs, C. 1976. *Gramsci's Marxism.* London: Pluto Press.

Bohm, D. 1980. *Wholeness and the Implicate Order.* London: Routledge & Kegan Paul.

Bohm, D. & F. D. Peat. 1987. *Science, Order, and Creativity.* New York: Bantam.

Bossomaier, T. & D. Green. 1998. *Patterns in the Sand: Computers, Complexity, and Everyday Life.* Reading, Mass.: Helix Books, Perseus Books.

Bowles, S. & H. Gintis. 1987. *Democracy and Capitalism.* New York: Basic Books.

Brodbeck, M. 1962. "Explanation, Prediction, and 'Imperfect' Knowledge." In Fiegl & Maxwell, eds. *Minnesota Studies in the Philosophy of Science.* Vol. 3. Minneapolis: University of Minnesota Press.

Brown, B. 1973. *Marx, Freud and the Critique of Everyday Life.* New York: MRP.

Bukharin, N. 1978. *Historical Materialism.* Ann Arbor: University of Michigan Press.

Briggs, J. & F. D. Peat. 1989. *Turbulent Mirror.* New York: Harper & Row.

Capra, F. 1975. *The Tao of Physics.* 1st. edn. Berkeley: Shambhala.

——. 1982, 1983. *The Turning Point.* New York: Bantam.

——. 1991. *The Tao of Physics.* 3rd. edn. Boston: Shambhala.

——. 1996. *The Web of Life: A New Scientific Understanding of Living Systems.* New York:

Anchor Books, Doubleday.

Carver, T. 1981. *Engels.* Oxford: OUP.

Casti, J. L. 1989. *Paradigms Lost.* New York: William Morrow.

——. 1990. *Searching for Certainty.* New York: William Morrow.

Catlin, G. E. G. 1927. *The Science and Method of Politics.* London: Kegan Paul.

——. 1930. *Principles of Politics.* London: Allen & Unwin.

Cilliers, P. 1998. *Complexity & Postmodernism: Understanding Complex Systems.* New York: Routledge.

Cohen, J. & I. Stewart. 1994. *The Collapse of Chaos: Discovering Simplicity in a Complex World.* New York: Viking.

Cohen, S. F. 1973. *Bukharin and the Bolshevik Revolution.* New York: Knopf.

——. 1978. *Karl Marx's Theory of History: A Defense.* Princeton: Princeton University Press.

Colletti, L. 1972. *From Rousseau to Lenin.* New York: Monthly Review Press.

Comte, A. 1975. *Auguste Comte and Positivism.* New York: Harper Torchbooks.

Corballis, M. C. 1991. *The Lopsided Ape.* New York: OUP.

Corcoran, E. 1992. "The Edge of Chaos." *Scientific American* (October 1992): 17-22.

Cornforth, M. 1971a. *Dialectical Materialism.* New York: International Publishers.

——. 1971b. *Historical Materialism.* New York: International Publishers.

Corrigan, P. *et al.* 1978. *Socialist Construction and Marxist Theory.* London: Macmillan.

Coveney, P. & R. Highfield. 1990. *The Arrow of Time.* New York: F. Columbine.

Cronin, H. 1991. *The Ant and the Peacock.* Cambridge: CUP.

Daly, H. & J. Cobb. 1989. *For The Common Good.* Boston: Beacon.

Darwin, C. n.d. [1859]. *Origin of Species.* New York: Modern Library.

235 Davies, P. 1988. *The Cosmic Blueprint.* New York: Simon & Schuster.

Davies, P. & J. Gribbin. 1992. *The Matter Myth.* New York: Simon & Schuster.

Dawkins, R. 1976. *The Selfish Gene.* Oxford: OUP.

——. 1986. *The Blind Watchmaker.* New York: W. W. Norton.

——. 1995. *River Out of Eden: A Darwinian View of Life.* New York: Basic Books.

——. 1996. *Climbing Mount Improbable.* New York：W.W. Norton & Co.

Degler，C. N. 1991. *In Search of Human Nature.* New York：OUP.

Dennett，D. C. 1995. *Darwin's Dangerous Idea：Evolution and the Meanings of Life.* New York：Simon & Schuster.

de Waal，F. 1998. *Chimpanzee Politics：Power and Sex among Apes.* Revised Edn. Baltimore，MD.：The Johns Hopkins University Press.

——. & F. Lanting. 1997. *Bonobo：The Forgotten Ape.* Berkeley，CA.：University of California Press.

Diamond，J. 1992. *The Third Chimpanzee.* New York：Harper Collins.

Diesing，P. 1991. *How Does Social Science Work？* Pittsburgh：University of Pittsburgh.

Dobson，A. 1990. *Green Political Thought.* London：Routledge.

Dobzhansky，T. 1962. *Mankind Evolving.* New Haven：Yale University Press.

Donald，M. 1991. *Origins of the Modern Mind.* Cambridge，Mass.：Harvard.

Dubos，R. 1968. *So Human an Animal.* New York：Charles Scribner's.

Dyson，F. J. 1988. *Infinite In All Directions.* New York：Harper & Row.

Edwards，R. 1979. *Contested Terrain.* New York：Basic Books.

Elder，G. & A. Caspi. 1988. "Human Development and Social Change：An Emerging Perspective on the Life Course." In N. Bolger *et al.*，eds. *Persons in Context：Developmental Processes.* New York：CUP.

Eldridge，N. 1989. *Macro-Evolutionary Dynamics.* New York：McGraw-Hill.

Engels，F. 1934. *Herr Eugen Dühring's Revolution in Science* [*Anti-Dühring*]. Trans. By Emile Burns. London：Lawrence and Wishart.

——. [1888] 1941. *Ludwig Feuerbach.* In *Marx-Engels，Selected Works*，vol. 2，218-353. New York：International Publishers.

——. 1963. *Dialectics of Nature.* New York：International.

Etzioni，A. 1993. *The Spirit of Community：Rights，Responsibilities and the Communitarian Agenda.* New York：Crown Publishers Inc.

——. 1998. *The New Golden Rule.* New York：Basic Books.

Evans Pritchard，E.E. 1956. *The Nuer.* Oxford：OUP.

Fay, B. 1975. *Social Theory and Political Practice.* London: Allen & Unwin.

Fetzer, J. H. 1985. *Sociobiology and Epistemology.* Boston: D. Reidel.

Feyerabend, P. K. 1978. *Against Method: Outline of an Anarchistic Theory of Knowledge.* London: Verso.

Frank, A. G. 1967. *Capitalism and Underdevelopment in Latin America.* New York: MRP.

Freud, S. 1961. *Civilization and Its Discontents.* New York: W.W. Norton.

Friedman, T. L. 1999. *The Lexus and the Olive Tree: Understanding Globalization.* New York: Farrar, Strauss and Giroux.

Fukuyama, F. 1992. *The End of History and the Last Man.* New York: The Free Press.

236 Galbraith, J. K. 1978. *The New Industrial State.* Boston: Houghton Mifflin.

Garfinkel, H. 1967. *Studies in Ethnomethodology.* Hemel Hempstead: Prentice Hall.

Gell-Mann, M. 1994. *The Quark and the Jaguar: Adventures in the Simple and the Complex.* New York: W.H. Freeman and Company.

Gleick, J. 1987. *Chaos.* New York: Penguin.

Goldsmith, T. H. 1991. *The Biological Roots of Human Nature.* New York: OUP.

Gollobin, I. 1986. *Dialectical Materialism.* New York: Petras.

Goodall, J. 1983. "Order Without Law." Reprinted in M. Gruter & P. Bohannan, eds. *Law, Biology, and Culture.* Santa Barbara: Ross-Erikson.

——. 1986a. *The Chimpanzees of Gombe: Patterns of Behavior.* Cambridge: Harvard University Press.

——. 1986b. "Social Rejection, Exclusion, and Shunning among the Gombe Chimpanzees." In M. Gruter & R. Masters, eds. *Ostracism: A Social and Biological Phenomenon.* New York: Elsevier.

Goodwin, B. 1994. *How the Leopard Changed its Spots: The Evolution of Complexity.* New York: Charles Scribner's Sons.

Goodwin, R. M. 1990. *Chaotic Economic Dynamics.* New York: OUP.

Gordon, S. 1991. *The History and Philosophy of Social Science.* New York: Routledge.

Gore, A. 1992. *Earth in the Balance: Ecology and the Human Spirit.* Boston: Houghton Mifflin.

Gould, C. G. 1978. *Marx's Social Ontology*. Cambridge: MIT.

Gould, S. J. 1977. *Ever Since Darwin*. New York: W.W. Norton.

——. 1980. *The Panda's Thumb*. New York: W.W. Norton.

——. 1989. *Wonderful Life*. New York: W. W. Norton.

Gramsci, A. 1971. "Problems of Marxism." In Hoare, Q. & G. Nowell-Smith, eds. 1971. *Selections from the Prison Notebooks of Antonio Gramsci*. London: Lawrence & Wishart.

Griffin, D. R. 1976. *The Question of Animal Awareness*. New York: Rockefeller University Press.

Guess, R. 1981. *The Idea of a Critical Theory*. New York: CUP.

Habermas, J. 1971. *Knowledge and Human Interests*. Boston: Beacon.

——. 1987. *The Theory of Communicative Action*. Trans. by Thomas McCarthy. Boston: Beacon Press.

Hale, J. & H. Koçak. 1991. *Dynamics and Bifurcations*. New York: Springer-Verlag.

Hanson, R. 1958. *Patterns of Discovery*. Cambridge: CUP.

Harre, R. & P. Secord. 1972. *The Explanation of Social Behaviour*. Oxford: Blackwell.

Harrington, M. 1965. *The Accidental Century*. New York: Macmillan.

Harth, E. 1990. *Dawn of a Millennium*. Boston: Little, Brown.

Hawking, S. W. 1988. *A Brief History of Time*. New York: Bantam.

Hayek, F. A. 1955. *The Counter-Revolution of Science*. New York: Free Press.

Hegel, G. W. F. [1873] 1950. *The Science of Logic*. Trans. by William Wallace. London: OUP.

Heisenberg, W. 1958. *Physics and Philosophy*. New York: Harper.

Hempel, C. 1965. *Aspects of Scientific Explanation*. New York: Free Press.

Herbert, N. 1985. *Quantum Reality*. New York: Anchor/Doubleday. 237

Holland, J. H. 1995. *Hidden Order: How Adaptation Builds Complexity*. Reading, Mass.: Helix Books, Addison Wesley Publishing Company.

Horgan, J. 1996. *The End of Science: Facing the Limits of Knowledge in the Twilight of the Scientific Age*. Reading, Mass.: Helix Books, Addison-Wesley Publishing Company.

Hughes, H. S. 1961. *Consciousness and Society*. New York: Vintage.

Hughes，R. 1993. *Culture of Complaint.* New York：OUP.

Huntington，S.P. 1968. *Political Order in Changing Societies.* New Haven：Yale University Press.

James，W. 1978. *The Works of William James.* Cambridge，Mass.：Harvard University Press.

Jantsch，E. 1980. *The Self-Organizing Universe.* Oxford：Pergamon.

Jervis，R. 1997. *System Effects：Complexity in Political and Social Life.* Princeton，NJ.：Princeton University Press.

Katsiaficas，G. 1987. *The Imagination of the New Left.* Boston：South End Press.

Kauffman，S. A. 1993. *The Origins of Order：Self-Organization and Selection in Evolution.* New York：OUP.

Kaufman，I. C. 1974. "Mother/Infant Relationships in Monkeys and Humans." In N. White，ed. *Ethology and Psychiatry.* Toronto：University of Toronto Press.

Keat，R. N. 1979. "Scientific Socialism-A Positivist Delusion ？" *Radical Philosophy*，**23**，21-23.

Kennedy，D. M. 1999. *Freedom From Fear：The American People in Depression and War，1929-1945.* New York：OUP.

Keynes，J. M. 1920. *The Economic Consequences of the Peace.* New York：Harcourt，Brace & Howe.

King，I. T. 1991a. "Quantum Reality，Chaos，and the Social Sciences." *National Social Science Journal*，**3**：**2**（Spring），69-80.

——. 1991b. "Political Economy and the Laws of Beauty." *Science & Society*，**55**：**3**（Fall），323-335.

——. 1993. "Marxian Dialecticism and Science." *Socialism & Democracy.*

——. 1994. *Explorations Beyond The Machine：A Philosophy of Social Science for the Post-Newtonian Age.* New York：Nova Science.

——. 1998. "Complexity，Chaos，and Holism：The 'Scientific' Roots of a Post-Positivistic Social Science in the Twenty-First Century" . *Midsouth Political Science Review.*

Korsch, K. 1970. *Marxism and Philosophy.* London: New Left Books.

Korzybski, A. 1933. *Science and Sanity.* Lancaster, Pa.: Science Press.

Kuhn, T. 1970. *The Structure of Scientific Revolutions.* Chicago: U. of Chicago.

Kumar, K. 1987. *Utopia and Anti-Utopia in Modern Times.* Oxford: Basil Blackwell.

Kuusinen, O. V. 1963. *Fundamentals of Marxism-Leninism.* 2nd. edn. Moscow: Foreign Languages Publishing House.

Le Grand, J. & S. Estrin, eds. 1990. *Market Socialism.* Oxford: Clarendon.

Lenin, V. I. 1960-1970. *Materialism and Empirio-Criticism.* Moscow: Progress.

Levin, D. C. 1977. "Physics and Psycho-Analysis: An Epistemological 238
Study." Unpublished paper.

Levins, R. & R. Lewontin. 1985. *The Dialectical Biologist.* Cambridge: Harvard University Press.

Lewin, R. 1992. *Complexity: Life at the Edge of Chaos.* New York: Macmillan.

Lewontin, R. C. 1983. "Dialectical Biology." *New York Review.* 20 January.

Lichtheim, G. 1961. *Marxism: An Historical and Critical Study.* New York: Praeger.

Lindblom, C. E. 1977. *Politics and Markets.* New York: Basic Books.

Lovejoy, D. 1991. "The Dialectical Paleontologist." *Science & Society*, **55: 2** (Summer), 197-208.

Low, D. B. 1987. *The Existential Dialectic of Marx and Merleau-Ponty.* New York: Peter Lang.

Lowy, M. 1981. *The Politics of Combined and Uneven Development.* London: Verso.

Lukács, G. [1923]. 1971. *History and Class Consciousness.* Cambridge: MIT.

Lumsden, C. J. & E. O. Wilson. 1981. *Genes, Mind, and Culture.* Cambridge: Harvard University Press.

Macpherson, C. B. 1962. *The Political Theory of Possessive Individualism: Hobbes to Locke.* New York: OUP.

Mainzer, K. 1994. *Thinking in Complexity: The Complex Dynamics of Matter, Mind, and Mankind.* New York: Springer-Verlag.

Mandelbrot, B. 1982a. *The Fractal Geometry of Nature.* San Francisco: W. H. Freeman.

——. 1982b. "The Many Faces of Scaling：Fractals，Geometry of Nature，and Economics." In W. C. Schieve & P. M. Allen，eds. *Self Organization and Dissipative Structures.* Austin：University of Texas.

Manicas，P. T. 1987. *A History and Philosophy of the Social Sciences.* NY：B. Blackwell.

Marcuse，H. 1961. *Soviet Marxism.* New York：Vintage Books.

Margulis，L. 1998. *Symbiotic Planet：A New Look at Evolution.* New York：Basic Books.

Marshall，J. 1980. "The New Organology." *Behavioral and Brain Sciences* **3**，23-25.

Marx，K. and F. Engels. 1958. *Capital.* Vol 1.，trans. by Samuel Moore & Edward Aveling. Moscow：Foreign Languages Publishing House.

——. 1960-1970. *Complete Works.* New York：International.

——. 1963a. *The German Ideology.* New York：International.

——. 1963b. *The Poverty of Philosophy.* New York：International.

——. 1967. *Capital I.* New York：International.

——. 1968a. *Werke.* Berlin：Dietz Verlag.

——. 1968b. *Selected Works.* New York：International.

——. 1971. *Theories of Surplus Value.* Part 3. Trans. by J. Cohen & S. W. Ryazanskaya. Moscow：Progress Publishers.

——. 1973. *Grundrisse.* Harmondsworth：Penguin.

——. 1975. *Selected Correspondence.* Moscow：Progress Publishers.

Masters，R. D. 1989. *The Nature of Politics.* New Haven：Yale University Press.

McLellan，D. 1973. *Karl Marx：His Life and Thought.* New York：Harper & Row.

——. 1977. *Engels.* London：Fontana.

——. 1979. *Marxism After Marx.* London：MacMillan.

239 Mead，W. R. 1987. *Mortal Splendor：The American Empire in Transition.* Boston：Houghton Mifflin.

Merleau-Ponty，M. 1962. *Phenomenology of Perception.* London：Routledge & Kegan Paul.

——. 1964. *Sense and Nonsense.* Evanston：Northwestern University Press.

——. 1969. *The Essential Writings of Merleau-Ponty.* Ed.by Alden Fischer. New York：

Harcourt, Brace & World.

Nagel, E. 1961. *The Structure of Science.* London: Routledge & Kegan Paul.

Nicolis, G. & I. Prigogine. 1989. *Exploring Complexity.* New York: W.H. Freeman.

Nielsen, J. M. 1990. *Feminist Research Methods.* Boulder, CO.: Westview.

Odum, E. P. 1971. *Fundamentals of Ecology.* Philadelphia: Saunders.

Ollman, B. 1971. *Alienation: Marx's Conception of Man in Capitalist Society.* Cambridge: CUP.

——. 1993. *Dialectical Investigations.* New York: Routledge, Chapman and Hall.

Ornstein, R. 1991. *The Evolution of Consciousness.* New York: Prentice Hall.

Peters, T. 1992. *Liberation Management: Necessary Disorganization for the Nanosecond Nineties.* New York: Knopf.

Peterson, I. 1993. *Newton's Clock: Chaos in the Solar System.* New York: W. H. Freeman & Co.

Pitkin, H. F. 1973. *Wittgenstein and Justice.* Berkeley: University of California.

Popper, K. 1959. *The Logic of Scientific Discovery.* London: Hutchinson.

Prigogine, I. 1980. *From Being to Becoming: Time and Complexity in the Physical Sciences.* San Francisco: W. H. Freeman.

——. 1997. *The End of Certainty: Time, Chaos, and the New Laws of Nature.* New York: The Free Press.

Prigogine, I. & I. Stengers. 1984. *Order Out Of Chaos.* Boulder, CO.: New Science.

Putnam, H. 1988. *Representation and Reality.* Cambridge, Mass.: MIT Press.

Rapoport, A. 1948. "Dialectical Materialism and General Semantics." *ETC* 3 (Winter): 28-54.

Raup, D. M. 1991. *Extinction: Bad Genes or Bad Luck?* New York: W.W. Norton.

Rawls, J. 1971. *A Theory of Justice.* Oxford: OUP.

Reich, R. B. 1991. *The Work of Nations.* New York: Knopf.

Rifkin, J. 1991. *Biosphere Politics.* San Francisco: Harper SanFrancisco.

Roemer, J. 1986. "Rational Choice Marxism." In Roemer, ed., *Analytic Marxism*, 1-39. New York: Cambridge University Press.

Rose，S. 1997. *Lifelines*：*Biology Beyond Determinism.* New York：OUP.

Rosen，J. 1991. *The Capricious Cosmos.* New York：Macmillan.

Rosenau，J. N. 1990. *Turbulence in World Politics.* Princeton，NJ：Princeton.

Ruelle，D. 1980. "Strange Attractors." *Math Intell.* **2**，126.

——. 1991. *Chance and Chaos.* Princeton，NJ：Princeton.

Runciman，W. G.，ed. 1978. *Weber*：*Selections in Translation.* New York：CUP.

Russell，B. 1945. *A History of Western Philosophy.* New York：Simon & Schuster.

Sabia，D. R. and J. Wallulis，eds. 1983. *Changing Social Science.* New York：SUNY.

240 Saint-Simon，H. Comte de 1964. *Social Organization*，*the Science of Man*，*and Other Writings.* New York：Harper Torchbooks.

Sardar，Z. & I. Abrams. 1998. *Introducing Chaos.* New York：Totem Books.

Schmidt，A. 1971. *The Concept of Nature in Marx.* London：New Left Books.

Schmookler，A. B. 1984. *The Parable of the Tribes.* Boston：Houghton Mifflin.

Schutz，A. 1972. *The Phenomenology of the Social World.* London：Heinemann.

Selsam，H. & H. Martel，eds. 1963. *Reader in Marxist Philosophy.* New York：International Publishers.

Sherman，H. J. 1995. *Reinventing Marxism.* Baltimore：The Johns Hopkins University Press.

Skinner，B. F. 1953. *Science and Human Behavior.* New York：Macmillan.

——. 1975. *Beyond Freedom and Dignity.* New York：Bantam.

Slobodkin，L. B. 1992. *Simplicity and Complexity in Games of the Intellect.*

Cambridge：Harvard University Press.

Somerville，J. 1946. *Soviet Philosophy.* New York：Philosophical Library.

Sorel，G. 1950. *Reflections on Violence.* Trans. by T. E. Hulme & J. Roth. Glencoe，Ill.：Free Press.

——. 1956. *Reflexions sur la Violence.* Paris：Marcel Riviére.

Stalin，J. 1940. *Dialectical and Historical Materialism.* New York：International Publishers.

——. 1943. "History of the Communist Party of the Soviet Union：Short Course." In Wetter，G. A. 1958. *Dialectical Materialism.* New York：Praeger.

Stapp, H. P. 1971. "S-Matrix Interpretation of Quantum Theory." *Physical Review*, Vol. D3, March 15, 1303-1320.

Stewart, I. 1989. *Does God Play Dice*? Oxford: Basil Blackwell.

Stoessinger, J. 1990. *Why Nations Go To War.* New York: St. Martin's Press.

Talbot, M. 1991. *The Holographic Universe.* New York: Harper Collins.

Taylor, A. J. P. 1961. *The Origins of the Second World War.* London: Hamilton.

Thom, R. 1975. *Structural Stability and Morphogenesis.* Reading, Mass.: Benjamin.

Thomas, P. 1976. "Marx and Science." *Political Studies*, **24**, 1-23.

Toffler, A. 1980. *The Third Wave.* New York: Bantam.

——. 1991. *Powershift.* New York: Bantam.

Toqueville, A. de. 1966. *Democracy in America.* New York: Harper & Row.

Toulmin, S. 1990. *Cosmopolis: The Hidden Agenda of Modernity.* Chicago: University of Chicago Press.

Trigg, R. 1985. *Understanding Social Science.* Oxford: Basil Blackwell.

Utechin, S. V. 1962. "Philosophy and Society." In Labedz, L. Ed. 1962. *Revisionism.* New York: Praeger.

Van den Berghe, P. L. 1979. *Human Family Systems: An Evolutionary View.* New York: Elsevier.

Vonnegut, K. 1985. *Galápagos.* New York: Dell Publishing.

——. 1988. *Cat's Cradle.* First Laurel Edn. New York: Dell Publishing.

——. 1990. *Hocus Pocus.* New York: Putnam's.

Wallerstein, I. 1974-1989. *The Modern World System.* 3 vols. New York: Academic.

Warren, S. 1984. *The Emergence of Dialectical Theory.* Chicago: U. of Chicago. 241

Watson, J. B. 1914. *Behavior.* New York: Holt.

Weart, S. R. 1988. *Nuclear Fear.* Cambridge: Harvard University Press.

Weber, M. 1949. *The Methodology of the Social Sciences.* Glencoe, Ill.: Free Press.

Weisskopf, W. A. 1971. *Alienation and Economics.* New York: E.P. Dutton.

Wertheimer, M. 1959. *Productive Thinking.* New York: Harper & Row.

Wetter, G. A. 1958. *Dialectical Materialism.* New York: Praeger.

Whitehead，A. 1929. *Process and Reality.* New York：Macmillan.

Wigner，E. P. 1970. *Symmetries and Reflections.* Cambridge：MIT.

Wilson，E. O. 1975. *Sociobiology.* Cambridge，Mass.：Harvard.

——. 1998. *Consilience：The Unity of Knowledge.* New York：Alfred A. Knopf.

Winch，P. 1958. *The Idea of a Social Science and its Relation to Philosophy.* Routledge.

Wolin，S. S. 1981. "Max Weber：Legitimation，Method，and the Politics of Theory." *Political Theory* Vol 9，#3（August），401-424.

Woodcock，A. & M. Davis. 1978. *Catastrophe Theory.* New York：E.P. Dutton.

Wright，G. H. Von. 1971. *Explanation and Understanding.* London：Routledge & Kegan Paul.

Young，H. 1998. *This Blessed Plot：Britain and Europe from Churchill to Blair.* New York：The Overlook Press.

索　　引①

A

① 索引中的页码为原书页码，即本书边码。

B

C

D

E

F

G

H

I

L

M

N

O

P

Q

R

S

T

W

译者简介

王亚男，女，1988年出生于山西省临猗县。2009年获山西大学法学学士学位，之后转向科学哲学方面的学习与研究，2015年获山西大学哲学博士学位，博士论文获“山西省优秀博士学位论文”。2017年4月至2018年4月赴英国伦敦政治经济学院自然科学与社会科学哲学中心做访问学者。现为山西大学科学技术哲学研究中心讲师，主要从事一般科学哲学、社会科学哲学、复杂系统哲学方向的研究。在《中国社会科学》、《哲学研究》、《科学技术哲学研究》等刊物发表多篇学术论文。